黑龙江流域暨远东历史文化丛书
丛喜权 王禹浪 谢春河/主编

俄罗斯阿穆尔河（黑龙江）左岸地区古城址研究

【俄】 扎比亚科·安德烈·帕夫洛维奇
扎伊采夫·尼古拉·尼古拉耶维奇
麦德维杰夫·维塔利·叶戈罗维奇 ◎著

王俊铮 ◎译　　王禹浪 ◎校

中国社会科学出版社

图书在版编目（CIP）数据

俄罗斯阿穆尔河（黑龙江）左岸地区古城址研究 /（俄罗斯）扎比亚科·安德烈·帕夫洛维奇，（俄罗斯）扎伊采夫·尼古拉·尼古拉耶维奇，（俄罗斯）麦德维杰夫·维塔利·叶戈罗维奇著；王俊铮译 .
—北京：中国社会科学出版社，2024.6
ISBN 978-7-5227-3156-8

Ⅰ.①俄… Ⅱ.①扎…②扎…③麦…④王… Ⅲ.①古城遗址（考古）—研究—俄罗斯 Ⅳ.①K885.128.3

中国国家版本馆 CIP 数据核字（2024）第 041634 号

出 版 人	赵剑英
特约编辑	刘嘉琦
责任编辑	安　芳
责任校对	张爱华
责任印制	李寡寡

出　　版	中国社会科学出版社
社　　址	北京鼓楼西大街甲 158 号
邮　　编	100720
网　　址	http://www.csspw.cn
发 行 部	010-84083685
门 市 部	010-84029450
经　　销	新华书店及其他书店

印　　刷	北京明恒达印务有限公司
装　　订	廊坊市广阳区广增装订厂
版　　次	2024 年 6 月第 1 版
印　　次	2024 年 6 月第 1 次印刷

开　　本	710×1000　1/16
印　　张	19.5
字　　数	306 千字
定　　价	108.00 元

凡购买中国社会科学出版社图书，如有质量问题请与本社营销中心联系调换
电话：010-84083683
版权所有　侵权必究

编 委 会

主 任：王　刚　贯昌福

编 委：（按姓氏笔画）

王　刚　王禹浪　丛喜权　刘润南

［俄］安德烈·扎比亚卡　杨富学　贯昌福

姜占民　孟繁红　崔向东　都永浩　周喜峰

黑　龙　彭传勇　谢春河　魏国忠　戴淮明

［日］藤井一二

主 编：丛喜权　王禹浪　谢春河

目　录

第一章　阿穆尔河（黑龙江）左岸地区早期铁器时代与
　　　　中世纪的考古学文化与民族史述略 …… A. П. 扎比亚科（1）

第二章　阿穆尔河（黑龙江）左岸古城的研究史
　　　　…………………………………… A. П. 扎比亚科（22）

第三章　阿穆尔河（黑龙江）上游左岸古城
　　　　………………… A. П. 扎比亚科　Н. Н. 扎伊采夫（26）
　　第一节　引言（概述）……………………………………（26）
　　第二节　库丘古雷古城 ……………………………………（31）

第四章　阿穆尔河（黑龙江）中游左岸与结雅河流域
　　　　古城 ……………… A. П. 扎比亚科　Н. Н. 扎伊采夫（37）
　　第一节　引言（概述）……………………………………（37）
　　第二节　大萨赞卡古城 ……………………………………（47）
　　第三节　大克尼亚泽夫卡古城 ……………………………（50）
　　第四节　七湖古城 …………………………………………（51）
　　第五节　布拉克基奇古城 …………………………………（55）
　　第六节　布里亚德奇诺古城 ………………………………（57）
　　第七节　乌杰斯古城 ………………………………………（59）
　　第八节　奇格里古城（少先队营地古城）………………（61）
　　第九节　格罗杰科沃古城 …………………………………（62）

第十节　新彼得罗夫卡古城 …………………………………… (66)
　第十一节　米哈伊洛夫卡古城 ………………………………… (70)
　第十二节　阿玛兰卡1号、2号古城 …………………………… (73)
　第十三节　帽子山（沙普卡）古城 …………………………… (76)
　第十四节　兴安古城 …………………………………………… (84)
　第十五节　克留奇—索哈基内古城 …………………………… (86)
　第十六节　乌久克古城 ………………… В. Е. 麦德维杰夫 (88)

第五章　阿穆尔河（黑龙江）下游古城 ……… В. Е. 麦德维杰夫 (89)
　第一节　引言（概述）………………………………………… (89)
　第二节　霍尔古城 ……………………………………………… (90)
　第三节　孔德拉季耶夫卡古城 ………………………………… (95)
　第四节　克德罗沃古城 ………………………………………… (102)
　第五节　谢列梅捷沃1号古城 ………………………………… (106)
　第六节　瓦西里耶夫卡3号古城 ……………………………… (108)
　第七节　瓦西里耶夫卡古城 …………………………………… (109)
　第八节　科舍列夫—亚梅古城 ………………………………… (110)
　第九节　别斯恰诺耶1号古城（伊恩河古城）………………… (112)
　第十节　锡卡奇—阿梁古城 …………………………………… (112)
　第十一节　扎里古城 …………………………………………… (115)
　第十二节　博隆古城 …………………………………………… (125)
　第十三节　乌苏里江、比金河、库尔河、乌尔米河、
　　　　　　阿穆尔河流域古城 ………………………………… (127)
　第十四节　结语 ………………………………………………… (129)

译后记 ………………………………………………………… (134)

Оглавление

Глвава 1 Краткий очерк археологических культур и этнической истории левобережья Амура в раннем железном веке и средневековье .... А. П. Забияко (143)

Глава 2 История изучения городищ .... А. П. Забияко (169)

Глава 3 Городища левого берега Верхнего Амура
.... А. П. Забияко Н. Н. Зайцев (174)

   3.1 Введение (общий обзор) .... (174)

   3.2 Кучугуры .... (179)

Глава. 4 Городища левого берега Среднего Амура и бассейна Зеи .... А. П. Забияко Н. Н. Зайцев (184)

   4.1 Введение (общий обзор) .... (184)

   4.2 Большая Сазанка .... (194)

   4.3 Великокнязевка .... (197)

   4.4 Семиозёрка .... (199)

   4.5 Практичи .... (203)

   4.6 Прядчино .... (204)

   4.7 Утёсное .... (206)

   4.8 Чигиринское (Пионерлагерь) .... (208)

   4.9 Гродековское .... (210)

4.10	Новопетровское	(214)
4.11	Михайловское	(218)
4.12	Амаранка – 1, Амаранка – 2	(220)
4.13	Шапка	(222)
4.14	Хинганское	(231)
4.15	Ключ Сохатиный	(232)
4.16	Утюг .... В. Е. Медведев	(234)

Глава 5 Городища Нижнего Амура .... В. Е. Медведев (236)

5.1	Введение (общий обзор)	(236)
5.2	Городище Хорское	(238)
5.3	Городище Кондратьевское	(243)
5.4	Городище Кедровское	(250)
5.5	Городище Шереметьевское – 1	(254)
5.6	Городище Васильевка – 3	(256)
5.7	Городище Васильевское	(257)
5.8	Городище Кошелевы Ямы	(258)
5.9	Городище Песчаное – 1 (Инское)	(260)
5.10	Городище Сакачи-Алян	(261)
5.11	Городище Джаринское	(263)
5.12	Городище Болоньское	(276)
5.13	Городища на реках Уссури, Бикин, Кур, Урми, Амур	(277)
5.14	Заключение	(280)

Список иллюстраций .... (287)

Литература .... (292)

第一章

阿穆尔河（黑龙江）左岸地区早期铁器时代与中世纪的考古学文化与民族史述略

А. П. 扎比亚科

  古城系防御性聚落的考古学遗存。这些聚落通常被壕沟和城垣环绕，修建有垣墙。一般来说，垣墙内分布着公共区和居住区，也有用于经济活动的建筑。城垣内有时缺少人类居住的遗迹，显然，这说明了这些古城的特殊用途。一些古城被用作礼仪中心和宗教圣地，这类古城的实例在东欧古城的研究中是众所周知的。

  在早期历史阶段，受经济活动、社会关系和进行军事活动的情形所限，聚落类型的古城并不存在。在历史发展的漫长时期中，由于游牧和半游牧的生活方式、群体人数较少、缺乏尖锐的社会和民族矛盾，人们不需要建造防御性聚落。向生产型经济和定居生活方式的过渡、人口增加、社会结构复杂化、社群内部和社群（部落、早期国家、民族）之间的关系——这些因素为防御性聚落的出现创造了社会条件。城址的修筑缘于某些社会或民族群体有组织的武装力量在社会生活中的壮大。武装力量的提升伴随着对其防御要求的增加。

  阿穆尔河（黑龙江）[①]流域最早的古城出现于早期铁器时代的波尔采考古学文化（图1-1）。

---

  ① 阿穆尔河是俄罗斯等国对黑龙江的称谓，下文尊重俄罗斯学者的行文用词，均译作"阿穆尔河"。

俄罗斯阿穆尔河（黑龙江）左岸地区古城址研究

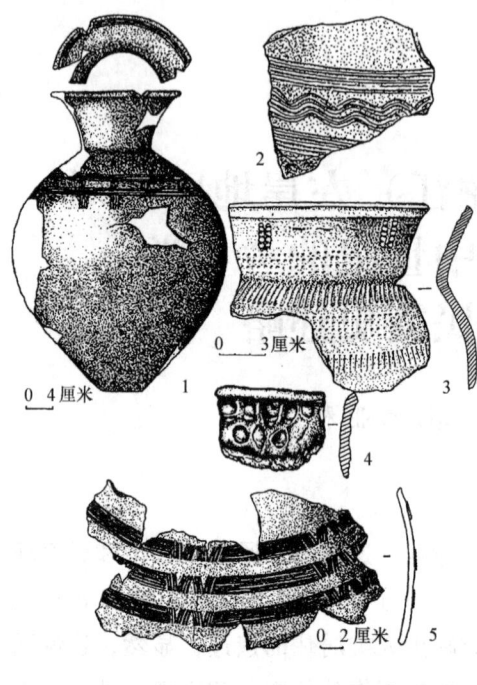

图 1-1　波尔采文化陶器①

波尔采文化遗迹分布于从小兴安岭到阿穆尔河入海口的阿穆尔河沿岸，它们于1935年被 А. П. 奥克拉德尼科夫所发现。该文化名称源自一处被当地居民称为"波尔采"的小山岗。А. П. 奥克拉德尼科夫的团队中，还有青年考古学家 А. П. 杰列维扬科和 Б. С. 萨布诺夫，他们于1962年在丘岗上发现了古代聚落。А. П. 杰列维扬科在对该文化遗存的进一步研究中发挥了巨大作用。根据他的研究，波尔采文化经过了三个发展阶段：热尔托雅罗夫阶段（公元前7—公元前6世纪）、波尔采阶段（公元前6—公元前1世纪）、库克列夫阶段（公元1—4世纪）。波尔采文化人群主要为定居生活，从事农业、养猪业以及渔捞和狩猎。

军事活动在该文化人群生活方式中扮演着至关重要的角色。

根据相关研究，波尔采文化人群为乌里尔文化居民的后裔。例如，在《滨海地区和阿穆尔河沿岸地区的遥远过去》一书中，基于一些原始遗物（如婴儿摇篮的模型），А. П. 奥克拉德尼科夫提出假设，波尔采文化群体的族源与来自后贝加尔地区、沿阿穆尔河迁徙的满—通古斯人群有关。②之后，А. П. 杰列维扬科在其发表的研究中论证了乌里尔文化及其后裔——波尔采文化人群的族属为古亚细亚

---

① А. П. 杰列维扬科、А. П. 扎比亚科主编：《从远古时期到20世纪初的阿穆尔州历史》，布拉戈维申斯克（海兰泡），2008年，第69页。
② А. П. 奥克拉德尼科夫、А. П. 杰列维扬科：《滨海地区和阿穆尔河沿岸地区的遥远过去》，符拉迪沃斯托克（海参崴），1973年，第292—298页。

· 2 ·

第一章 阿穆尔河（黑龙江）左岸地区早期铁器时代与中世纪的考古学文化与民族史述略

人群体，并提出他们可能就是中国文献记载中的民族——挹娄。① 一些中国研究者将波尔采文化、乌里尔文化、扬科夫斯基文化以及挹娄部落归为通古斯—满族的先民。②

公元前3世纪前后，创造波尔采文化的民族群体开始突破其先祖的地域，将其活动的边界扩大至滨海地区和日本列岛。③ 波尔采文化居民可能在日本列岛成为弥生考古学文化形成的参与者。同时，波尔采文化还显著地影响了分布于中国东北地区的滚兔岭文化和凤林文化。在滨海地区，特别是在乌苏里江流域，发现了大量波尔采文化遗迹，包括古城——鲁达诺夫斯科耶古城、新格尔杰耶夫卡古城、格拉佐夫卡古城等。④向滨海地区南部迁徙的波尔采居民，在此遭遇敌对的土著居民（克罗乌诺夫卡文化人群）而产生了军事冲突，这也就解释了这些防御性聚落的出现。

波尔采文化居民几乎没有继续沿阿穆尔河而上，向小兴安岭山脉迁徙。在结雅—布列亚平原和阿穆尔河上游，波尔采军事或文化扩张的遗存少有发现。当地居民的强烈抵抗或公元前1千纪末的气候转寒可能阻碍了波尔采人的迁移，而促使其向南部的滨海地区移动。

公元1千纪初，阿穆尔河中游和上游地区存在着米哈伊洛夫卡考古学文化。该文化首先广泛地向适宜农业的河滩和山麓地带扩大（米哈伊洛夫卡文化古城、科斯基耶尔斯科耶古城、多尔戈耶湖等遗址），农业是居民的主要生产方式。米哈伊洛夫卡文化遗存被发现于该文化居民从事狩猎、渔捞和野生有益植物采集的森林地带（布列亚河流域

---

① А. П. 杰列维扬科：《阿穆尔河沿岸地区的早期铁器时代》，新西伯利亚，1973年；А. П. 杰列维扬科：《公元前一千纪的阿穆尔河沿岸地区》，新西伯利亚，1976年。

② 孙进己：《中国古代文献所见滨海地区和阿穆尔河沿岸地区的古代民族》，载《东亚古代与中世纪历史：渤海国建立1300周年》，符拉迪沃斯托克（海参崴），2001年，第52—53页。

③ 参阅洪亨雨《亚洲东部的波尔采文化陶器（公元前5世纪—4世纪）》，博士学位论文，编号：07.00.06，新西伯利亚，2008年。

④ А. П. 杰列维扬科：《阿穆尔河沿岸地区的早期铁器时代》，新西伯利亚，1973年，第270—271页；А. П. 杰列维扬科、В. Е. 麦德维杰夫：《关于滨海地区南部古代晚期阶段文化的转型问题（根据布罗奇卡聚落研究的材料）》，载《欧亚考古学、民族学与人类学》2008年第3期，第14—35页。

的布金克留奇等遗址）。米哈伊洛夫卡文化存在的时间为3—8世纪（个别部落可能存在至10世纪）。

米哈伊洛夫卡文化得名于1967—1968年 Е. И. 杰列维扬科发掘的位于米哈伊洛夫卡村附近的古城。Е. И. 杰列维扬科认为该古城属于靺鞨考古学文化。之后，О. В. 季亚科娃不赞同将古城性质视为靺鞨文化遗迹，基于对陶器特点的研究，她提出该文化属于某一特殊的族群。在20世纪80年代末至90年代，С. П. 涅斯杰罗夫对比了米哈伊洛夫卡文化材料、阿穆尔河沿岸地区一系列其他遗迹以及关于北方室韦部落的文献记载，提出了米哈伊洛夫卡文化的族属为北室韦。② 根据这一解释，从蒙古语族（原蒙古）族群西部迁徙至此的人群，成为公元1千纪中叶阿穆尔河上游和中游地区（至小兴安岭）的主要民族（图1-2）。

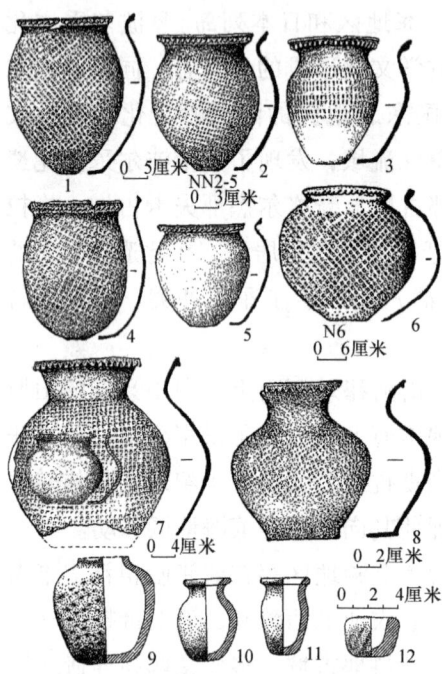

图1-2 米哈伊洛夫卡文化陶器①

目前，С. П. 涅斯杰罗夫提出的对米哈伊洛夫卡文化民族属性的认识获得了认可，但依然存在争议。③ Д. П. 鲍罗金在其所发表的论著

---

① А. П. 杰列维扬科、А. П. 扎比亚科主编：《从远古时期到20世纪初的阿穆尔州历史》，布拉戈维申斯克（海兰泡），2008年，第82页。
② А. П. 杰列维扬科、А. П. 扎比亚科主编：《从远古时期到20世纪初的阿穆尔州历史》，布拉戈维申斯克（海兰泡），2008年，第77页；С. П. 涅斯杰罗夫：《阿穆尔河沿岸地区的北室韦》，载 А. П. 扎比亚科主编：《亚洲东部的传统文化，考古学与文化人类学》，布拉戈维申斯克（海兰泡），1995年，第105—122页。
③ О. А. 舍罗米辛：《阿穆尔河沿岸地区西部早期铁器时代和中世纪早期的民族文化进程（根据布金克留奇1号遗址和别祖姆卡遗址材料）》，载 А. П. 扎比亚科主编《亚洲东部的传统文化》第6辑，布拉戈维申斯克（海兰泡），2010年，第146页。

第一章 阿穆尔河（黑龙江）左岸地区早期铁器时代与中世纪的考古学文化与民族史述略

中提出了关于米哈伊洛夫卡人群族源的另一观点，认为米哈伊洛夫卡文化是塔拉坎文化与波尔采文化晚期阶段融合的结果。根据 Д. П. 鲍罗金的观点，"少数乌里尔—波尔采居民"系通古斯语族。因此，他认为米哈伊洛夫卡人群属于通古斯人。[①]

显然，米哈伊洛夫卡文化人群的族属问题远未最终解决。考古发掘暂时尚未发现米哈伊洛夫卡文化人群的骨骼遗骸。缺失了人类学材料，对考古学文化族属的判断是困难的。还应该看到，米哈伊洛夫卡人群族源观点的争议缘于民族共同体的多元，即中国文献中所载之室韦。室韦的称谓为主要居住在今中国东北、蒙古东部和后贝加尔地区的各民族集团的混合统称。大量室韦区域性部落属于蒙古语族群，阿穆尔河沿岸地区的室韦蒙古语族群包括北室韦、钵室韦等部落。[②]他们起源于原蒙古族群，即公元前1千纪的中国编年史中记载的东胡。[③]然而，并非所有室韦都与原蒙古部落有关。一些室韦集团属于满—通古斯族群（大室韦、黄头室韦等）。其差别不仅仅在于不同的室韦区域族群的语言，也在于这些集团的族源、人类学和经济文化类型：一些人主要为定居农业居民和牧民；另一些人则过着森林狩猎者的半游牧生活。

在公元1千纪的前几个世纪里，小兴安岭西北部地区的米哈伊洛夫卡文化部落抵抗着波尔采文化部落。这些民族集团间的冲突导致了防御性聚落在结雅—布列亚平原南部的出现。

---

① А. П. 杰列维扬科、А. П. 扎比亚科主编：《从远古时期到20世纪初的阿穆尔州历史》，布拉戈维申斯克（海兰泡），2008年，第88—91页；Д. П. 鲍罗金：《西阿穆尔地区的鞑靼传统》，载于 А. П. 扎比亚科主编：《亚洲东部的传统文化》第6辑，布拉戈维申斯克（海兰泡），2010年，第158—159页。

② Е. И. 杰列维扬科：《公元1千纪阿穆尔河沿岸地区的部落（民族历史与文化概述）》，新西伯利亚，1981年；В. Е. 拉里切夫：《古代与中世纪的远东民族及其在东亚文化与政治史中的角色》，载《中世纪的远东及相邻地区：亚洲东部的历史与文化》，新西伯利亚，1980年。

③ В. С. 塔斯京编译：《古代游牧民族东胡族群的历史资料》，莫斯科，1984年；近年论著如，Э. Б. 达新巴罗夫：《古代与早期蒙古语民族及其与满洲和朝鲜半岛居民的联系》，博士学位论文，编号：07.00.03，乌兰乌德，2011年；Э. Б. 达新巴罗夫：《古代蒙古语民族与通古斯—满洲及朝鲜民族先民的接触与相互关系》，载《布里亚特大学学报》2015年第8期，第137—144页。

公元1千纪下半叶，阿穆尔河中游的米哈伊洛夫卡文化居民遭遇了新的外敌。

大约在7世纪，通古斯语族人群向阿穆尔河上游和中游移动。来自西北的后贝加尔地区和雅库特南部的大室韦、来自南部和东南部的黑水靺鞨及其亲缘部族均为原通古斯集团。[①]

С. П. 涅斯杰罗夫认为，黑水靺鞨原活动于松花江流域中游、下游以及乌苏里江流域，其生活遗迹在考古学上被称为靺鞨考古学文化奈费尔德类型，其地方文化表现为布拉戈斯洛文宁斯克类型。靺鞨文化奈费尔德类型最大的早期遗址位于小兴安岭以东的阿穆尔河两岸，年代为4—6世纪。靺鞨文化奈费尔德类型曾是松花江—乌苏里江流域的主要民族群体。7—8世纪期间，奈费尔德类型族群从松花江—乌苏里江流域沿阿穆尔河而上，迁徙至结雅—布列亚河一带。其迁徙的原因缘于与渤海国的军事冲突。其迁徙路线经过了嫩江上游，这一地区存在便于穿行伊勒呼里山和小兴安岭之间的孔道。黑水靺鞨的新定居点位于阿穆尔河中游左岸地区，其考古遗迹主要为新彼得罗夫卡墓地、帽子山墓地、帽子山聚落等遗址。[②] 应当注意的是，С. П. 涅斯杰罗夫提出的黑水靺鞨奈费尔德类型在小兴安岭以东的阿穆尔河及其支流两岸的区域人群文化类型与其他考古学文化并不一致。

根据 В. Е. 麦德维杰夫的研究，8—9世纪在小兴安岭以东的阿穆尔河左岸已经存在早期的女真聚落，该群体已为考古遗址所呈现。阿穆尔女真的早期文化在很大程度上不同于靺鞨。例如，科尔萨科沃墓地的材料表明了在7—8世纪，女真文化已经具备了固有的自身元素。[③] 6世纪的中国文献同时提及了靺鞨和女真。В. Е. 麦德

[①] С. П. 涅斯杰罗夫：《中世纪早期的阿穆尔河沿岸地区民族》，新西伯利亚，1998年，第14—20页。

[②] С. П. 涅斯杰罗夫：《中世纪早期的阿穆尔河沿岸地区民族》，新西伯利亚，1998年，第53—70页；С. П. 涅斯杰罗夫：《阿穆尔河沿岸地区中世纪早期时代的民族》，载 А. П. 杰列维扬科、А. Н. 切尔卡索夫主编：《阿尔巴津堡：阿穆尔河沿岸地区民族的历史、考古学与人类学》，新西伯利亚：俄罗斯科学院西伯利亚分院考古学与民族学研究所出版社2019年版，第9—23页。

[③] В. Е. 麦德维杰夫：《科尔萨科沃墓地：年代学与资料》，新西伯利亚，1991年，第31页、图版3。

第一章 阿穆尔河（黑龙江）左岸地区早期铁器时代与中世纪的考古学文化与民族史述略

维杰夫认为，根据民族历史的模式，首先是靺鞨（勿吉）社群的出现，之后演变为女真——这是阿穆尔河沿岸地区"民族文化状况不完整的阐释"①。

显然，阿穆尔河沿岸地区的靺鞨历史还需要进一步明确对靺鞨族群族源、靺鞨区域部落的民族文化演进认识的考古学、文本学、语言学和人类学的研究。

众所周知的是，粟末靺鞨是靺鞨部族中一大型民族共同体。在滨海地区，粟末靺鞨部落在渤海国建立的过程中扮演着主导性的角色，并力图拓展边界。8世纪左右，粟末靺鞨一部向阿穆尔河中游和上游迁徙。其考古遗址如帽子山墓地，证明了黑水靺鞨与粟末靺鞨之间军事冲突的开始。最终，黑水靺鞨和粟末靺鞨达到了领土的势力均衡，在其交界地带出现了混合居民。②

粟末靺鞨占据着阿穆尔河上游和结雅河流域，他们处于与米哈伊洛夫卡文化人群北室韦聚落相邻的地区。特罗伊茨基类型的考古遗迹系粟末靺鞨在阿穆尔河中游和上游定居的证明（图1-3）。③"特罗伊茨基传统在阿穆尔地区的出现与来自松花江上游流域或'满洲'④南部的渤海（粟末靺鞨）移民有关。然而，在移民到达时尚不具备独特的特罗伊茨基传统，在移民出发的区域也不存在特罗伊茨基类型遗址，但存在文化相似的物质遗存。由于移民与米哈伊洛夫卡文化世居人群的互动，特罗伊茨基类型形成于阿穆尔河沿岸地区西部。"⑤

显然，活动于边界的靺鞨特罗伊茨基类型及所有靺鞨族群，从民族文化特征和人类学特点来看是多元的。В. П. 阿列克谢耶夫的颅

---

① В. Е. 麦德维杰夫：《科尔萨科沃墓地：年代学与资料》，新西伯利亚，1991年，第35页。
② С. П. 涅斯杰罗夫：《中世纪早期的阿穆尔河沿岸地区民族》，新西伯利亚，1998年，第94页。
③ Е. И. 杰列维扬科：《阿穆尔河中游的靺鞨遗址》，新西伯利亚，1975年；Е. И. 杰列维扬科：《特罗伊茨基墓地》，新西伯利亚，1977年。
④ "满洲"指代的地域范围与今中国东北地区基本吻合，19世纪中叶以前，"满洲"也包含了中国东北地区周边的滨海地区、黑龙江左岸地区。——译者注
⑤ А. П. 杰列维扬科、А. П. 扎比亚科主编：《从远古时期到20世纪初的阿穆尔州历史》，布拉戈维申斯克（海兰泡），2008年，第94—95页。

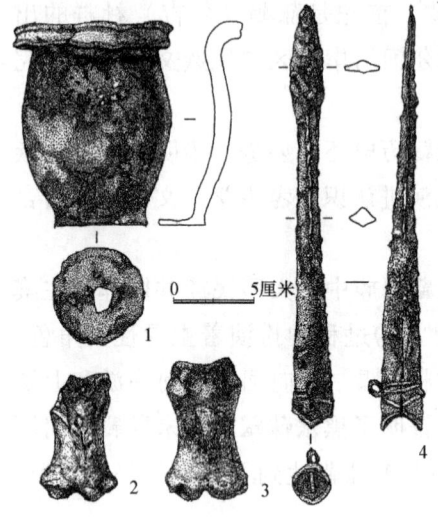

骨学研究考察了60个来自特罗伊茨基墓地的头骨，表明特罗伊茨基靺鞨属于蒙古利亚人种贝加尔类型。特征组合体的世居靺鞨在某种程度上成为阿穆尔河流域所有满—通古斯民族人类学组合形成的源头。他们同时也接近于许多东西伯利亚古亚细亚人的特征。[①]

图1-3 特罗伊茨基墓地出土陪葬品[②]

从古代遗骨中提取DNA线粒体的工作，成为21世纪初特罗伊茨基墓地考古学研究的成果之一。DNA分析得出了以下重要结论："欧亚东部、欧亚西部、非洲单倍群L的古代材料小样本中的代表个体，表明靺鞨文化的人类种群遗传储备库具有遗传学材料的特殊异质性。"[③]特罗伊茨基靺鞨人类学特征的独特性能够提供对其族源复杂演进的解释，不同族群、不同种群个体参与其中，并不仅仅属于蒙古利亚人种贝加尔类型。

大约11世纪，在阿穆尔河上游和中游左岸地区，一段与黑水靺鞨和粟末靺鞨的通古斯族群统治有关的历史时期结束了。奈费尔德文化与特罗伊茨基考古学遗存综合体的活动遗迹消失了。新的历史时期在这里开启。

---

① В. П. 阿列克谢耶夫：《靺鞨颅骨学资料》，载《西伯利亚古人类学》，莫斯科，1980年，第106—129页；В. П. 阿列克谢耶夫：《历史人类学与族源》，莫斯科，1989年，第419页。

② А. П. 杰列维扬科、А. П. 扎比亚科主编：《从远古时期到20世纪初的阿穆尔州历史》，布拉戈维申斯克（海兰泡），2008年，第102页。

③ С. В. 阿尔金、Т. А. 奇金舍娃、М. А. 古宾娜、И. В. 库里科夫：《特罗伊茨基墓地的考古学、人类学与古遗传学（靺鞨文化：综合分析的首批成果）》，载《人类种群的生物与文化适应问题》卷1，《考古学，欧亚北部古代居民的适应性策略：原生与改进方式》，圣彼得堡，2008年，第202—207页。

第一章 阿穆尔河（黑龙江）左岸地区早期铁器时代与中世纪的考古学文化与民族史述略

11世纪，阿穆尔河沿岸地区由中世纪早期过渡至中世纪繁荣期。俄罗斯学术界习惯于将这一时期与中国编年史中记载的女真族群在历史舞台的出现联系起来。中国的历史学传统几乎一致认为，女真这一族称出现在约10世纪，最初依附于靺鞨某部，之后作为这一族群的统称。然而，诚如上文所言，在1千纪的中国文献中已经提及了6世纪的女真人。① 有一个争议性的问题，即靺鞨族群中的哪一部最先被称为女真？多数人倾向于应系黑水靺鞨。② 个别中国研究者认为，女真的起源与东胡有关。还有一些研究者认为女真和满族人的祖先可能是来自朝鲜半岛的移民或居住于乌苏里江、松花江流域的世居民族。③ 大多数俄罗斯研究者认同女真与靺鞨族群一脉相承的观点。最有可能的是，女真核心集团的出现和进一步发展局域化于阿穆尔河、松花江和乌苏里江下游，而这里正是黑水靺鞨的世居地。

阿穆尔河沿岸地区东部（阿穆尔河下游）民族文化的变化，显然始于渤海人沿乌苏里江的迁徙。这一移民浪潮可能遗留下了阿穆尔女真文化的"科尔萨科沃类型"，大致形成于从乌苏里江口沿阿穆尔河而下的区域。④

10世纪来自今中国东北及其周边地区的渤海居民迁徙浪潮对阿穆尔河沿岸地区东部的民族文化形态产生了深远的影响。首先，它促进了早期渤海亲缘人群（渤海国境外的人群——译者注）的形成。其次，这显然加速了黑水靺鞨向新的民族群体——女真的演变过程，因为正是在这波迁徙浪潮中，这一新的民族称谓渗透并被最终固化在阿穆尔河沿岸地区。至少可以说，10世纪末至12世纪的遗址（科尔萨科沃、纳杰日金斯科耶、杜波沃耶等墓地；扎里古城、

---

① М. В. 沃罗比约夫：《女真与金帝国》，莫斯科，1975年，第30、360页；В. Е. 麦德维杰夫：《阿穆尔河沿岸地区的冢墓》，新西伯利亚，1998年，第35页。
② 参见如徐梦莘《三朝北盟会编》卷3，上海古籍出版社1987年影印本，第11—12页。
③ 参见如郭克兴《黑龙江乡土录》，黑龙江人民出版社1988年版，第10、227页。
④ В. Е. 麦德维杰夫：《科尔萨科沃墓地：年代学与资料》，新西伯利亚，1991年，第31页。

俄罗斯阿穆尔河（黑龙江）左岸地区古城址研究

锡卡奇—阿梁3号聚落、彼得罗巴甫洛夫卡、通古斯卡河口等遗址[①]）证明了奈费尔德类型堆塑陶器和与渤海粟末靺鞨文化相近的广泛分布的陶器的缺失，尽管在个别情况下奈费尔德类型陶器的制作工艺或许可以延续至12世纪。[②]

在阿穆尔河上游和中游（阿穆尔河沿岸地区西部），靺鞨移民与北室韦发生了接触。在当代俄罗斯阿穆尔州的边界存在大量保存了女真时代遗产的历史遗迹。要塞式古城系女真军事活动最显著的产物之一。2003年，在阿尔哈拉河赭石色岩画中，发现了用黑色颜料书写的文字。[③] 在进一步的研究中可以确定，题记用女真文字书写。题记时间被断代为公元1127年，作者是一位金朝的官员，其名为申忒鄰。距离阿尔哈拉河口最近的大型女真古城系位于帽子山的要塞。该题记揭示了金朝定居边界的新信息和女真时代的移民史，以及在东亚和东北亚邻近地区女真文化的扩张。

大多数人类学家和考古学家坚信女真人属于通古斯族群。然而，显然不可能重建某种古已有之的"纯正"的通古斯人类学类型。史禄国认为，从人类学的角度讲，通古斯并不是一个同质的完整体，而是若干不同类型的组合体。其中整合了古亚细亚人、蒙古人、汉人及其他组成部分。然而，他们形成了一个单独的人类学类型。[④] 基于对女真人历史的有机延续——满族特征的充分研究，女真的主要人类学特征得以相当可靠地重建。H. H. 切博克萨洛夫提出，满族人属于太平洋蒙古利亚人种的远东（东亚）类型，满族代表窄面的蒙古类型中一种少见的类型。[⑤]

10世纪到11世纪初，阿穆尔河沿岸地区的女真已经创造了高度

[①] В. Е. 麦德维杰夫：《公元一千纪末至二千纪初的阿穆尔河沿岸地区（女真时代）》，新西伯利亚，1986年，第208页。

[②] О. В. 季亚科娃、Э. В. 沙弗库诺夫：《阿穆尔河下游铁器时代的新遗址——锡卡奇—阿梁古城》，载《苏维埃考古学》1975年第3期，第158—159页。

[③] А. П. 扎比亚科、Р. А. 科贝佐夫：《阿尔哈拉岩画：研究史与释读》，载《远东的移民过程（从古代到20世纪）》，布拉戈维申斯克（海兰泡），2004年，第130—136页。

[④] [俄] 史禄国：《华北人类学》，上海：商务印书馆1923年版，第104—107页。

[⑤] Н. Н. 切博克萨洛夫：《中国民族人类学（当代居民的人种形态学）》，莫斯科，1982年，第129—133页。

第一章 阿穆尔河（黑龙江）左岸地区早期铁器时代与中世纪的考古学文化与民族史述略

发达的文化。女真发展了存在于靺鞨的经济文化类型。女真的生活方式结合了不同自然环境和当地人群传统中的定居生活和使用轻携房屋、勒勒车的牧业人群生活方式。女真从事农耕，种植谷类作物。从事牲畜养殖业，饲养牛、猪、马及其他小型家畜。在水域河岸还从事渔捞，在森林和平原猎捕野兽和鸟类。女真人喜欢的职业和娱乐活动之一是用猎鹰"海东青"进行狩猎。他们在手工业、制陶业和金属加工方面都达到了很高的发展水平。

阿穆尔河沿岸的女真人遗留了大量生活遗迹——聚落、古城、要塞、墓葬、寺庙、窖藏。[1]

10—11世纪初，大部分靺鞨—女真依附于在东亚建立了强大辽帝国（907—1125年）、灭亡靺鞨人渤海国的原蒙古族群——契丹。至11世纪末，女真开始形成反契丹联盟。1125年，完颜部首领阿骨打统一了女真各部，将契丹驱赶出东北，建立了以今哈尔滨附近的金上京为都的金王朝。直至13世纪初，大金朝成为一个具有灿烂宫廷文化和宗教、文字的强大国家。在对成吉思汗及其继承人领导下的蒙古扩张的艰难抵抗中，金朝灭亡，人口、社会与文化根基遭受了持久的破坏。

后来，尽管居于今中国东北及其周边地区的女真人经历了巨大的动荡，但他们依旧活动于阿穆尔河（黑龙江）流域。在17世纪的俄罗斯文献中，他们被冠以"久切尔"的称谓。

值得重视的是文本信息中关于"nyuchen（нюйчен）"（女真）和"久切尔"族称的一致性。俄罗斯人在17世纪将"女真"的直系后裔命名为久切尔人，一部分可能被称为"纳托克"。他们在那乃人、乌尔奇人及其他阿穆尔河沿岸地区的当代通古斯语族民族的形成中，是扮演着主导角色之一的民族基质。[2]

在17世纪中叶的阿穆尔河（黑龙江）沿岸地区生活着大约1.05

---

[1] В. Е. 麦德维杰夫夫:《公元一千纪末至两千纪初的阿穆尔河沿岸地区（女真时代）》，新西伯利亚，1986年。

[2] В. Е. 麦德维杰夫夫:《阿穆尔女真的文化：10世纪末—11世纪（根据土圹墓葬的材料）》，新西伯利亚，1977年，第159页。

万久切尔人，并形成了四个主要区域性群体：上阿穆尔、下阿穆尔、松花江和乌苏里江的久切尔人。① 久切尔人散居在自结雅河口、沿阿穆尔河，至乌苏里江口而下大约 150 千米的地区。久切尔人的区域群体被俄罗斯人称为"戈古尔人"（上阿穆尔久切尔人），他们居住在一些不大的村落（乌卢斯——沙俄时代东北和北部边远地区的行政单位，译者按），这些村落位于阿穆尔河与松花江汇合口上游、结雅河口上溯不远处的阿穆尔河畔以及沿结雅河上溯不远处的地区。戈古尔人最近的祖先可能融入了特罗伊茨基靺鞨的族群中。② 戈古尔人聚落总数约有 120 个，每个聚落约有 10 栋房屋。

久切尔人的乌卢斯属于一个更大的联合体，即由首领率领的亲属集团，在 17 世纪的俄罗斯文献中被称作"大公"。戈古尔—久切尔人大公之一的特恩察大公，在其统治下有大约 400 人。③

久切尔人基本保留了阿穆尔河沿岸地区女真经济的传统形态——耕种和牲畜养殖。他们主要用财产性的牛作为赋税。可追溯至渤海和女真制陶业中的陶器在生产中被广泛使用。

17 世纪中叶以后，在历史变迁中，阿穆尔河沿岸的久切尔人逐渐消失了。他们中的大部分迁徙至中国清政权统治下的"满洲"腹地。一部分久切尔人参与了阿穆尔河流域民族与部落集团的形成，最主要的是通古斯语族的那乃人和乌尔奇人。④

大约 12—13 世纪，在阿穆尔河沿岸出现了一个大型民族集团——达斡尔人。大多数研究者将达斡尔人在阿穆尔河流域的出现与移民相联系，移民源自契丹辽国、女真金国的形成与瓦解，以及成吉思汗统一领导下的蒙古人对政权的巩固与军事活动。达斡尔族源至今

---

① Б.О. 多尔基赫：《17 世纪西伯利亚民族的亲属和部落构成》，莫斯科，1960 年，第 611 页。

② А.П. 杰列维扬科、А.П. 扎比亚科主编：《从远古时期到 20 世纪初的阿穆尔州历史》，布拉戈维申斯克（海兰泡），2008 年，第 119 页。

③ 《杰林季亚·伊尔莫丽娜军职人员关于按照叶费罗·哈巴罗夫命令，存留火药与铅弹在通吉尔冬储地，及 1652 年 8 月在阿穆尔河航行的批文》，载《历史文献补编》，第 3 卷，圣彼得堡，1848 年，第 358 页。

④ Б.О. 多尔基赫：《俄罗斯文献中的 17 世纪阿穆尔河民族的民族构成和迁徙》，载《远东历史文集》，1958 年，第 125、130、133 页。

第一章 阿穆尔河（黑龙江）左岸地区早期铁器时代与中世纪的考古学文化与民族史述略

仍是一个有争议的问题。① 基于最重要的文献和民族学信息，一些研究者将其起源与通古斯集团联系起来，另有学者将其归于蒙古人分支，还有学者首先考虑了达斡尔人与契丹人的亲缘关系。②

目前可以确认，达斡尔族在过去系蒙古语族族群，其亲属语言被保存至今。根据史禄国的观点，体质人类学的资料表明，达斡尔人属于 γ 类型，这在中国北方的蒙古人和满人中最为典型。在该类型的范畴中，达斡尔的体质特征接近于满人。③ 通过梳理这些材料，Н. Н. 切博克萨洛夫提出了达斡尔人与北方汉人和满人的相似性，"他们与地理、经济、文化有关"④。中国学者的遗传学研究成果揭示了达斡尔人与契丹人的亲缘性。⑤ 在北部达斡尔人的历史遗痕中，根据中国民族学家的信息，他们起源于建立辽朝的契丹人的观点占据了主流。⑥

遗传学研究强化了对达斡尔和契丹亲缘性概念的认识。契丹系原蒙古族群，建立了辽朝（907—1125 年），覆盖了阿穆尔河沿岸相当大的一片地区。显然，在军事远征及其他事件中，在国家边界发生了契丹居民的移动，为了开发和控制臣民，所涉人群在移民急流中定

---

① Л. Н. 施伦克：《阿穆尔边疆区的异族人》第 1 卷，圣彼得堡，1883 年，第 161—163 页；С. Э. 阿尼霍夫斯基、Д. П. 鲍罗金、А. П. 扎比亚科、Т. А. 帕恩：《"满族楔地"：历史、民族、宗教》，布拉戈维申斯克（海兰泡），2006 年，第 163—181 页；Б. Д. 茨别诺夫：《中国达斡尔族的历史与文化——历史民族学概述：著作》，乌兰乌德，2012 年，第 10—43 页；郝庆云：《中国学者的达斡尔族起源研究》，载 Д. П. 鲍罗金、А. П. 扎比亚科编《亚洲东部的传统文化》，布拉戈维申斯克（海兰泡）：阿穆尔国立大学出版社 1999 年版，第 207—210 页。

② 相关的完整概述详见：Б. Д. 茨别诺夫：《中国达斡尔族的历史与文化——历史民族学概述：著作》，乌兰乌德，2012 年。在当代外国著述中，达斡尔与契丹亲属关系的观点，见于权威的英国人类学家卡罗琳·汉弗瑞和他的合著者的著作《蒙古—达斡尔人的经验、知识和权力》，牛津，1996 年。

③ ［俄］史禄国：《华北人类学》，上海：商务印书馆 1923 年版，第 102—103 页。

④ Н. Н. 切博克萨洛夫：《中国民族人类学（当代居民的人种形态学）》，莫斯科，1982 年，第 129 页。

⑤ DNA Match Solves Ancient Mystery（DNA 匹配解决古代的秘密）. URL：http://china.org.cn/english/2001/Aug/16896.htm.

⑥ The Daur ethnic minority. URL：http://www.china.org.cn/e-groups/shaoshu/shao-2-daur.htm. 中国民俗学家、民族学家、中国社会科学院民族文学研究所吴刚副研究员证实了电子资源的信息，达斡尔的起源被记录在其田野采集中，达斡尔人与契丹人亲缘性痕迹保存在达斡尔的家庭记忆里（А. П. 扎比亚科个人学术笔记，2016 年）。

俄罗斯阿穆尔河（黑龙江）左岸地区古城址研究

居在了被征服的地区。金朝的急速崛起和契丹人的溃逃带来了人口流动的新动能。众所周知，在成吉思汗统治下的蒙古部落联盟中，部分契丹人加入了其军队，参与了在其控制地区的远征和管辖。或许正是上述情形决定了一些学者的观点，他们认为，达斡尔人是在成吉思汗及其继承者军事统治下来到阿穆尔河沿岸地区的蒙古移民的后裔。

值得一提的是，直至10世纪，阿穆尔河沿岸依然存在北室韦的地域性部落，即米哈伊洛夫卡文化的主体族群。[①] 北室韦接近契丹，他们共同起源于东部边界在大兴安岭山麓的古代原蒙古语族群——东胡。在公元1千纪下半叶，米哈伊洛夫卡文化居民在靺鞨特罗伊茨基集团的族源中扮演了重要角色。他们被部分地同化于外来的通古斯族群——粟末靺鞨，并成为被称为特罗伊茨基靺鞨的族群联合体的组成部分之一。对于10—13世纪阿穆尔河沿岸地区的混血居民——契丹和其他从阿穆尔河上游迁居于此的民族、来自后贝加尔地区的蒙古语族群来说，彼此在族群文化关系中并不是异质人群。

在公元1千纪下半叶—2千纪初，阿穆尔河上游和中游及其支流——额尔古纳河、石勒喀河、结雅河、布列亚河、松花江等地区，形成了巨大的民族文化群——民族文化的"碎片"。在这一通过劳动分工以及在产品、通婚、契约义务等方面交往的族群系统中，民族文化不仅相互接触，还或多或少地发生重叠。Е. И. 肯恰诺夫正确地指出了这一点。[②]

在阿穆尔地区民族文化的大熔炉中，整合成了多元多质的整体，如形成了统一族体的达斡尔人。他们一方面根植于原住民的文化；另一方面则系来自相邻地区。从契丹人遗传而来的达斡尔人，操蒙古语方言，在他们的文化中融合了室韦、原生的蒙古、靺鞨、

---

① С. П. 涅斯杰罗夫:《阿穆尔河沿岸地区的北室韦》，载 А. П. 扎比亚科主编《亚洲东部的传统文化，考古学与文化人类学》，布拉戈维申斯克（海兰泡），1995年，第105—122页。

② Е. И. 肯恰诺夫:《6—12世纪上半叶的蒙古人》，载《中世纪的远东及相邻地区》，新西伯利亚，1980年，第139页。

第一章 阿穆尔河（黑龙江）左岸地区早期铁器时代与中世纪的考古学文化与民族史述略

女真、突厥、汉族的文化传统，成为一支在巨大历史动荡的民族进程中，在族源和生活方式中表现出复杂特点的民族。这即是说，有理由相信，在最后阶段的达斡尔人的族源来自12—13世纪的阿穆尔河沿岸地区。

在17世纪中叶，达斡尔人占据着广阔的地区，分布在自西部石勒喀河、额尔古纳河沿岸，沿阿穆尔河而下直至与结雅河的汇合口。根据尼古拉斯·维特希恩所绘地图（1687年），他们主要散居在阿穆尔河上游左岸，该地区被称为"达乌利亚"。结雅河沿岸的达斡尔人则聚居在自河口上溯约百公里至乌姆列卡恩河河口处。自结雅河口顺阿穆尔河而下，直至达斡尔人分布东部边界的布里亚河口，这一区域内的达斡尔村落与久切尔人（戈古尔人）的乌卢斯为邻。在大兴安岭地区嫩江河谷存在一个广阔的达斡尔飞地。在阿穆尔河流域边界之外的地区，达斡尔人主要占据着维吉姆河沿岸的土地。总之，达斡尔人散居在后贝加尔地区、内蒙古和阿穆尔河沿岸地区广大的区域中。与达斡尔人相邻的一些通古斯族群，也受到了其影响并发生了融合，他们被称为"达斡尔化的通古斯人"。

达斡尔人有非防御性和防御性的聚落、城镇。17世纪的俄罗斯人称其聚落为"乌卢斯"，这一词语的含义不仅意味着居住之地，同时也有亲缘群体的意思。

大量防御性的城镇具有深壕和城垣，常见有木构塔楼和栅墙，还有在发生围攻时获取水源的秘密通道。防御性城址往往只在军事活动中出于防御敌人时才会使用。大部分居民平时都居住在村落中，从事农业劳动。

达斡尔人的房屋都是用木头或带有两面坡屋顶的夯土结构建造而成，如简易房址。在达斡尔人的家具中，金属器皿甚多，这有别于喜爱使用陶质器皿的久切尔人。

达斡尔人的生产活动主要是农业和牲畜养殖业。在田野中，达斡尔人主要饲养马匹，种植谷类作物——小麦、黑麦、大麦、燕麦、小米和荞麦，也有用于榨油的大麻，以及蔬菜（黄瓜、大蒜、豆类等）和其他作物（苹果、梨、坚果等）。①家养牲畜则主要是猪、马和牛。

达斡尔人不仅仅从事耕作业和牲畜养殖业，还与通古斯人进行贸易，通过面包换取貂皮。与汉人一起销售紫貂皮、丝织品等商品。

达斡尔人社会组织的基础是亲属集团，它们被联合成更大的社会群体——亲属联合体，他们被亲属首领、公爵所领导。根据俄罗斯早期开拓者们的文献证据，在17世纪中叶，拉夫凯是最有影响力的达斡尔公爵之一，他在石勒喀河流域和阿穆尔河上游具有很大的影响力。②同时，部分部落由地位略低的首领领导——Gildega、Albaza、Shilgeney，他们大多是拉夫凯的亲属。继续顺阿穆尔河而下，分布着Dasaul、Tygichei、Guigudar、Olgemza、Bonbulay、Churonchi、Kokorei、Turonchi，托尔加，博木博果尔及其他达斡尔贵族公爵的乌卢斯。溯结雅河而上，分布着巴尔达齐、科尔帕、多西、Bebra、Doptyul等达斡尔首领的乌卢斯。

在17世纪上半叶，部分达斡尔首领接受清廷的统治，并开始向清政府缴纳贡物。1634年，居住在结雅河下游乌卢斯的首领巴尔达齐，归顺了皇太极，订立了纳贡关系。其他一些达斡尔贵族不承认清政府统治地位，甚至用手中的武器反对其统治。在17世纪30年代末，营地很可能位于阿穆尔河科尔萨科沃河曲处的达斡尔首领博木博果尔的众多亲族反抗满人统治。③在博木博果尔一边，还有很多达斡尔首领加入。根据参加对抗达斡尔人的满人将领的报告，仅在多科城（雅克萨—阿尔巴津诺下游）的战斗中，6000名达斡尔人抗

---

① 《1646年12月后，来自鄂霍次克海雅库茨克堡瓦西里·波亚尔科夫的文件负责人的航行文件》，载《历史文献补编》第3卷，圣彼得堡，1848年，第55页。

② 《瓦西里·尤里耶夫给雅库茨克军政长官瓦西里·普希金和基里尔·苏波涅夫，关于军职人员从通吉尔过冬地前往石勒喀河，调查通古斯人和达斡尔人的官方批文，1649年3月12日》，载《历史文献补编》第3卷，圣彼得堡，1848年，第173—174页；《雅库茨克军政长官德米特里·弗兰别314斯科夫关于叶罗费·哈巴罗夫在阿穆尔河航行的批文，1650年5月26日》，载《历史文献补编》第3卷，圣彼得堡，1848年，第258—261页。

③ Б. Д. 茨别诺夫：《中国达斡尔族的历史与文化——历史民族学概述：著作》，乌兰乌德，2012年，第52、66页。

第一章 阿穆尔河（黑龙江）左岸地区早期铁器时代与中世纪的考古学文化与民族史述略

击清军。① 在 17 世纪 40 年代初，这一反抗遭到了镇压，博木博果尔被俘获并处决。

根据 17 世纪中叶俄罗斯文献的记载，这一时期的达斡尔人数量约有 1 万人。② 显然，在 17 世纪初人口应更多。满人在 16 世纪末至 17 世纪初建立了清朝，其影响力开始向周边部族扩张，征服了这些地区和人口，这对达斡尔人造成了巨大的破坏。在对周边民族的军事行动中，清军通常将大量当地人口迁往满人土地。这些被俘的居民需要从事满人的生产，并在必要时被编入八旗军队中。③ 仅在 1639—1640 年的一次打击博木博果尔的征讨中，就抓获和迁走了千名达斡尔人。在清代文献《大清太祖高皇帝实录》中有相关记载。④

俄罗斯人的到来进一步恶化了阿穆尔河上游和中游达斡尔人的人口和经济状况。大部分达斡尔人的乌卢斯都被破坏了。

1654 年，清廷为了让已成为臣民的达斡尔人躲避冲击，开始将他们从阿穆尔河沿岸迁居到"满洲"地区的嫩江流域及其他地区。通过这些举措，清廷剥夺了俄罗斯人获取俘虏、补充粮食和肉类资源的可能性。大部分达斡尔人和久切尔人聚落都归附清朝，人口被迁走。部分人口被编入满洲，称为"新满洲"（伊彻满洲），被包括在满洲军事系统"八旗"之中。

即使在将俄罗斯人驱逐之后，也禁止将旧土地归还给达斡尔农业居民。然而，仅有一小部分逐渐迁回了阿穆尔河中游（主要在阿穆尔河右岸）。这些居民主要居住在位于结雅河河口以下数十千米的阿穆尔河沿岸的军事聚落中。阿穆尔河的自由关卡只对达斡尔商人开放，他们从阿穆尔森林中带来与通古斯狩猎者交换获得的貂皮和其他商品。

早在 17 世纪以前，在森林地带以及斯塔诺夫山脉（外兴安岭）、

---

① Г. В. 梅立霍夫：《东北满族（17 世纪）》，莫斯科，1974 年，第 69—70 页。
② Б. О. 多尔基：《17 世纪西伯利亚民族的亲属和部落构成》，莫斯科，1960 年，第 611 页。
③ Г. В. 梅立霍夫：《东北满族（17 世纪）》，莫斯科，1974 年，第 54 页。
④ Г. В. 梅立霍夫：《东北满族（17 世纪）》，莫斯科，1974 年，第 71 页。

俄罗斯阿穆尔河（黑龙江）左岸地区古城址研究

大兴安岭、小兴安岭、扎格达山脉、布列亚山脉的山坡上居住着大型族群——通古斯人。在莫斯科关于阿穆尔地区最早的一份报告中，汇报了在石勒喀河和阿玛扎尔河存在着"为数众多的通古斯人"，在阿穆尔河支流下游也"居住着大量通古斯人"①。

关于通古斯这一民族概念的起源存在不同的假说。俄罗斯海军军官和研究者 Д. И. 奥尔洛夫作为最早的学者之一，于 19 世纪 50 年代解释了通古斯人的族称及地理位置："通古斯与鄂伦春的名称意为流浪的异族人，他们仅仅存在这样的空间区别：从巴尔古津城向东到维季姆河——几乎整个维季姆河左岸；以及安加拉河流域及基切尔河流域。他们被称为通古斯人。而维季姆河流域外的奥廖克马河、通吉尔河、纽克扎河、奥利多亚河以及阿穆尔河沿岸的'流浪人'被称为鄂伦春人。第一个称谓来自俄语发音为'库恩古'（Кунгу）的单词，意为驯鹿皮制作的毛皮、羊毛缝制的上衣。这些异族人在秋天、冬天和春天穿用，夏季有时也会着装。第二个称谓来自词汇'鄂罗恩'（Орон）（驯鹿）——唯一的家畜，用于骑乘和驮运货物……"② 根据其他观点，这个古老的中央亚细亚起源的族称可以追溯到东胡——蒙古语"林中人"，或可追溯到雅库特通古斯——"冻僵嘴唇的人"，即说着难以理解的语言的人。③

俄罗斯人将民族学构成上异质的人群称为通古斯人，晚近时则将阿穆尔河上游和中游的通古斯人称之为埃文基人。埃文基的族称源自一个民族称谓——"埃文克"（Эвэнк）。这一词语的起源我们还完全不知。一些研究者（如 В. А. 图格鲁科夫）认为"埃文克"这一称谓衍生于中国古代民族称谓——乌丸。在 7 世纪中国史籍中意为养鹿人，他们居住在贝加尔湖东北的沿岸地区。另一些学者

---

① 《雅库茨克军事长官德米特里·弗兰茨夫别科夫关于叶费罗·哈巴罗夫 1650 年 5 月 26 日在阿穆尔河航行的批文》，载《历史文献补编》第 3 卷，圣彼得堡，1848 年，第 260 页。

② Д. И. 奥尔洛夫：《阿穆尔鄂伦春人》，载《俄罗斯皇家地理学会学报》，圣彼得堡，1857 年，第 4 卷，第 21 章，第 6 号，第 193 页。

③ 详见：М. Г. 列文、Л. М. 巴达波夫主编：《西伯利亚的民族：民族学概论》，第 М、Л 卷，1956 年，第 702 页。

第一章 阿穆尔河（黑龙江）左岸地区早期铁器时代与中世纪的考古学文化与民族史述略

（如 М. Г. 图洛夫）提出，"埃文克"的概念来自在满—通古斯语族中广泛存在的词汇 эвунки（横跨）及其派生的词汇 эвункин（横眼的、倾斜的）。① 埃文基的族称广泛被使用的时间相对较晚——在20世纪30年代。

在当代论述中则有以下情形："'通古斯'的概念可以有若干个含义。'北方'和'南方'通过前缀意为在起源和民族文化上亲缘的两个族群。第一个由埃文基人和埃文人组成，第二个则为阿穆尔河沿岸地区和萨哈林岛（库页岛）的通古斯语族和女真人、满人。"②

满—通古斯族群的起源至今仍是一个具有争议性的问题。不同的研究者将满—通古斯族群的族源地归结于阿尔泰、贝加尔湖沿岸、后贝加尔地区、阿穆尔河沿岸地区、黄河中游以及欧亚大陆东北部的一些地区。很少有研究关注到古代通古斯人（原通古斯人）和民族志时期（17世纪以来根据文献记载与研究）的通古斯人的相互关系。

一部分通古斯人在山地森林地形的环境中从事着牧业生活。人们利用家养的驯鹿用于迁徙游牧，同时也为通古斯人提供毛皮、肉和奶的来源。上阿穆尔地区的驯鹿通古斯被称为鄂伦春。这一称谓具有满族文献起源，即满族人最早使用"鄂伦春"一词，意为驯鹿通古斯人（"鄂伦"为驯鹿，"鄂伦春"为驯鹿人）。

另一部分通古斯人则过着与驯马业相关的半定居生活。"驯马通古斯人"群体首先隶属于玛涅格尔氏族，这一氏族名称来源于词汇"manegra"，稍晚时期用于指代整个"驯马通古斯人"。狩猎（首先是捕貂）和渔捞在生活在山地森林环境中的驯鹿通古斯人和驯马通古斯人的经济中扮演着重要角色。一些亲缘的群体则向农业过渡，他们被称为"农耕通古斯"。通古斯族群中驯马业和农业的扩大则是受到了其近邻——久切尔人和达斡尔人的影响。在阿穆尔河中游、沿结雅

---

① М. Г. 图洛夫：《埃文基人：族源与民族历史的基本问题》，伊尔库茨克，2008年，第162页；另见：А. П. 扎比亚科等：《阿穆尔河沿岸地区的埃文基人：历史与文化的驯鹿之路》，布拉戈维申斯克（海兰泡），2012年，第9页。

② М. Г. 图洛夫：《北方通古斯人的历史源头和埃文基人族源的问题》，载《伊尔库茨克国立大学学报》，地理考古学、民族学、人类学专栏，2013年，第1期，第245页。

河，俄罗斯人在17世纪遇到了不少"达翰尔化的通古斯人"。"农耕通古斯人"的一些亲缘集团是众所周知的，如Bayagir, Shemagir, Yezhegun, Dulgan，他们在结雅河和谢列姆贾河沿岸从事生产。在阿穆尔河流域及其支流生活着大约3000个属于通古斯的群体。

在17世纪初以前，阿穆尔河沿岸地区的通古斯亲缘集团与邻近民族和国家很少存在着某种如朝贡关系的联系。

阿穆尔河上游和中游的中世纪民族与文化的历史不仅仅反映在文献史料中，也体现在弗拉基米洛夫卡考古学文化中，其年代为17世纪。① 这一文化于20世纪90年代最先被Б. С. 萨布诺夫和Д. П. 鲍罗金确认和记录。考古遗址的发掘表明，弗拉基米洛夫卡文化的载体是达翰尔人及与之杂处的通古斯人，这些通古斯人是达翰尔人移民之后居住在阿穆尔河上游和结雅河流域。

关于弗拉基米洛夫卡文化的基本情况来自对墓葬发掘所获得的考古学材料。墓圹平面呈长方形或椭圆形。墓葬内部结构为在木板边缘竖立框架。墓葬内的死者埋葬有以下几种方式：尸骨直接埋葬占大多数，二次葬稍少，火葬遗体则十分少见。

日常用品以器皿、刀、镰刀、火镰、磨石为代表。少量器物可分为圆形的陶器和金属器。武器主要有箭镞和矛、斧、弯弓、箭筒、铠甲片。从纽扣可知衣着的风格——长袍或上衣。右衽，腰带系着饰有铁和青铜饰板的带饰。饰物中以玻璃珠和青铜线为主。耳环戴在耳朵和鼻子上。它们呈问号形，在其下部的工艺上带有珠子。常见贝壳饰品。手指上饰有青铜环和铁环，脚腕部带有铁镯。②

弗拉基米洛夫卡文化在民族文化中是阿穆尔河沿岸地区西部居民达翰尔人和久切尔人（通古斯人）的混合产物。在这一文化中，达

---

① Д. П. 鲍罗金等：《关于中世纪时代阿穆尔河沿岸地区民族历史的问题（根据考古学材料）》，载《阿穆尔州地方志博物馆与地方志学家协会丛刊》，布拉戈维申斯克（海兰泡），1992年，第7卷，第28—29页。

② Д. П. 鲍罗金：《中世纪晚期（13—17世纪）阿穆尔河上游地区的民族文化状况》，副博士学位论文，新西伯利亚，1995年，第7—9页。

第一章 阿穆尔河（黑龙江）左岸地区早期铁器时代与中世纪的考古学文化与民族史述略

斡尔和通古斯元素混合成一个民族文化的完整体。①

总之，中世纪阿穆尔河沿岸地区居民民族结构的形成确定了不同源头群体的移民。这一区域发生的族群融合、通婚的过程，从根本上影响了当地居民的人类学特征和文化的发展。

---

① Д. П. 鲍罗金：《弗拉基米洛夫卡考古学文化中的通古斯与蒙古元素》，载《北太平洋考古学》，符拉迪沃斯托克（海参崴），1996年，第85—92页。

第二章

阿穆尔河（黑龙江）左岸古城的研究史

А. П. 扎比亚科

关于阿穆尔河流域防御性聚落最早的历史记录出现在17世纪中叶俄罗斯最早的土地开拓者的报告中。这些文献记载了当地居民的一些聚落、防御建筑（城墙、壕沟、墙体）和房址的建造。这些证据的独特价值在于提及了这些设防聚落的族属为达斡尔人和久切尔人的"公爵"，同时提供了这些城址的民族学特征。

19世纪中叶，阿穆尔河左岸古城成为来自俄罗斯一方的知识分子和学者投以学术关注的对象。1854年，从石勒喀河到阿穆尔河口的俄罗斯船只，沿着阿穆尔河组织了首次航行。这些船只运送着为了防御英国人进攻堪察加彼得罗巴甫洛夫斯克的粮食和武器。航行的参与者们到达阿尔巴津堡遗址时，考察了遗迹，离开后考察了防御要塞遗址，收集到了第一批古代遗物——箭镞、石核、弹头。1855年，著名学者 P. A. 马克绘制了阿尔巴津古城的平面图并对其作了著录，还研究和记述了位于其附近的满人防御军事营地遗址，其年代为17世纪80年代。19世纪60年代，地理学家、地质学家和考古学家 И. А. 洛帕京在其田野调查中关注了古城遗址。他研究了阿穆尔河沿岸布拉戈维申斯克（海兰泡）上游的马尔科沃、米哈伊洛夫卡、比比科沃村的古城。他也是最早提及新彼得罗夫卡古城和帽子山古城的学者之一。

在1891年布拉戈维申斯克（海兰泡）城市博物馆建成后，考古学研究达到了新的水平。19世纪90年代阿穆尔河沿岸地区的考古学研究主要来自 А. Я. 古罗夫。1902年夏季，他与 Г. Ф. 别洛索夫在帽子山古城进行了考古发掘。他们发现了骨质和铁质的箭镞、收底的泥

第二章 阿穆尔河（黑龙江）左岸古城的研究史

质陶罐等遗物。А. Я. 古罗夫稍晚又发现和著录了大量考古遗址，其中就包括了古城。根据博物馆的任务，他们绘制了第一幅考古地图，其中标注了古城和其他遗址。地图中标注了切斯诺科沃村附近的帽子山古城、库布里亚诺夫卡古城、加里宁斯克古城、新彼得罗夫卡古城。20 世纪初，В. Е. 冈索维奇研究了阿穆尔河中游的一些古城（如帽子山古城）。

20 世纪 30—50 年代，Г. С. 诺维科夫—达翰尔斯基研究了阿穆尔河上游和中游的考古遗址，发表了关于大量古城的信息。А. П. 奥克拉德尼科夫主持的调查在 1935 年的考古学研究进展中扮演了重要角色。他们在阿穆尔河下游发现了一些村落和古城遗址。之后的 20 世纪下半叶至 21 世纪初，奥克拉德尼科夫的学生和继任者在阿穆尔河下游的古城研究中作出了巨大贡献。他们中首先是 В. Е. 麦德维杰夫，也包括了 Э. В. 沙弗库诺夫、О. В. 季亚科娃、В. А. 克拉明采夫、Е. И. 杰列维扬科、А. П. 杰列维扬科、Б. С. 萨布诺夫、Н. Н. 扎伊采夫、Д. П. 鲍罗金、С. П. 涅斯杰罗夫、Д. П. 沃尔科夫、А. Л. 史楚姆科娃等考古学家。

由于在阿穆尔河上游和中游左岸、阿穆尔河下游两岸的考古学研究，业已发现和研究了大约 150 座古城。古城主体区域的年代和相互关系与考古学文化和地域族体有关。其中有超过 14 处最古老的古城遗址属于早期铁器时代的波尔采文化。其余古城属于中世纪时期。

Б. С. 萨布诺夫与 Н. Н. 扎伊采夫对阿穆尔河上游和中游古城进行了分类研究，包括以下四种古城形态：小型平原古城、大型平原古城、小型岬角（山地）古城、大型岬角（山地）古城。①

小型平原古城。这类古城面积不大，大致呈四方形，边长 20—60 米不等。它们依靠城墙和壕沟防御，一般有 1—4 道围垣和壕沟。古城有门道，穿过城墙和壕沟。古城一般有一门址。门址有直线、Γ

---

① Б. С. 萨布诺夫、Н. Н. 扎伊采夫：《阿穆尔州的中世纪古城》，载《远东及相邻地区民族文化史的问题》，布拉戈维申斯克（海兰泡），1993 年，第 112 页。

形，少见 Z 形，在其外部几乎均建有较小的土筑城垣。这一类型古城具有略微外凸的角楼，伸向城外方向。角楼高于城墙。这类古城坐落于距离河岸不远处的大河汊和小河汊附近。从主河床延伸的较大的水域河汊，被江心岛所遮掩。为了修建古城，一般选址在干燥但不是最高处，尽管某一方向被潮湿低洼的沼泽或水域（湖泊）所防御。

"达斡尔类型"古城属于小型平原城，得名于 Г. С. 诺维科夫—达斡尔斯基的研究。该类型古城为正方形，面积 400—1200 平方米，被 2—3 道城垣和壕沟环护。目前城垣的高度不超过 50—70 厘米，墙基宽度为 1.5—2 米。壕沟宽度为 1—2 米，深度为 0.5—1.5 米。城角尚存高 0.2—0.5 米的塔楼基址。入口呈直线、Г 形或 Z 形，宽度为 1.5—2 米。入口一般位于城址南部，少数位于东部。"达斡尔类型"古城均建有角楼，其中西北角楼大于其他三座。这些古城坐落在距离河岸 200 米内的较大水流附近的低矮鬃岗之上。尽管 Г. С. 诺维科夫—达斡尔斯基提出了"达斡尔类型"的概念，但他认为这些古城并不是与作为民族的达斡尔族有关。他推断，它们可能是中国富人的庄园。现在存在一种观点，认为这些古城具有仪式的意义，在这些古城附近很少有墓葬。

大型平原古城。这类古城一般呈长方形或梯形。这种古城的防御建筑由一道规格巨大的城垣和壕沟所组成。大多数古城都建有塔楼。较大型的该类古城不仅建有塔楼，还有彼此间隔 50—100 米的马面。大型平原古城的内城区可能建有将其与其他区域阻隔的隔墙。古城入口只是朝向城外方向。研究者们在该类古城地表发现了地上房址的遗迹，由此形成了街道。在一些古城中还发现了用砾石覆盖的街面。

古城城门有 1—4 个不等。古城一般被城外土筑城垣所防护。这类古城坐落在河岸或江汊沿岸的鬃岗之上。古城某一方向被难以逾越的地形（沼泽、潮湿洼地）所阻隔。古城面积较大，能达到 2.5—15 公顷或 20 公顷。

小型岬角（山地）古城。该类古城坐落在山地地形（较小的山冈）之上，通常为伸向河流或湖泊河滩地的岬角。岬角通常较为高大和陡峻，被其防护的聚落，能够抵御突然的进攻。古城内部区域被城垣和壕沟环护，古城地表一般很平坦，略微向河滩地方向倾斜。古城有一道城墙和壕沟。古城一般仅有一处门址，城门没有防护。该类古城未建有塔楼建筑。古城地表布有古城居址的穴居坑。在古城外很少发现穴居坑遗迹。

大型岬角（山地）古城。大型岬角（山地）古城在基本结构特征上与小型岬角古城相似，但其规模较大。在古城修建中有时在城角修建有角楼和马面。为了防御，在门址处也建有塔楼。此类古城一般有一座城门。

目前在阿穆尔河上游和中游已知有大约60座小型平原古城、14座大型平原古城、6座小型岬角（山地）古城、8座大型岬角（山地）古城。

第三章

阿穆尔河（黑龙江）上游左岸古城

A. П. 扎比亚科　Н. Н. 扎伊采夫

第一节　引言（概述）

阿穆尔河上游自石勒喀河与额尔古纳河汇合口至结雅河口，长883千米。对阿穆尔河左岸古代城址的首次记述见诸17世纪中叶和下半叶前来此地的俄罗斯人的文献史料。

17世纪40年代，根据文献记录，可知在阿穆尔河上游以及石勒喀河沿岸已经存在达斡尔人、达斡尔公爵的聚落。根据更晚的17世纪俄罗斯的文献记录，大量达斡尔人的设防城镇、堡寨修建有深壕和城墙、原木制的塔楼和栅墙，也具有在被围攻时获取水源的特殊密道。如此，达斡尔公爵 Guygudar、Olgemza 和 Lotody 的防御性聚落（Guygudar城镇）成为三座被城墙隔开的相邻城堡。城址存在城墙、栅墙、塔楼，外墙周围还挖有两道深度超过2米的相邻壕沟。城址没有城门，代替它的是附属于栅墙下专门的通道——"暗道"[①]。根据文献记载，托尔加公爵的城镇有以下形制："那座托尔加城比两座用整棵树修建而成的栅墙还要高大，两道墙之间填充以石砾。在城址周围挖有三道壕沟，深度为3俄丈，宽4俄丈。"[②] 因此，城堡具有用两

[①] 《呈送叶费罗·哈巴罗夫军职人员雅库茨克军政长官德米特里·弗兰茨别科夫关于在阿穆尔河军事行动及其他的批文》，载《历史文献补编》第3卷，圣彼得堡，1848年，第360页。

[②] 《1653年 C. B. 波亚尔科夫信息呈文及其对阿穆尔河沿岸地区考古学家的意义》，载《17—19世纪远东的俄罗斯开拓者（历史考古研究）》第2卷，符拉迪沃斯托克（海参崴），1995年，第37页。

根原木所修建的墙体，其内填充以泥土，以及三道深度超过6米、宽超过8米的壕沟（1俄丈等于2.13米）。通过文献可知，城墙上有5座塔楼，防御性城镇通常只在军事行动中出于防御外敌而使用，在和平时期其大部分居民都居住在村落中，从事农业劳动。

基于20世纪下半叶至21世纪初对阿穆尔河上游考古遗址的研究，可以得出结论：除了达斡尔人外，在这一地区还存在其他族群的防御性聚落。研究者们已经尝试从17世纪的书面文献中找到关于阿穆尔河上游和中游托尔加城或其他堡寨的信息，即阐明考古学对象——古城，并不同程度地取得了成果。最晚近的关于堡寨的文献信息和古城的考古学材料相互关系的内容见于 O. B. 季亚科娃、H. H. 扎伊采夫、B. B. 舍甫琴科的发表成果中。[1] 然而，我们应该认识到，这一地区大多数遗址考古发掘材料的缺乏使我们无法对已知古城的准确族属作出最终认定。

总体而言，根据17世纪的书面文献、Г. C. 诺维科夫—达斡尔斯基的记载、Б. C. 萨布诺夫与 H. H. 扎伊采夫的调查及其他相关信息，可知在阿穆尔河上游存在超过30处防御性聚落。我们按遗址在阿穆尔河上游分布的次序列出发表成果中主要著录的古城：

1. 拉卡耶夫1号城址（达斡尔公爵拉夫凯城）

2. 拉卡耶夫2号城址（达斡尔公爵拉夫凯女婿城）

3. 恰宾城址（达斡尔公爵拉夫凯城）

4. 阿尔巴津城、雅克萨（达斡尔公爵阿尔巴津城）

5. 阿图耶夫城（达斡尔公爵 Atuy 城）

6. 杰萨乌罗夫城（达斡尔公爵 Desaul 城）

7. 古伊古达罗夫城（达斡尔公爵 Guigudar 城）

8. 切尔尼亚耶沃古城：位于阿穆尔河岸切尔尼亚耶沃村旁（小型岬角古城），1道城墙，1道壕沟。可能属于鞑靼特罗伊茨基类型文

---

[1] O. B. 季亚科娃、H. H. 扎伊采夫、B. B. 舍甫琴科：《阿穆尔河沿岸地区的达斡尔城镇（基于文献和考古学材料）》，载《"中国与俄罗斯：历史与合作前景"第九届国际学术研讨会材料》，布拉戈维申斯克（海兰泡）：布拉戈维申斯克国立师范大学出版社2019年版，第87—98页。

化古城。①

9. 叶尔玛科沃古城：位于阿穆尔河岸叶尔玛科沃村附近，古城三面被1道城墙和1道壕沟所环绕，规模不详。

10. 萨莫多恩1号古城：位于萨玛多恩半岛北部，邻近科尔萨科沃村，面积35×35平方米，1道城墙，高0.5米，1道壕沟，深0.6米。

11. 萨莫多恩2号（库丘莫夫卡）古城：位于萨玛多恩半岛南部，邻近科尔萨科沃村，面积不详，遗迹尚存。

12. 大湖古城：位于大湖湖岸，面积15×18平方米，3道城垣，3道壕沟，4座塔楼。

13. 布谢古城：位于布谢村，面积40×40平方米，1道城垣，1道壕沟。

14. 比比科沃古城：位于比比科沃村南2千米处，面积40×35平方米，2道城墙，高1米，3道壕沟，深1米。两座高1.5米的塔楼。（图3-1）

15. 比比科沃1号古城：位于大库雷姆河右岸比比科沃村南2千米处，地近大库雷姆河与阿穆尔河交汇处。根据В. И. 博尔金的调查研究可知，遗址为村落，其北部被两道平行的城墙和壕沟所围绕，其上有居址遗迹（直径4—6米，

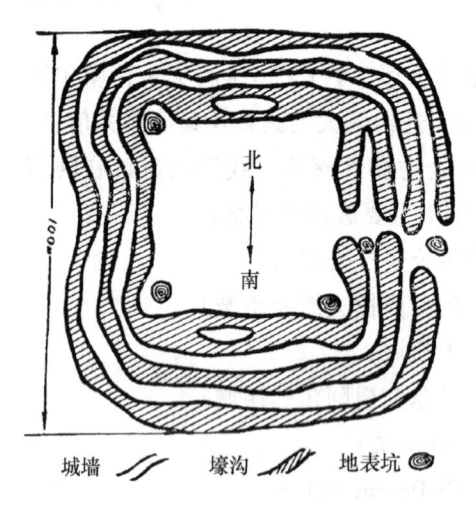

图3-1 比比科沃平面图（Г. С. 诺维科夫—达斡尔斯基绘制）

深1.5米）；聚落西北部被沼泽覆盖，南部其边界沿河床延伸，东部则被大库雷姆河所防御。这即是说，该城显然为将人工建筑（城墙和

---

① Д. П. 鲍罗金、Г. П. 利托夫琴科、Н. Н. 扎伊采夫：《阿穆尔州地区新发现的中世纪古城》，载《1993年西伯利亚与远东考古学家、民族学家、人类学家田野与实验室研究成果概要》，新西伯利亚，1995年，第243页。

壕沟）与复杂地形相结合的防御性聚落古城类型。在村落遗址范围内布设的探沟内发现了大量手制陶片和两个陶罐。多数陶器和陶片属于"靺鞨式陶器"（图3-2）。比比科沃1号村落遗址旁还发现了比比科沃2号村落遗址，在该处发现了与比比科沃1号遗址陶器相似的堆塑陶。考古材料表明，聚落属于靺鞨文化，年代为9—11世纪初。① 比比科沃1号聚落平面特点与靺鞨传统的古城建设一致，即修建人工建筑与复杂地形（河流、沼泽、陡岸）相结合。这一传统同样表现在滨海地区的靺鞨古城布局中。②

16. 谢尔吉耶夫卡1号古城：位于谢尔吉耶夫卡村，面积50×50平方米。

17. 谢尔吉耶夫卡2号古城：位于谢尔吉耶夫卡村，面积65×65平方米。

18. 谢尔吉耶夫卡3号古城：位于谢尔吉耶夫卡村，规模不详，现存2道城垣、3道壕沟、2座塔楼。

19. 谢尔吉耶夫卡4号古城：位于谢尔吉耶夫卡村，规模不详，存2道城垣、2道壕沟、2座塔楼。根据Е. И. 杰列维扬科的研究，该古城属于靺鞨文化。④

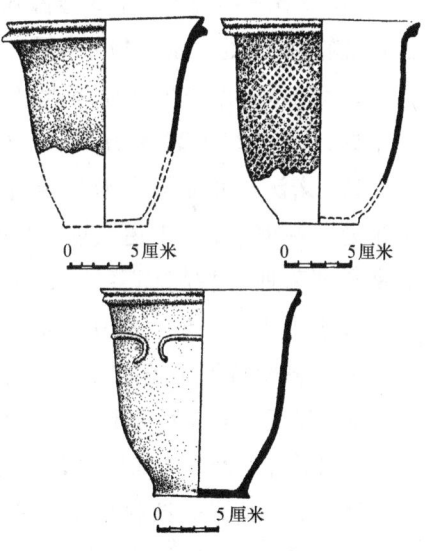

图3-2 比比科沃1号古城出土陶器③

20. 诺沃—波克罗夫卡1号古城：位于诺沃—波克罗夫卡村，面积约100×100平方米，城墙和壕沟几已不存。

---

① В. И. 博尔金：《阿穆尔州早期中世纪遗址的勘察成果》，载《亚洲东部的传统文化》，第2辑，布拉戈维申斯克（海兰泡）：阿穆尔国立大学出版社1999年版，第177—179页。
② Я. Е. 比斯卡列娃：《远东南部的靺鞨文化：专业经济视角》，载《俄罗斯科学院远东分院历史、考古学、民族学研究所所刊》2019年第4期，第25卷，第139页。
③ В. И. 博尔金：《阿穆尔州早期中世纪遗址的勘察成果》，载《亚洲东部的传统文化》，第2辑，布拉戈维申斯克（海兰泡）：阿穆尔国立大学出版社1999年版，第178页。
④ Е. И. 杰列维扬科：《阿穆尔河中游的靺鞨遗址》，新西伯利亚，1975年，第26页。

21. 诺沃—波克罗夫卡 2 号古城：位于诺沃—波克罗夫卡村南 500 米处，面积 100×100 平方米，3 道城墙、3 道壕沟、塔楼高达 3 米。

22. 诺沃—波克罗夫卡 3 号古城：位于诺沃—波克罗夫卡村东南 2 千米处，面积 40×40 平方米，2 道城墙，2 道壕沟，门道呈曲折状。

23. 诺沃—波克罗夫卡 4 号古城：位于诺沃—波克罗夫卡 3 号古城旁、诺沃—波克罗夫卡村东南 2 千米处，面积 40×40 平方米，2 道城墙，2 道壕沟，门道曲折。

24. 诺沃—波克罗夫卡 5 号古城：位于诺沃—波克罗夫卡 3 号和 4 号古城以东 500 米处，面积 40×40 平方米，2 道城墙，2 道壕沟，门道曲折。

25. 诺沃—波克罗夫卡 6 号古城：位于诺沃—波克罗夫卡村南 4 千米处，面积 23×20 平方米，2 道城墙，2 道壕沟，塔楼遗迹尚存。

26. 诺沃—波克罗夫卡 7 号古城：位于诺沃—波克罗夫卡村南 5 千米处，规模未定，1 道城墙，1 道壕沟。古城南坐落着大米洛瓦诺夫斯科耶墓地（橡树岗墓地），面积 600×50 平方米，共计有大约 2 千处大小为 4 平方米、深 0.5 米的墓坑。丧葬习俗和随葬器物特征表明其属于靺鞨特罗伊茨基类型，年代为 8—10 世纪。

27. 诺沃—波克罗夫卡陡崖古城：位于诺沃—波克罗夫卡村东 4 千米处，吉普克斯河左岸高岸之上（高度 40 米），1 道城墙，1 道壕沟。

28. 米洛瓦诺夫斯科耶 1 号古城：位于诺沃—波克罗夫卡村南 6 千米处，80×54 平方米，2 道城垣，2 道壕沟，城内被壕沟隔开。4 座塔楼，高超过 2 米。2 座城门。

29. 米洛瓦诺夫斯科耶 2 号古城：位于米哈伊洛夫卡村旁，40×40 平方米，1 道高 2 米的城墙，2 道深 2 米的壕沟，城内被壕沟隔开，2 座高 1 米的塔楼。

30. 米哈伊洛夫卡古城：位于米哈伊洛夫卡村以西 4 千米处，25×25 平方米，2 道高约 1 米的城墙，2 道深达 1.5 米的壕沟，4 座高约 1 米的塔楼。

31. 库丘古雷古城：位于马尔科沃村以西 1.5 千米，根据 Г.С. 诺维科夫—达斡尔斯基的观点，该古城为 17 世纪俄罗斯文献所记述的巴恩布拉耶夫城故址（达斡尔公爵 Bambulay 城）。

32. 库库伊古城：位于库库伊村西南3.5千米处，阿穆尔河高岸之上的斯捷潘尼哈谷地（小型岬角古城），被1道高1米的城墙、1道壕沟所围。1961年，在斯捷潘尼哈谷地发现了大量聚落遗址，Н. Н. 扎别琳娜主持了考古发掘。通过对其房址的研究，可知其属于鞑靼特罗伊茨基类型文化。

33. 伊格纳季耶夫斯科耶古城：位于伊格纳季耶夫斯科耶村西4千米处，面积60×65平方米，2道城墙，2道壕沟，4座高约1.5米的塔楼。

在阿穆尔河上游的古城中，库丘古雷古城系研究最多、最著名的一座古城。

第二节　库丘古雷古城

库丘古雷古城为平原类型古城，坐落在自马尔科沃村沿公路至米哈伊尔洛夫卡（布拉戈维申斯克区）以西1.5千米处的阿穆尔河河岸。河岸距古城城墙约40米，其所在周边地形主要为长有少量植被的河漫滩之上台地，植被主要为桦树、椴树、白杨、柳树、橡树和榛树。目前古城内外区域大多已被耕种，开垦活动使古城除了部分城墙外的大部分筑城建筑被破坏了。

И. А. 洛帕京于1868年首次对古城进行了著录。1928—1929年，Г. С. 诺维科夫—达斡尔斯基对古城进行了调查，对筑城建筑进行了测量，并记述了古城的主体筑城建筑、绘制了古城平面图。1972年，В. И. 博尔金领导的俄罗斯科学院远东分院远东民族历史、考古与民族研究所中世纪国家研究部的考古学家对古城进行了研究。在古城中采集到一批考古材料，据此将其断代为达斡尔时期。[①] 2012年，Н. Н. 扎伊采夫领导的阿穆尔州历史文化遗产保护中心的研究人员对古城进行了调查。这次调查主要研究了古城的筑城技术情况，记录了

---

① В. И. 博尔金：《1972年阿穆尔州地区考古调查简报》，《远东民族历史、考古与民族研究所档案》，1号目录47号文件，第4页；Н. Н. 扎伊采夫、А. Л. 史楚姆科娃、Д. П. 沃尔科夫：《阿穆尔州古城》，载 Д. П. 鲍罗金、А. П. 扎比亚科主编《亚洲东部的传统文化》第5辑，布拉戈维申斯克（海兰泡）：阿穆尔国立大学出版社2008年版，第203页。

城墙剖面的地层关系。

从古城的平面布局和筑城学特点上来看，在阿穆尔河上游和中游左岸沿岸地区未发现如库丘古雷古城一般的其他城址。

根据1928年 Г. С. 诺维科夫—达斡尔斯基对古城的描述，古城内外区域的大部分地区已被开垦。但研究者依然成功进行了城址测量，并进行了相当详细的记述："古城为规则正方形，用土筑城墙确定边界，城墙内侧高达3米，其外侧为壕沟。城角向外伸出约125步见方的平台，从其内侧看，在城墙四个方向的墙体上均有两个每侧距离城角都相同的凸起。古城每个方向均有被横墙防御的城门。……"[①] 出于描述需要，附上古城的平面全图和东门平面图（图3-3库丘古雷古城平面图；图3-4库丘古雷古城东门平面图）。在

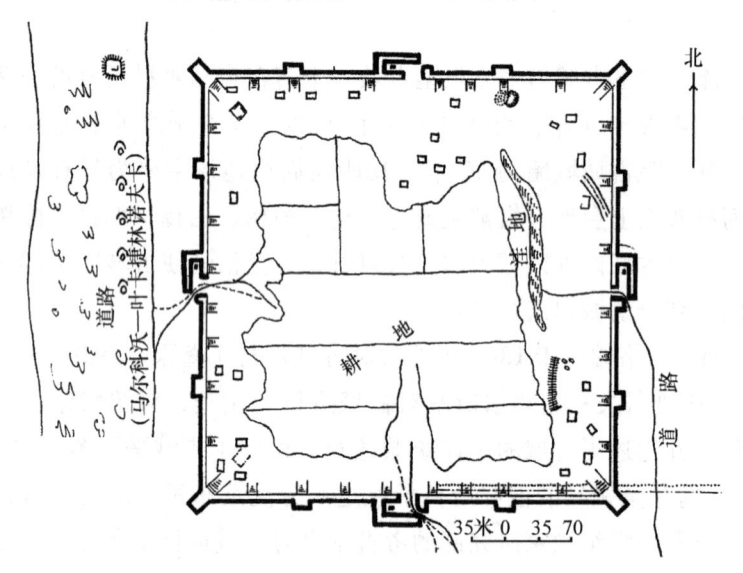

图3-3 库丘古雷古城平面图[②]

---

① Г. С. 诺维科夫—达斡尔斯基：《布拉戈维申斯克市和阿穆尔边区阿穆尔—结雅区伊格纳季耶夫卡、马尔科沃、叶卡捷林诺夫卡村地区的考古调查》，载《阿穆尔地区博物馆和方志学会论丛》，布拉戈维申斯克（海兰泡），1930年，第28页。

② Г. С. 诺维科夫—达斡尔斯基：《布拉戈维申斯克市和阿穆尔边区阿穆尔—结雅区伊格纳季耶夫卡、马尔科沃、叶卡捷林诺夫卡村地区的考古调查》，载《阿穆尔地区博物馆和方志学会论丛》，布拉戈维申斯克（海兰泡），1930年，第28页。

Г.С. 诺维科夫—达斡尔斯基的著录中标注了在古城地表"保存有不同形态和大小的房址地表坑"。在其稍晚的发表论著中记述了古城形态基本为一规则正方形，每边长为500米。古城向阳，城墙上存在土筑堆积而成的带有平台的外凸部分，为塔楼基址。①

总之，综合 Г.С. 诺维科夫—达斡尔斯基的材料信息可知，古城城墙边长约500米（平面长度约665米），墙体内侧高3米。每侧城墙外均有壕沟，也存在4座角楼和8座马面（每侧2座）。4座城门被 Γ 形的瓮门所防御。根据2012年最新的调查材料，古城目前仅存西墙，墙体长428米、壕沟宽452米。城墙高0.9—1.2米，墙基宽7米，墙脊宽1—1.5米。壕沟深0.5—0.8厘米，宽1.5—1.6米。

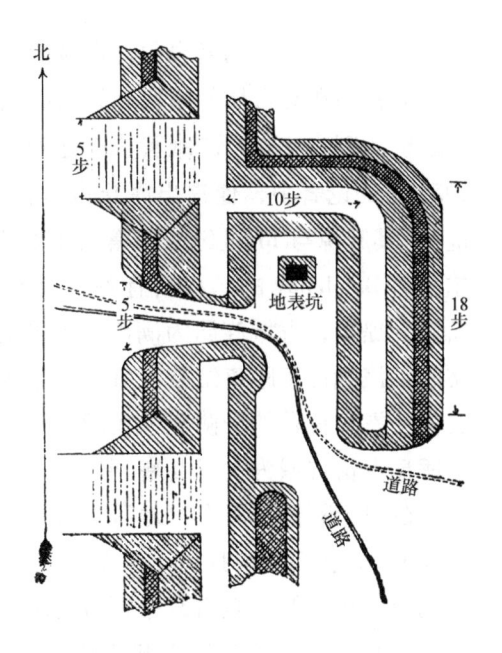

图3-4 库丘古雷古城东门平面图②

Г.С. 诺维科夫—达斡尔斯基曾记录，当地村民在库丘古雷古城城内进行开垦时，发现了瓦、石器和铁器碎片、"生铁散弹"（炮弹）和小型雕像。诺维科夫—达斡尔斯基收集的陶器碎片——"主要是'满洲'类型"的陶器。③

---

① Г.С. 诺维科夫—达斡尔斯基：《古代的阿穆尔河沿岸地区》，载《阿穆尔州地志博物馆与方志学会论丛》第2卷，布拉戈维申斯克（海兰泡），1953年，第10页。

② Г.С. 诺维科夫—达斡尔斯基：《布拉戈维申斯克市和阿穆尔边区阿穆尔—结雅区伊格纳季耶夫卡、马尔科沃、叶卡捷林诺夫卡村地区的考古调查》，载《阿穆尔州地志博物馆和方志学会论丛》，布拉戈维申斯克（海兰泡），1930年，第28页。

③ Г.С. 诺维科夫—达斡尔斯基：《布拉戈维申斯克市和阿穆尔边区阿穆尔—结雅区伊格纳季耶夫卡、马尔科沃、叶卡捷林诺夫卡村地区的考古调查》，载《阿穆尔州地志博物馆和方志学会论丛》，布拉戈维申斯克（海兰泡），1930年，第32页。

后来对古城的调查表明，古城的筑城建筑被耕作完全破坏了。

学者们在对古城的断代和族属的论证上存在很大的不同。这些不同已经体现在 Г. С. 诺维科夫—达斡尔斯基的论著中。在 1930 年和 1953 年的论著中，他提出库丘古雷古城是"无可争议的达斡尔人遗址"，其起源与 17 世纪来到黑龙江流域的俄罗斯人行纪中提到的达斡尔公爵 Bambulay 的乌卢斯有关。① 1961 年，Г. С. 诺维科夫—达斡尔斯基又提出，古城族属为满族。该城为"新博格达城"，根据俄罗斯文献，该城位于距离结雅河口一天路程的地方，并于 1686 年被以 А. 巴依托恩为首领的哥萨克人摧毁。② 在之后的发表成果中还有学者提出库丘古雷古城为女真要塞。③

在关于阿穆尔河沿岸地区古城研究的最新成果中，О. В. 季亚科娃和 В. В. 舍甫琴科提出了一个独特的观点，即认为库丘古雷古城及其他与之相似的"具有复杂筑城建筑的大型方形要塞系蒙古人的军事政治中心，用于控制领土和收缴贡赋"④。应该指出的是，这一观点没有建立在能够将库丘古雷等古城族属视作蒙古城邑的经验性考古学材料的论证中。

值得关注的是，2012 年在 М. А. 米罗诺夫参与库丘古雷古城调查的报告《"库丘古雷"古城：一些研究的假设和展望》中提出了一种创见，该报告发表于 2013 年召开的"亚洲东部：地区历史文化遗产保护与研究问题"学术研讨会（布拉戈维申斯克，2013 年）。基于 Н. Н. 克拉金在蒙古的考古发掘材料，М. А. 米罗诺夫提出库丘古雷古城与其他一些契丹古城在平面布局上存在高度相似。

---

① Г. С. 诺维科夫—达斡尔斯基：《古代的阿穆尔河沿岸地区》，载《阿穆尔州地志博物馆与方志学会论丛》第 2 卷，布拉戈维申斯克（海兰泡），1953 年，第 10 页。

② Г. С. 诺维科夫—达斡尔斯基：《历史考古概述》，布拉戈维申斯克（海兰泡）：阿穆尔图书出版社 1961 年版，第 34—35 页。

③ 持该观点的学者如 Д. П. 鲍罗金、Е. И. 杰列维扬科，见 Д. П. 鲍罗金、Е. И. 杰列维扬科：《女真时代（繁荣的中世纪）》，载《从远古时期到 20 世纪初的阿穆尔州历史》，布拉戈维申斯克（海兰泡），2008 年，第 108 页。

④ О. В. 季亚科娃、В. В. 舍甫琴科：《阿穆尔河沿岸地区的通古斯—满人和达斡尔人：民族文化的边界（以筑城学为材料）》，载班恰罗夫、斯基科夫主编《第 7 次菲德罗夫—大卫多夫圣迹国际会议材料》，基希讷乌，2016 年，第 29—30 页。

第三章　阿穆尔河（黑龙江）上游左岸古城

这一相似性确乎是存在的。在一部对远东中世纪古城进行研究的集体著作中，收入了由 H. H. 克拉金和 A. Л. 伊夫利耶夫执笔的章节"辽代的城市"。① 在该章节中，作者描述了契丹古城的筑城学和平面布局特点。H. H. 克拉金和 A. Л. 伊夫利耶夫论证了大多数契丹古城的重要特征：平面呈矩形，向阳，古城一面或两面使用河流作为天然屏障，建有角楼和马面，马面有规则分布。根据作者所论，契丹古城筑城学和平面布局的独特之处在于门址和防御性建筑的修建：大多数城门修建于古城四墙的中央，大多数城门都由 Γ 形或 Π 形的带有侧通道的土筑墙体所防护。这些防御性建筑有时也应用于远东及更早期的高句丽、汉人和渤海的古城中。但正是在辽代，它们在蒙古和中国东北广泛地传播并占据主流。这种防御性城门的修建技艺在更晚期被女真古城建筑广泛使用。② 值得注意的是，著作中提到修建于 13—14 世纪的蒙古人古城与契丹、女真城址存在不同。（图 3 - 5）

库丘古雷古城与其他契丹古城的相似性有以下三个最有可能的结论：其一，库丘古雷古城是由契丹人或契丹政权统治下阿穆尔河上游的居民建造的，这一地区是辽代的要塞边界之一；其二，古城是在契丹城邑建筑

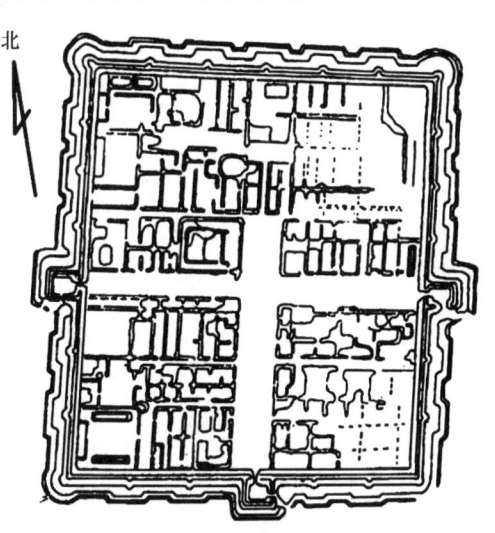

图 3 - 5　蒙古国乌兰赫日穆古城平面图③

---

① H. H. 克拉金主编：《远东中世纪帝国的城市》，莫斯科：东方文献出版社 2018 年版，第 181—202 页。

② H. H. 克拉金主编：《远东中世纪帝国的城市》，莫斯科：东方文献出版社 2018 年版，第 181—185 页。

③ H. H. 克拉金主编：《远东中世纪帝国的城市》，莫斯科：东方文献出版社 2018 年版，第 186 页。

学传统的指导下，由女真人或女真统治下阿穆尔河上游的居民建造的；其三，古城修建于达斡尔人在阿穆尔河流域的早期历史时期，当时他们还保留着可以追溯至辽金的筑城和城址布局传统。上述结论都排除了库丘古雷古城的蒙古族属，并推测古城出现于10—14世纪，要塞和古城所在区域被不同族群沿用至17世纪。

第四章

阿穆尔河（黑龙江）中游左岸与结雅河流域古城

A. П. 扎比亚科　H. H. 扎伊采夫

第一节　引言（概述）

阿穆尔河中游自阿穆尔河与结雅河汇合口至乌苏里江口，长975千米。结雅河自其源头至注入阿穆尔河的河口处的长度为1242千米。

对分布在阿穆尔河中游左岸和结雅河流域的古城的首次记述，见于17世纪中叶至下半叶的俄罗斯文献。最早的文献史料为1646年的消息记录，其中描述了在结雅河和阿穆尔河沿岸存在大量达斡尔人的设防城镇（堡寨）。众所周知，早期到达黑龙江流域的俄罗斯人沿结雅河顺流而下，进入阿穆尔河。他们在结雅河沿岸最早遇到的堡寨之一是位于谢列姆贾河口的达斡尔公爵多西和科尔帕的堡寨。这座谓之莫尔迪奇（Moldykidich）的堡寨建有城墙，在城墙下方挖有通道——"暗道"，防御者们可以穿过通道转移至城外。在大约50人的俄罗斯探险队与达斡尔人发生武装冲突期间，通过这些"暗道"，"大量达斡尔人出城迎击"。在堡寨城墙外，骑兵"从野外"给予达斡尔防御者们以支持。由于采取了这些行动，达斡尔人"进行了一场伟大的战斗"。武装简易的俄罗斯探险队损失惨重，被迫撤退。后来，俄罗斯探险队未能试图冲进达斡尔人堡寨。显然，对于一些人数不多、武装程度不高的小分队来说，这种坚固的聚落及其防御战术构成了严重的威胁。

17世纪俄罗斯人的记录中包含了宝贵的信息，例如，描述了位于结雅河口的达斡尔公爵托尔加的设防聚落（详见第三章第一节）。20世纪至21世纪初，В. И. 博尔金、Д. П. 鲍罗金、Д. П. 沃尔科夫、Е. В. 冈索维奇、А. Я. 古罗夫、А. П. 杰列维扬科、Е. И. 杰列维扬科、Н. Н. 扎伊采夫、А. Л. 伊夫利耶夫、В. Е. 麦德维杰夫、М. А. 米罗诺夫、С. П. 涅斯杰罗夫、Г. С. 诺维科夫—达斡尔斯基、Б. С. 萨布诺夫、А. П. 奥克拉德尼科夫、О. Б. 舍罗米辛、С. М. 史禄国、А. Л. 史楚姆科娃等学者在阿穆尔河中游左岸和结雅河流域地区的考古研究补充了关于这一地区古代城址的文献资料。

在阿穆尔河中游左岸和结雅河流域，坐落着共计超过60处属于不同考古学文化、族群和历史时期的古城。我们根据文献资料和学术发表中的考古学研究信息，罗列了主要的古城遗址。古城的顺序依照其自结雅河上游地区及其支流、至阿穆尔河中游及其支流的分布。

1. 戈格列夫卡古城：位于戈格列夫卡村（今已无存）上游1.5千米、隔河相对的结雅河左岸，坐落在丘岗顶部。古城呈弧形，1道城墙，高0.6米，1道壕沟，深0.4米；19处直径达到3.5米的圆形穴居坑。Е. И. 杰列维扬科将其归入靺鞨考古学文化特罗伊茨基类型遗址。

2. 莫尔迪奇（Moldykidich）古城：位于结雅河与谢列姆贾河汇合口处，系17世纪俄罗斯文献记录中最早被提及的城寨，为达斡尔公爵多西和科尔帕所有，有1道城墙。

3. 布拉克基奇1号古城：位于距布拉克基奇村下游1千米处的结雅河（老结雅河支汊）一支流右岸，内城面积为19×15平方米，外城面积40×35平方米，2道高0.9米、宽1米的城墙，3道宽1—1.5米、深0.7米的壕沟。

4. 布拉克基奇2号古城：位于布拉克基奇村的结雅河河岸，面积60×60平方米，2道高1.5米的城墙，1道深1米的壕沟。Г. С. 诺维科夫—达斡尔斯基、О. В. 季亚科娃等研究者们认为，布拉克基奇1号、2号古城为达斡尔人筑城。

5. 布拉克基奇 3 号古城：位于布拉克基奇村对岸的小岛上。

6. 马扎诺沃古城：位于马扎诺沃村上游 1 千米处的结雅河河岸，总面积为 1500 平方米，城墙与壕沟各 1 道，为"达斡尔类型"古城。Г. С. 诺维科夫—达斡尔斯基、О. В. 季亚科娃推测该古城年代为中世纪晚期，并认为族属为达斡尔筑城。

7. 基什卡 1 号古城：位于结雅河支流基什卡河口左岸的新基耶夫卡村。根据 Г. С. 诺维科夫—达斡尔斯基的记录，1941 年已经被完全破坏了。

8. 基什卡 2 号古城：位于距基什卡 1 号古城不远处的基什卡河口左岸。Г. С. 诺维科夫—达斡尔斯基未提及准确的地点和规模，仅知其有 1 道城墙、1 道壕沟。1940 年被完全破坏。

9. 基什卡 3 号古城：位于距基什卡 1 号、2 号古城不远处的基什卡河口左岸。Г. С. 诺维科夫—达斡尔斯基未提及准确的地点和大小，仅知其有 1 道城墙、1 道壕沟。1940 年被完全破坏。

10. 古希哈古城：位于布拉克基奇村下游 4 千米处的结雅河右岸、古希哈河口处，城墙与壕沟各 1 道。

11. 新尼科尔斯科耶古城：位于新尼科尔斯科耶村附近的结雅河河岸上，Г. С. 诺维科夫—达斡尔斯基未提及准确的地点和规模。

12. 热尔托亚罗沃古城：位于日尔托亚罗沃村旁的结雅河河岸，Г. С. 诺维科夫—达斡尔斯基未提及准确的地点和规模。

13. 诺夫哥罗德卡 1 号古城：位于诺夫哥罗德卡村东北部 5 千米、结雅河支汊（萨赞卡河）左岸。古城为长方形，总面积 500 平方米，4 道城墙，4 道壕沟。

14. 诺夫哥罗德卡 2 号古城：位于诺夫哥罗德卡 1 号古城以南 160 米处，呈圆形，总面积 500 平方米，5 道城墙，5 道壕沟。

15. 克留奇基古城：位于克留奇基村附近。

16. 大萨赞卡村古城：位于大萨赞卡村北缘，在村庄所在区域还坐落着第二座古城。因经济生产活动，古城已几乎被完全破坏。然而在 2005 年，在第一座古城处发现了遗存，并获得了一批考古材料，据此可将其年代定为中世纪晚期。

17. 大萨赞卡1号古城：位于大萨赞卡村下游6千米处的结雅河左岸，古城呈长方形，含防御性建筑在内的古城总面积大约10000平方米，3道城墙，3道壕沟。Е. И. 杰列维扬科、А. Л. 史楚姆科娃等学者将该古城归为中世纪早期的靺鞨文化古城，О. В. 季亚科娃则认为其应系中世纪晚期的达斡尔人古城。

18. 大萨赞卡2号古城：位于大萨赞卡1号古城以南160米，呈圆形，三面建有4道城墙和4道壕沟，另一面则建有5道城墙和5道壕沟。

19. 沃罗恩扎古城：位于沃罗恩扎村西南三四千米处的满洲尔卡河岬角之上。古城呈近似长方形，大小为25×19平方米，内区域面积为475平方米，总面积为3600平方米，建有3道城墙、3道壕沟、4座塔楼，塔楼伸入壕沟3.5米。大多数研究者将其认定为中世纪晚期的达斡尔人筑城，即"达斡尔类型"古城。（图4-1）

20. 诺耶诺夫斯科耶（克列谢诺夫卡）古城：位于托米河诺伊奥诺夫斯基湾河岸之上的克列谢诺夫卡村。具体信息不详。

21. 斯威基洛夫卡古城：位于斯威基洛夫卡村，Г. С. 诺维科夫—达斡尔斯基未著录其规模，仅提及了该古城并不大。根据А. А. 格鲁申斯科于1928年绘制的平面图，可知古城位于山地，呈长方形，三面被4道城墙所包围，其东北部被托米河河床和陡坡所防

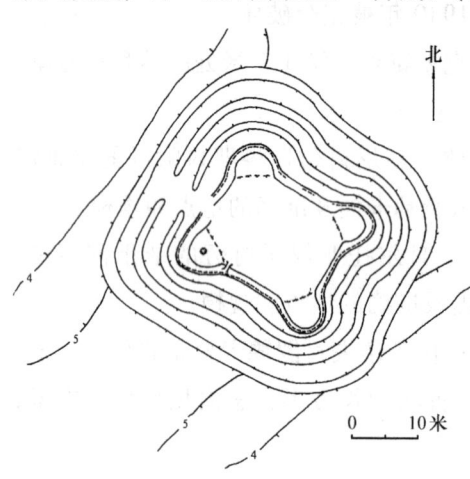

图4-1 沃罗恩扎古城平面图[①]

---

① А. П. 杰列维扬科、А. П. 扎比亚科主编：《从远古时期到20世纪初的阿穆尔州历史》，布拉戈维申斯克（海兰泡），2008年，第130页。

御。（图4-2）

22. 别洛乌索洛夫卡古城：位于距托米河河口35千米处的托米河右岸、别洛乌索洛夫卡村附近。

23. 科斯基耶洛夫斯科耶古城：位于托米河河岸的一处岬角之上，为长方形，古城三面以丘岗陡坡防护，古城北部以城墙和壕沟设防。城区发现了9处地表坑。С. П. 涅斯杰罗夫将古城归为中世纪早期的米哈伊洛夫卡文化。（图4-3）

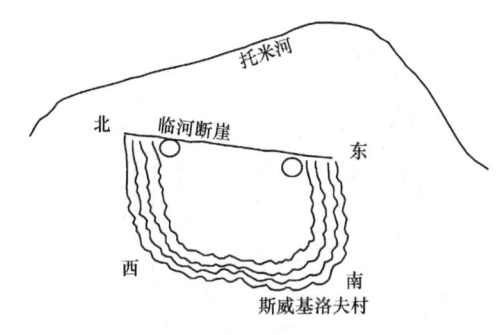

图4-2 1928年绘制斯威基洛夫卡古城平面图[①]

24. 沃斯克列谢诺夫卡古城：位于托米河右岸的丘岗顶部，距结雅河左岸支流河口120千米，沃斯克列谢诺夫卡村（谢雷舍沃区）上游16—17千米处。具体信息不详。

25. 阿玛兰卡1号古城：位于大戈尔贝利河右岸的岬角之上，平面呈圆形，2道平均高度0.8米的城墙，1道壕沟深约1米。Д. П. 沃尔科夫认为该古城为中世纪早期的米哈伊洛夫卡文化古城。

26. 阿玛兰卡2号古城：位于距阿玛兰卡1号古城12千米处的塔博图什卡河右岸，该河注入小戈尔贝利河。古城有3道城墙，平均高度为3米，2道壕沟，距城墙顶部的深度为2.5米。Д. П. 沃尔科夫认为该古城为中世纪早期的米哈伊洛夫卡文化古城。

27. 纳塔利伊诺古城：位于距结雅河岸100—120米处的纳塔利伊诺村南5千米处。古城大小为100×100平方米，2道城墙，3道壕沟。为"达斡尔类型"古城。

28. 大克尼亚泽夫卡2号古城：位于大克尼亚泽夫卡村南部，古城大小约为100×100平方米，几乎被经济活动完全破坏。为"达斡

[①] Н. Н. 扎伊采夫、А. Л. 史楚姆科娃、Д. П. 沃尔科夫：《阿穆尔州古城》，载 Д. П. 鲍罗金、А. П. 扎比亚科主编《亚洲东部的传统文化》第5辑，布拉戈维申斯克（海兰泡）：阿穆尔国立大学出版社2008年版，第206页。

尔类型"古城。

29. 大克尼亚泽夫卡3号古城：位于大克尼亚泽夫卡村南部，南距大克尼亚泽夫卡2号古城约300米，古城大小约为60×70平方米，4道城墙，4道壕沟。为"达斡尔类型"古城。

30. 新安德烈耶夫卡1号古城：位于新安德烈耶夫卡村中央，大小为70×80平方米，1道城墙，2道壕沟。为"达斡尔类型"古城。

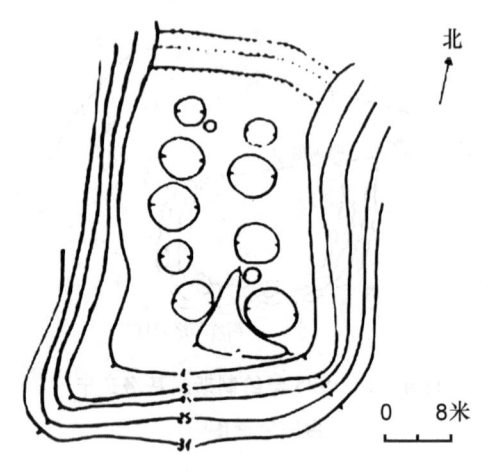

图4-3 科斯基耶洛夫斯科耶古城平面图①

31. 新安德烈耶夫卡2号古城：位于新安德烈耶夫卡村西北2千米处，1道城墙，1道壕沟。城址部分被经济生产活动所破坏。为"达斡尔类型"古城。

32. 科米萨洛夫卡1号古城：位于科米萨洛夫卡村附近，总面积为100×100平方米。为"达斡尔类型"古城。

33. 科米萨洛夫卡2号古城：位于科米萨洛夫卡1号古城以西，总面积为100×100平方米。为"达斡尔类型"古城。

34. 布里亚德奇诺古城：位于结雅河沿岸布里亚德奇诺村东北3.5千米处。古城呈长方形，2道主城墙，外墙平均长度为35米，内墙平均长度为25米，平均高度为1.2—1.4米，2道深0.3米的壕沟。为"达斡尔类型"古城。

35. 特罗伊茨科耶古城：位于距结雅河左岸支流与白河汇合口3千米处的白河左岸。古城为长方形，总面积为45×100平方米，1

---

① Д. П. 鲍罗金、Г. П. 利托夫琴科、Н. Н. 扎伊采夫：《阿穆尔州地区新发现的中世纪古城》，载《1993年西伯利亚与远东考古学家、民族学家、人类学家田野与实验室研究成果概要》，新西伯利亚：俄罗斯科学院西伯利亚分院考古学与民族学研究所出版社1995年版，第243页。

第四章 阿穆尔河（黑龙江）中游左岸与结雅河流域古城

道城墙，1道壕沟，4座角楼，城门位于城址南部。Г. С. 诺维科夫—达斡尔斯基、О. В. 季亚科娃将其归为"达斡尔类型"古城。Е. И. 杰列维扬科基于考古材料（陶器等），将古城与靺鞨考古学文化特罗伊茨基类型遗址联系起来。自古城沿白河向上游7千米处坐落着特罗伊茨基靺鞨研究的主体遗址——特罗伊茨基墓地。

36. 新彼得罗夫卡1号古城：位于新彼得罗夫卡村（布拉戈维申斯克区）西北1.5千米处的人工水库高岸之上。现存有1道城墙和1道壕沟遗迹。

37. 七湖古城：位于七湖村北1千米处的戈罗季谢湖东岸。古城呈近似长方形，规模为110×85平方米，4道城墙，高1.5米，3道壕沟，深1.4米，共有14座塔楼。在城内区存在50处近似长方形的地表坑。一些研究者将其归为中世纪早期的靺鞨考古学文化特罗伊茨基类型遗址。其他一些学者认为古城包含有中世纪繁荣期的考古学文化。О. В. 季亚科娃认为该城为达斡尔古城。

38. 斯列德涅别洛耶1号古城：位于距结雅河左岸支流河口30千米处的白河左岸。古城呈正方形，总面积4600平方米，城内区面积为1700平方米。有3道城墙（外墙南墙和西北墙体已被破坏），城墙相对于壕沟底部高1.5—1.8米，2道壕沟深约0.8米，宽0.8—3.5米，入口一处，宽9米。古城内发现了15处直径5—8米的圆形地表坑。Д. П. 沃尔科夫将古城归为米哈伊洛夫卡文化，年代定为大约8世纪。（图4-4）

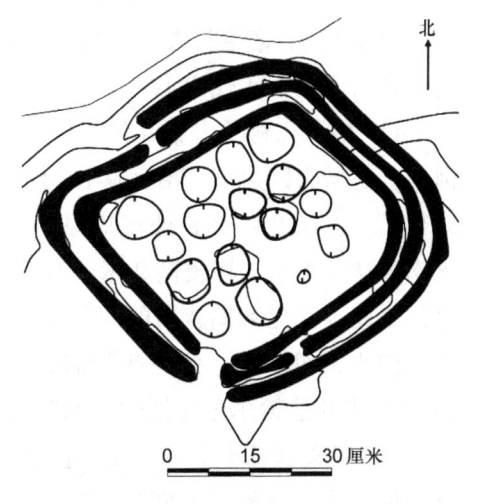

图4-4 斯列德涅别洛耶1号古城平面图[①]

[①] Д. П. 沃尔科夫：《斯列德涅别洛1号古城——阿穆尔沿岸地区西部米哈伊洛夫卡考古学文化的新发现》，载《西伯利亚及周邻地区的考古学、民族学、人类学问题》，新西伯利亚，2016年，卷22，第254页。

39. 彼得罗巴甫洛夫卡古城：位于彼得罗巴甫洛夫斯卡村附近，具体信息不详。Г. С. 诺维科夫—达斡尔斯基在其文章中提及该城有 1 道城墙和深壕。

40. 波哥罗德斯科耶古城：位于波哥罗德斯科耶村附近，具体信息不详。

41. 乌杰斯古城（或可意译为陡崖古城，译者注）：位于布拉戈维申斯克市沿结雅河上溯 15 千米，距河道 0.5 千米的乌杰斯湖的高岸之上。古城平面呈近似梯形状，总面积为 763×406 平方米，有 1 道高达 5 米的城墙，1 道深约 0.5 米的壕沟，建有角楼和马面，两座门址。Б. С. 萨布诺夫与 Н. Н. 扎伊采夫认为该城为女真防御性聚落，年代为 13 世纪中叶。

42. 奇格里古城：位于布拉戈维申斯克市东北部的奇格里河口，距结雅河口 6.2 千米。古城呈梯形，有 1 道高 1.8 米的城墙，1 道壕沟。根据 Г. С. 诺维科夫—达斡尔斯基、Б. С. 萨布诺夫的研究，古城为女真人所建，年代为 10—12 世纪。

43. 格罗杰科沃古城：位于结雅河口下游约 25 千米处的阿穆尔河河岸，古城为四边形，沿河岸长为 1 千米，宽 250 米。古城总周长约 3 千米，建有内城墙和外城墙系统。内城墙有 4 道，高达 5—6 米，壕沟深达 1.5 米，塔楼高 9 米，有两处入口；鞑靼的活动时间在 8—9 世纪之间，其更晚期族属的问题依然是有争议的问题——一些学者认为他们为久切尔人；另一些学者认为应系达斡尔人。该古城可能为 17 世纪中叶达斡尔公爵托尔加的防御性聚落（堡寨），即托尔加城。

44. 科夫里日卡 1 号古城：位于科夫里日卡村东北部 4 千米的一处山地，为"达斡尔类型"古城。

45. 科夫里日卡 2 号古城：位于距科夫里日卡 1 号古城 200 米的一处山地，为"达斡尔类型"古城。

46. 阿尔谢吉耶夫卡古城：位于阿尔谢吉耶夫卡村附近的扎维塔河河岸，据 Г. С. 诺维科夫—达斡尔斯基的观点，古城占据着广阔的区域。

第四章 阿穆尔河（黑龙江）中游左岸与结雅河流域古城

47. 米哈伊洛夫卡古城：位于距米哈伊洛夫卡村 27 千米的扎维塔河右岸，古城呈圆形，有 1 道高 0.7 米的城墙，1 道深 0.6 米的壕沟。古城内发现了超过 300 处地表坑。Е. И. 杰列维扬科将古城归为 4—8 世纪的靺鞨防御性聚落。С. П. 涅斯杰罗夫将其与米哈伊洛夫卡文化相关联，将其定为 5—7 世纪的北室韦聚落。

48. 米哈伊洛夫卡 2 号古城：位于距米哈伊洛夫卡古城约 1 千米处，建有 1 道城墙和 2 道壕沟。Д. П. 沃尔科夫认为系靺鞨防御性聚落。

49. 奥尔洛夫卡古城：位于靠近奥尔洛夫卡村、霍姆基诺湖东岸半岛的山地之上。古城为长方形，总面积为 67×55 平方米，有 1 道高 0.5 米的城墙、1 道深 0.3 米的壕沟。在城址区发现了 20 处直径 2.5—4 米之间、深 0.8 米的地表坑。О. В. 季亚科娃将其归为达斡尔人的防御性聚落，年代为中世纪繁荣时期的 13—16 世纪。（图 4-5）

50. 新彼得罗夫卡古城：位于新彼得罗夫卡村东北部，呈不规则四边形。总周长大约 2 千米，有 1 道外城墙，高 6 米；内城墙高 0.5 米；1 道壕沟，深 1.5 米；建有塔楼。为金代女真人筑城。

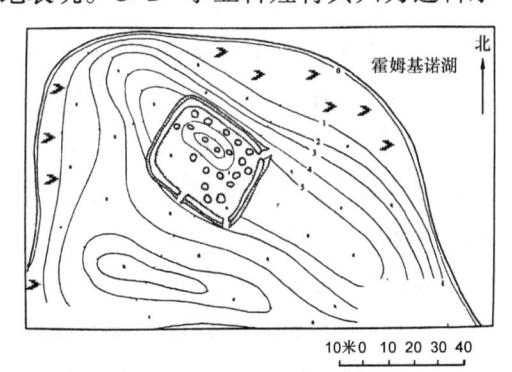

图 4-5 奥尔洛夫卡古城平面图[①]

51. 托波科恰古城：位于新彼得罗夫卡村和季姆村之间的托波科恰河左岸，距阿穆尔河 2 千米。具体信息不详。

52. 沙波奇卡古城：位于切斯诺科沃村以南 9 千米处的阿穆尔河高岸之上。古城为长方形，向阳朝向。北墙长 400 米，东墙长 120 米，城墙高 1 米，发现了大量地表坑。在 В. И. 博尔金对古城区域进

[①] А. П. 杰列维扬科、А. П. 扎比亚科主编：《从远古时期到 20 世纪初的阿穆尔州历史》，布拉戈维申斯克（海兰泡），2008 年，第 131 页。

行考古研究期间，发现了带炕的房址、陶网坠和砾石网坠等人工制品，还有堆塑泥质陶器和轮制陶器。堆塑陶器具有靺鞨式外观。可以肯定的是，房址的建造与猪的礼仪祭祀有关（在房屋基址发现了三具有一定放置次序的猪头骨和碎骨）。В. И. 博尔金认为该城为靺鞨防御性聚落，年代为9—12世纪。① 古城使用的起始年代的确切说法则为属于靺鞨考古学文化特罗伊茨基类型，碳14测年为604—762年。②

53. 帽子山古城（王德厚等学者音译为沙普卡古城——译者注）：位于波亚尔科沃镇西北3.5千米处的山地，距阿穆尔河河岸1.5千米。城墙长度超过1.5千米，高3米，壕沟深2米。在城址区存在大量地表坑、附属筑城建筑和人工改造活动遗迹。该山地自新石器时代就存在聚落。为11—13世纪女真人的防御性聚落。

54. 小西米奇古城：位于布列亚河右岸支流小西米奇河口左岸。古城为长方形，有1道城墙、1道壕沟，在城址区发现了64处地表坑。С. П. 涅斯杰罗夫认为其为米哈伊洛夫卡文化城址。

55. 伊利什基诺古城：位于小西米奇古城下游的布列亚河河岸。古城为椭圆形，有1道城墙、1道壕沟。С. П. 涅斯杰罗夫认为其为米哈伊洛夫卡文化城址。

56. 阿尔哈拉1号古城：位于米哈伊洛夫卡村与阿尔卡季耶娃—谢苗诺夫卡村之间，为靺鞨防御性聚落。

57. 阿尔哈拉2号古城：位于米哈伊洛夫卡村与阿尔卡季耶娃—谢苗诺夫卡村之间，为靺鞨防御性聚落。

58. 阿尔哈拉3号古城：位于米哈伊洛夫卡村与阿尔卡季耶娃—谢苗诺夫卡村之间，为靺鞨防御性聚落。

59. 兴安古城（切斯诺奇哈古城）：位于切斯诺奇哈河沿岸的山地（岬角）之上。古城为正方形，总面积150×150平方米，有2道

---

① В. И. 博尔金：《阿穆尔州中世纪早期遗址的勘察成果》，载 Д. П. 鲍罗金、А. П. 扎比亚科主编《亚洲东部的传统文化》第2辑，布拉戈维申斯克（海兰泡）：阿穆尔国立大学出版社1999年版，第181—182页。

② А. П. 杰列维扬科、А. П. 扎比亚科主编：《从远古时期到20世纪初的阿穆尔州历史》，布拉戈维申斯克（海兰泡），2008年，第94页。

高 1 米的城墙、2 道深 1.5 米的壕沟。古城内发现了 46 处圆形地表坑，直径为 6—12 米，深 0.7 米。Д. П. 沃尔科夫认为古城属于中世纪早期的靺鞨考古学文化特罗伊茨基类型。

60. 克留奇—索哈基内古城：位于伸入小格里纳兹纳亚河河谷的岬角顶部。古城为长方形，总面积 500×200 平方米，建有城壕系统。在城址区发现了超过 100 处圆形地表坑，其大小为 15×15 平方米，深 0.5—1.5 米。Д. П. 沃尔科夫认为古城属于中世纪早期的靺鞨考古学文化特罗伊茨基类型。

61. 乌久克古城：位于比拉河右岸沿岸地带，东南距黄土崖村 3—4 千米。古城为近似长方形，总面积为 4500 平方米。城墙高 1 米，壕沟深 0.5 米，在城址区还存在若干地表坑。В. Е. 麦德维杰夫将其归入女真人的防御性聚落。

第二节　大萨赞卡古城

大萨赞卡古城位于阿穆尔州结雅河流域谢雷舍沃区，距大萨赞卡村 6 千米。古城距结雅河口约 110 千米。古城坐落在距结雅河左岸 40 米处的小丘岗之上。该处河岸陡峻，高于水平面 4—5 米。古城周边系平原地形，其上主要生长着青草和灌木。

Г. С. 诺维科夫—达斡尔斯基首次对古城进行了调查。[①] Е. И. 杰列维扬科在发表成果中著录了古城的信息。[②] Н. Н. 扎伊采夫领导的阿穆尔州历史文化遗产保护中心的研究人员于 21 世纪初对古城继续开展研究。2004—2005 年，与俄罗斯科学院远东分院历史、考古学与民族学研究所考古学家 А. Л. 史楚姆科娃和 С. А. 萨克马洛夫，联合对遗址进行了地形测绘和其他遗迹的调查。2018 年，阿穆尔州历史文化遗产保护中心专家对遗址进行了检测，并通过无人机拍摄下视频和影像记录。

---

① Г. С. 诺维科夫—达斡尔斯基：《历史考古概述》，布拉戈维申斯克（海兰泡）：阿穆尔图书出版社 1961 年版，第 57—58 页。

② Е. И. 杰列维扬科：《阿穆尔河中游的靺鞨遗址》，新西伯利亚，1975 年，第 104 页。

俄罗斯阿穆尔河（黑龙江）左岸地区古城址研究

古城呈近似长方形，向阳延伸，并向西与台地相接。除了沿岸地带，其余三个方向通过城墙和壕沟防御。外城墙划定了古城及其豁口的边界。每个方向的城墙长度不同。

古城内城面积为5250平方米，包括筑城建筑的古城总面积大约1万平方米。

古城北部主城墙长70米、第一道外城墙长75米、第二道外城墙长80米、第三道外城墙长60米。古城南部主城墙长75米、第一道外城墙长80米、第二道外城墙长90米、第三道外城墙长45米。古城西部主城墙长65米、第一道外城墙长75米、第二道外城墙长90米、第三道外城墙长55米。古城东部城墙长70米（图4-6）。

内城墙均匀地围绕着古城内城区，延伸至河岸断崖。第一道城墙沿南、西、北部，与主城墙和第一道壕沟平行，东部缺失，与河岸断崖相接。

第三道城墙（外城墙）残断不全。

相对于遗址目前表层，城墙高度为0.5—1.1米，宽度为1—2.4米。

除外城墙外，其余城墙顶部之间的宽度为1—2米，之后逐渐降低至平均0.5米。城墙的曲折处，可能为通道或建筑遗址。城墙呈阶梯状，向城外逐渐降低。

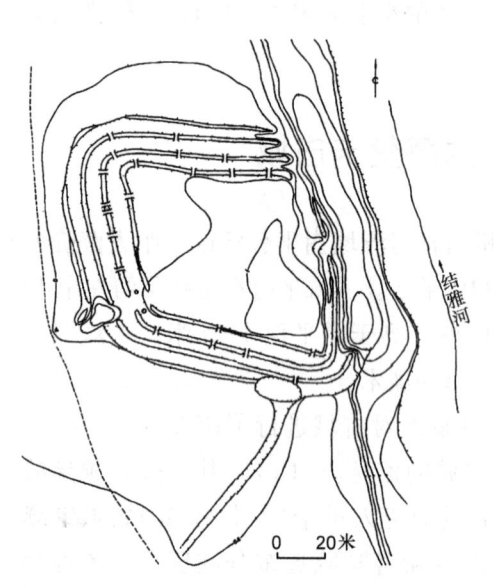

图4-6 大萨赞卡古城平面图①

城墙土来自挖掘壕沟。壕沟宽4—6米，深度0.2—1.5米。

古城有一入口，位于西南城角。其为城墙豁口，宽5—6米。在

---

① Е.И. 杰列维扬科：《阿穆尔河中游的靺鞨遗址》，新西伯利亚，1975年，第104页。

第四章 阿穆尔河（黑龙江）中游左岸与结雅河流域古城

第二道和第三道城墙之间分布着椭圆形的地表坑，直径1.5米，深0.5米。

古城北部存在一条宽4—5米的沟渠。最初其距离古城外墙80米，与椭圆形的基坑相接。基坑位于距遗址西北城角不远处。基坑规格为20×10平方米，深2米。

2005年在对古城的研究中发现了墓葬，打破了筑城建筑。古城或其某些区域的建造可能出于礼仪目的。该墓葬可能属于晚期遗存，与古城建筑不存在直接关系。

Г. С. 诺维科夫—达斡尔斯基在其研究中提及了关于古城大量的地表坑——房址遗迹，以及古城内的烧土。由于农业目的的土地开垦，目前这些居住空间的遗迹已经模糊。他同时还提到了古城边界外的大量地表坑，沿结雅河岸绵延了很长的距离。

在发表物中，Г. С. 诺维科夫—达斡尔斯基记录了关于其附近另一座古城的信息。该城位于其南部大约160米处，呈长方形，在其中心分布着圆形区域。四道城墙和壕沟环绕在城址的三个方向。东南方向则有五道城墙和壕沟。在东南内墙上存在两处"小丘"，显然是塔楼。① 直至现在，该古城尚未被研究。由于现代居民的农业活动，古城几乎完全被破坏。

Е. И. 杰列维扬科、А. Л. 史楚姆科娃等一些学者认为大萨赞卡古城属于中世纪早期和靺鞨文化。从另一角度看，学者们在不同时期在古城地表能够采集到深灰色和黑色陶片，其年代为中世纪晚期。М. А. 斯托亚金注意到复杂的筑城形制、具备马面，将其定为更晚期的后靺鞨时代筑城。② 不能排除的是，在靺鞨消亡后的时期，古城之所在及其毗邻地区继续存在着其他族群，他们散居于结雅河流域。古城经历了从某一历史时期沿用至另一时期，并被重建，要塞聚落的筑

---

① Г. С. 诺维科夫—达斡尔斯基：《阿穆尔州考古图资料》，载《阿穆尔州地志博物馆与方志学会论丛》第3辑，布拉戈维申斯克（海兰泡），1955年，第30页。
② М. А. 斯托亚金：《阿穆尔地区的中世纪早期古城》，载 Д. П. 沃尔科夫等主编《亚洲东部的传统文化》第7辑，布拉戈维申斯克（海兰泡）：阿穆尔国立大学出版社2014年版，第186页。

城更加复杂了。

第三节　大克尼亚泽夫卡古城

　　大克尼亚泽夫卡古城（亦可译为大公爵村古城，译者按）位于阿穆尔州别洛戈尔斯克区大克尼亚泽夫卡村南部。古城之所在为一处高于结雅河河滩地的鬃岗，西距结雅河河床1.7千米。鬃岗下部分布着河湾、河汊和结雅河故道。与古城相邻的东、北、南部地形主要为平原，其上散布着鬃岗状的小丘，有树林植被（桦树、柳树、山杨、蒙古橡树等乔木和灌木品种）覆盖。

　　20世纪80—90年代，Б. С. 萨布诺夫、Н. Н. 扎伊采夫对古城进行了研究，发表了部分研究材料。[①] 2018年，扎伊采夫·尼古拉·尼古拉耶维奇、扎比亚科·安德烈·帕夫洛维奇、波波夫·阿列克谢·叶甫根尼耶维奇、王俊铮对古城进行了调查。

　　古城平面呈直角方形，包括防御性建筑在内，其规格为60×70米，内城面积大约600平方米，周长128米（图4-7）。

　　古城被4道城墙和壕沟所防护，城角依然保存着角楼基址，朝向田野的东北和西南方向外凸6米，向西北和东南方向外凸7—8米。东南角楼基址是最高的一处塔楼基址，高出遗址0.5米。

　　古城内部区域高于古城墙脊0.5—0.8米，城内区可能经过人为改造。在其地表有若干不大的地表坑，它们可能系房址遗迹或晚期生产活动所致。

　　城墙高度如下：第一道（内城）：0.5—1.5米；第二道：0.5—1.1米；第三道：0.3—0.7米；第四道：0.3—0.6米。墙基宽度在0.2—9米之间。城墙所在山坡目前角度为30—50度之间。

　　壕沟宽度如下：第一道：0.3—6米；第二道：2—3米；第三道：2—7米；第四道：0.2—0.4米。城壕深度在0.3—1.5米之间。

[①] Н. Н. 扎伊采夫、А. Л. 史楚姆科娃：《阿穆尔州的中世纪古城》，载 А. П. 杰列维扬科、А. П. 扎比亚科主编《从远古时期到20世纪初的阿穆尔州历史》，布拉戈维申斯克（海兰泡），2008年。

第四章 阿穆尔河（黑龙江）中游左岸与结雅河流域古城

总之，筑城建筑的宽度为 20—22 米。更重要的是，入口位于古城东部。古城西北区域由于自然和生产活动的严重破坏，已经无法可靠地重建古城的整体平面图及其筑城特征。

遗址区域内的考古学材料尚未公布。2018

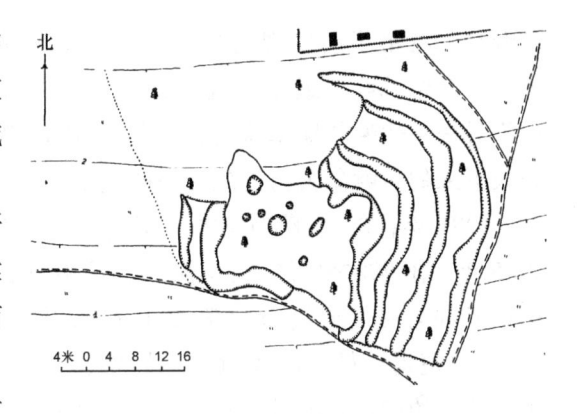

图 4-7 大克尼亚泽夫卡古城平面图①

年，在距古城东北城壕约 50 米处的邻近区域发现了门枢础石。

在古城近处坐落着一处土圹墓地（东南 250 米处）和一座村落遗址（西北 70 米处），其年代为中世纪晚期。显然，古城也应建于这一时期。

第四节 七湖古城

七湖古城位于伊万诺夫卡区七湖村以北 1 千米处的戈罗季谢湖东岸。戈罗季谢湖，即结雅河过去的江汊。几乎已干涸的小白河在其旁流淌。结雅河在其以西 6.5 千米处。古城距结雅河口大约 50 千米。戈罗季谢湖至结雅河河道遍布着沼泽化的河滩低地，有许多小湖。古城周围向北、东、南数千米的地形为平原，个别地方生长着树木植被，主要为桦树、白杨和柳树。

自 20 世纪 20 年代就已获知了古城的存在。在该地区及其附近，当地居民曾进行过生产活动和业余发掘。根据 Г.С. 诺维科夫—达斡尔斯基的记录，当地居民在此发现了铜壶等古代遗物，但这些文物未能保存下来。1952 年，Г.С. 诺维科夫—达斡尔斯基对古城进行

---

① А.П. 杰列维扬科、А.П. 扎比亚科主编：《从远古时期到 20 世纪初的阿穆尔州历史》，布拉戈维申斯克（海兰泡），2008 年。

俄罗斯阿穆尔河（黑龙江）左岸地区古城址研究

了调查，收集了所发现的材料，绘制了古城平面图，并对其予以著录。在沿岸城墙坍毁处发现了铁板、几枚陶片、猪牙和熊牙。Г. С. 诺维科夫—达斡尔斯基认为该古城为1644年俄罗斯人航行经过并被记录下来的达斡尔公爵巴尔达齐的堡寨。①

1991年，Б. С. 萨布诺夫、Н. Н. 扎伊采夫对古城进行了研究。② 2005年，阿穆尔州历史文化遗产保护中心和俄罗斯科学院远东分院历史考古与民族研究所的学者（Н. Н. 扎伊采夫、Д. П. 沃尔科夫、А. Л. 史楚姆科娃、С. А. 萨科马洛夫）对遗址进行了考察。对古城筑城特征的确认、通过工具测绘和绘制古城新的平面图是本次考察的重要成果。2018年，Н. Н. 扎伊采夫领导的国际研究团队（扎伊采夫·尼古拉·尼古拉耶维奇、扎比亚科·安德烈·帕夫洛维奇、波波夫·阿列克谢·叶甫根尼耶维奇、王禹浪、谢春河、王俊铮）对古城又进行了调查（图4-8）。

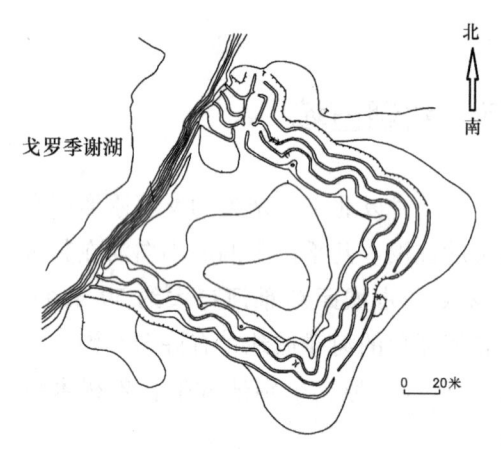

古城内城墙有14座伸向城外方向的马面和角楼。

古城平面呈近似长方形，规格为110×85平方米，沿西北—东南轴线分布。除河岸一侧外，在其他三个方向均被一道主城墙和壕沟、三道附属城墙和壕沟所环护。总之，古城共计有四道城墙和四条壕沟。

古城毗邻河岸陡坡的西北方向，则被一道城墙环绕。河岸高达6—7米。

图4-8 七湖古城平面图（С. А. 萨科马洛夫、А. Л. 史楚姆科娃2005年绘制）

---

① Г. С. 诺维科夫—达斡尔斯基：《历史考古概述》，布拉戈维申斯克（海兰泡），1961年，第24—26页。

② Б. С. 萨布诺夫、Н. Н. 扎伊采夫：《七湖古城》，载《17—20世纪阿穆尔地区和滨海地区发现、定居和开发的历史经验》，符拉迪沃斯托克（海参崴），1993年，第143—146页。

第四章　阿穆尔河（黑龙江）中游左岸与结雅河流域古城

主城墙（内城墙）圈定了古城内城区的轮廓，古城平面图呈波浪状走向，弧形墙体长度15—30米，弯曲的末端伸向城外方向。在弧形墙体的衔接处建有马面和角楼，如城墙的外凸。附属城墙和壕沟平行地环绕着古城，其走向与内城墙及其马面一致。

主城墙高度最高，高于古城城内地表0.9—1.5米，高于内城壕底部1.7—2米。墙基平均宽度大约5米。城墙顶部宽度约1米。其外部的附属城墙高度略低于主城墙，墙体顶部几乎未超过1米，墙基则宽4.5—5米。外城墙高度基本一致，均为0.9—1.25米。

城墙之间挖有壕沟，其上部宽度为2—3米，深达1.4米。

在附属墙体之间存在通道，在城墙上部表现为不大的弯曲（深约0.5米），在壕沟上则明显可见低矮土堤（0.5米）的通道。

古城拥有14处塔楼状外凸——4处角楼、10处马面，其平面呈近似三角形。角楼长度为7—10米，宽3米。马面则根据规模可分为3×2.5米的小型马面和6×2.5米的大型马面。在一些马面表面明显分布着直径约1米、深0.2米的地表坑，它们可能是防御设施的遗迹。

古城入口位于靠近古城北部城角处，它坐落于两处马面之间，系主城墙（内城墙）与附属土筑墙壕式防御建筑之间的豁口，该防御建筑从侧面并部分地从正面遮挡入口。

入口可以相对地分成三个区域，第一个区域和第三个区域原有距离为10米，城门两侧门墙高度为0.3—0.4米。入口中部为一个近似长方形的广场区域，规格为18×10平方米。入口沿中轴线延伸，门墙高0.5米。

古城内部地表平坦，向东南方向缓缓倾斜。在城内地表能看到一些近似长方形的地表坑，规格从4.5×5平方米到5×5平方米，深度达0.4米。在中心区域则能看到不高的土丘（高0.2米）。共计发现了50处地表坑，他们大多数显然系古代房址遗迹。

在遗址地表——城墙滑坡处、挖土留下的地表坑处，Б.С. 萨布诺夫、Н.Н. 扎伊采夫清理发现了属于靺鞨文化的陶片。基于这些收获，古城被断代为中世纪早期，属于靺鞨考古学文化。在此之前，

Е. И. 杰列维扬科也认为该古城与靺鞨考古学文化有关。①

在古城周边的考古研究证明了这一区域不仅仅存在靺鞨居民。正如1977年А. И. 伊夫利耶夫调查了古城西南5千米处的久里基诺湖一带地形。他在这里发现了中世纪晚期、属于弗拉基米洛夫卡文化（13—17世纪）的墓葬和人工制品，同时，陶片及其他一些遗物，"初步断定为从新石器时代至10—12世纪的不同时期"。在湖泊东岸地带，他还发现了"10—12世纪的轮制陶片"。②

在2018年对古城西墙坍毁处的清理中，出土了属于不同历史时期的陶片，它们大部分属于靺鞨时代。特罗伊茨基靺鞨陶器残片占多数，该类陶器口沿下方饰以附加堆纹，器身光滑，平底。具有刻划纹和光滑的泥质口沿。出土物中堆塑泥质陶器与轮制陶相近，出土陶器标本具有与女真陶器相似的特点（图4-9）。

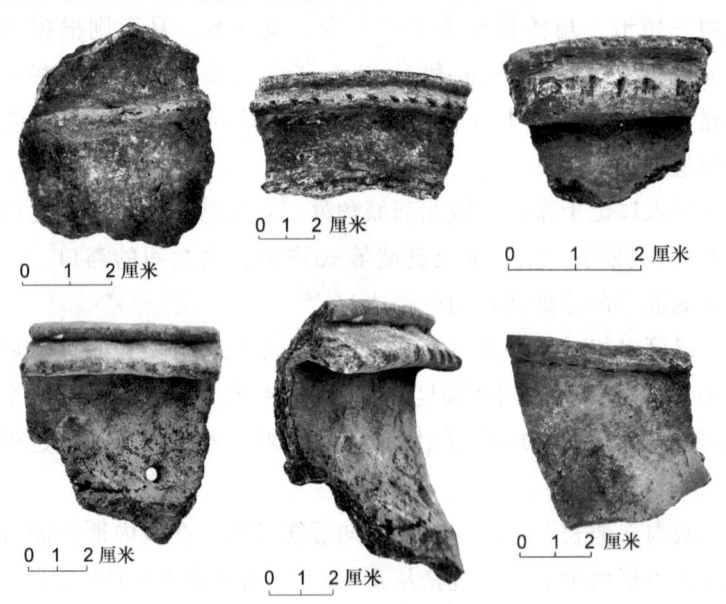

图4-9 七湖古城采集陶片

① Е. И. 杰列维扬科：《阿穆尔河中游的靺鞨遗址》，新西伯利亚，1975年，第133—134页。
② А. Л. 伊夫利耶夫：《阿穆尔州七湖村附近的中世纪晚期遗址》，载А. П. 扎比亚科主编《亚洲东部的传统文化：考古学与文化人类学》，布拉戈维申斯克（海兰泡），1995年，第58页。

第四章 阿穆尔河（黑龙江）中游左岸与结雅河流域古城

在古城南部边界附近，发现了带有棕色纹饰的瓷片。该瓷器烧造于今中国北方河北省的辽金时期（10—13世纪）瓷窑作坊中，一般统称为磁州窑。磁州窑系是中国北方当时最大的民窑瓷系，在中国东北（辽阳）也有发现，如江官窑。辽金时期黑龙江流域大部分瓷器均属于这一窑系（图4-10、图4-11）。

图4-10 七湖古城采集瓷片

图4-11 中国北方磁州窑"清酒肥羊瓶"（黑龙江省博物馆藏）

总之，不能排除的是，特罗伊茨基靺鞨在此修建了古城，在此之前已有其他族群在该地区活动。之后随着特罗伊茨基靺鞨退出历史舞台，女真人及其他族群继续沿用了该城址。

第五节 布拉克基奇古城

在以往发表的论著中提及了阿穆尔州布拉克基奇村及其周边地区曾坐落着至少三座古城，但目前仅有一座尚存。

俄罗斯阿穆尔河（黑龙江）左岸地区古城址研究

布拉克基奇1号古城位于距阿穆尔州马扎诺夫斯基区布拉克基奇村1千米处的结雅河（老结雅河支汊）一支流右岸。该处河岸高约7米，陡坡与河水相接。古城所在周边地形为平原，其上长有茂密的草丛和灌木。古城旁很大一片地区已变为耕地。古城属于小型平原类型古城。

古城曾向当地居民开放，地志学家K.塔斯卡耶夫曾将这一情况告知了Г. С. 诺维科夫—达斡尔斯基。1951年8月，Г. С. 诺维科夫—达斡尔斯基对古城进行了考察并绘制了平面图。之后，Н. Н. 扎伊采夫领导的阿穆尔州历史文化遗产保护中心的研究者对古城进行了研究。

古城为矩形，其筑城建筑具有两道城墙和三道壕沟，城角为圆形。古城临河一侧的城墙和壕沟已不存，显然，它们毁于河水对河岸的破坏。古城入口也明显位于这一区域（图4-12）。

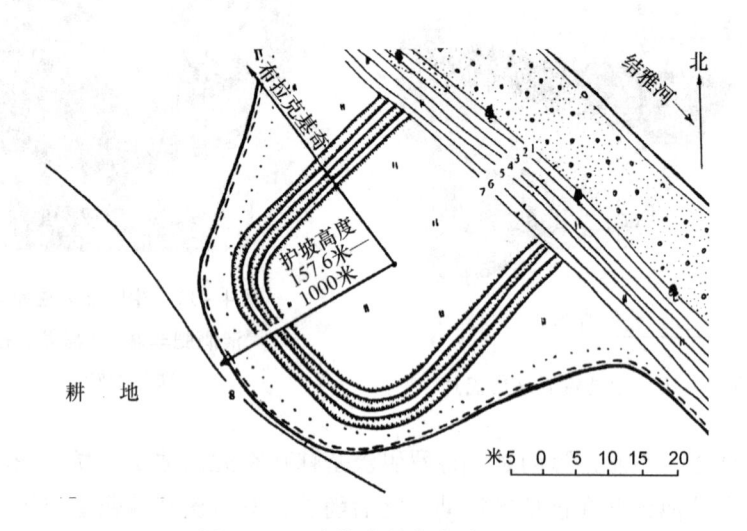

图4-12 布拉克基奇古城平面图

城墙高0.9米，宽1米。壕沟宽1—1.5米，深0.7米。外墙边长大约为40米和35米，城区内大小为19×15平方米。

Г. С. 诺维科夫—达斡尔斯基在对古城内部进行考察时，在其中部发现了一些浅坑，它们可能为房址。根据当地居民的信息，这里曾存在一块带有小坑的大石，显然应为础石。目前这些在地表的古代房址遗迹已经消失。

Г. С. 诺维科夫—达斡尔斯基将该古城认定为达斡尔人的防御性聚落。① Н. Н. 扎伊采夫等当代研究者则提出古城性质应为达斡尔人的祖先，即中世纪早期居民筑城。

1951 年，Г. С. 诺维科夫—达斡尔斯基在布拉克基奇村所在区域的一处高岸之上发现了第二座古城（布拉克基奇 2 号古城）。古城为矩形，城墙向阳延伸。古城被两道平行城墙所防护。城墙每边长约 60 米（80 步），高度约为 1.5 米。在城墙之间还有深壕，深度自地表起超过 1 米。入口位于古城临河方向，无塔楼。古城要塞及其所在区域已被当地居民的经济活动严重破坏，古城现已全然消失。

当地居民曾告知 Г. С. 诺维科夫—达斡尔斯基，在正对第二座古城的江心岛上还存在第三座古城（布拉克基奇 3 号古城）。他将第二座古城和第三座古城均与达斡尔人联系起来。现在，因聚落遗迹的消失，已不可能对这一观点进行考察。

第六节　布里亚德奇诺古城

布里亚德奇诺古城位于距离结雅河口 97 千米处的河汊右岸、阿穆尔州布拉戈维申斯克区布里亚德奇诺村东北 3.5 千米处。古城坐落在高约 4 米的河岸一级台地之上。古城距离河岸 110 米。古城周边的地形主要为小型林地、湖泊和沼泽。

20 世纪 90 年代，古城及其周邻地区被 Б. С. 萨布诺夫、Д. П. 鲍罗金、Н. Н. 扎伊采夫、С. П. 涅斯杰罗夫等专家作为考古学研究的对象。上述研究对古城筑城特征进行了记录，绘制了平面图，并发掘了探沟。其主要成果主要见于 Д. П. 鲍罗金等人的学术发表。② 2018

---

① Г. С. 诺维科夫—达斡尔斯基：《阿穆尔州考古图资料》，载《阿穆尔州地志博物馆与方志学会论丛》第 3 卷，布拉戈维申斯克（海兰泡），1955 年，第 10—43 页。

② Д. П. 鲍罗金、С. П. 涅斯杰罗夫、Б. С. 萨布诺夫、Н. Н. 扎伊采夫、И. Б. 萨布诺夫：《阿穆尔州布里亚奇诺村古城与墓葬的研究成果》，载《西伯利亚及周邻地区的考古学、民族学、人类学问题》，新西伯利亚：俄罗斯科学院西伯利亚分院考古学与民族学研究所出版社 1998 年版，第 4 卷，第 201—206 页。

年，由 Н. Н. 扎伊采夫、А. П. 扎比亚科、А. Е. 波波夫、王禹浪、谢春河和王俊铮组成的考察团队对该古城又进行了调查。

古城平面呈长方形，城角向外凸出，呈半圆形（图 4-13）。

古城被两道主城墙和数道附属城墙所防御，城墙位于古城南部和东部，朝向河流。外城墙平均边长 35 米，内城墙平均边长 25 米。城墙顶部间距约 3.5—4 米。城墙高 1.2—1.4 米，墙基宽约 4 米，顶部宽约 1 米。在古城四周一些地点还保存着深 0.3 米的壕沟遗迹。

半圆形城角伸向城墙外侧，高度达到了 1.8 米，这些遗迹为角楼。

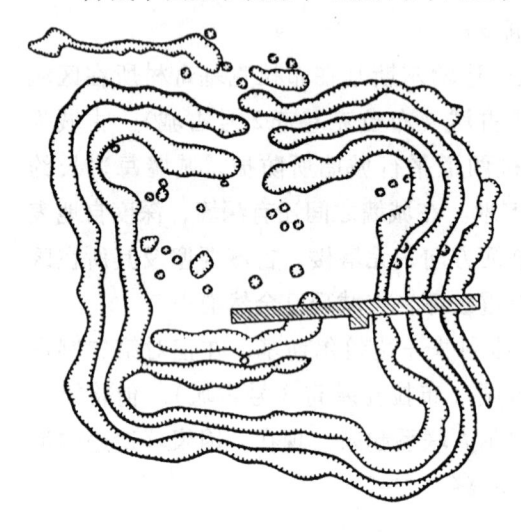

图 4-13 布里亚德奇诺古城平面图①

古城有一出口，位于城址东部。出口在城墙上形成了宽约 4 米的豁口。出口外部还被附属墙体系统所防护，门址形成通向城内的曲折门道。

布里亚德奇诺古城属于 Г. С. 诺维科夫—达翰尔斯基提出的"达翰尔"类型古城。但这并不意味着古城是由达翰尔人所建造。在古城所在区域并未发现考古人工制品。在 1996 年古城内挖掘的一条自南向北、长 20 米的探沟中，也未发现能够证明古城准确年代的遗物。

古城以西约 50 米处有一处墓葬。20 世纪 90 年代墓葬发掘中的出土物表明其年代约为 13—15 世纪，其属性与弗拉基米洛夫卡文化有关（图 4-14）。

---

① Д. П. 鲍罗金、С. П. 涅斯杰罗夫、Б. С. 萨布诺夫、Н. Н. 扎伊采夫、И. Б. 萨布诺夫：《阿穆尔州布里亚德奇诺村古城与墓葬的研究成果》，载《西伯利亚及周邻地区的考古学、民族学、人类学问题》，新西伯利亚：俄罗斯科学院西伯利亚分院考古学与民族学研究所出版社 1998 年版，第 4 卷，第 201—206 页。

第四章　阿穆尔河（黑龙江）中游左岸与结雅河流域古城

显然，古城与墓葬不仅在空间上共存，在年代上也一致。

第七节　乌杰斯古城

乌杰斯古城位于自布拉戈维申斯克溯结雅河而上 15 千米处。自此顺结雅河向下 5 千米处坐落着别洛戈里耶镇。古城距结雅河 0.5 千米，顺结雅河而下至阿尔穆河大约 15 千米。古城坐落在乌杰斯湖的陡岸之上（高 12—15 米）。该湖泊原系结雅河河床所在（河汊）。

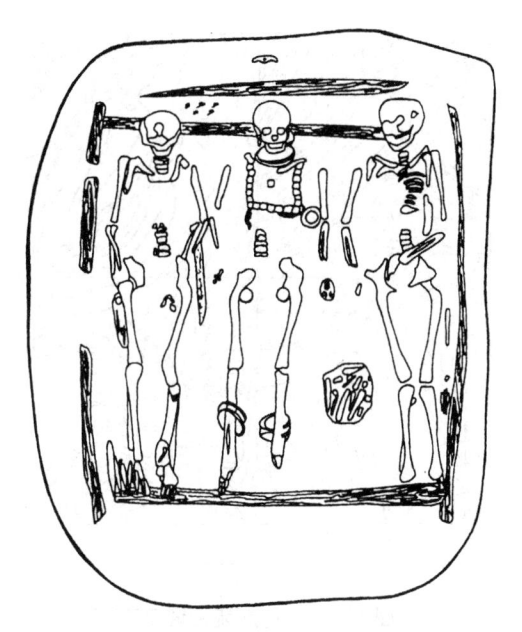

图 4–14　布里亚德奇诺古城附近三人合葬墓①

当地居民对古城已知甚久。20 世纪 80 年代至 90 年代初，Б. С. 萨布诺夫、Н. Н. 扎伊采夫对古城进行了首次科学研究。在研究中对古城进行了测绘，绘制了地形图，并开展了其他考古学研究。② 2018 年，扎伊采夫·尼古拉·尼古拉耶维奇领导的国际团队对古城又进行了调查研究，俄方参与者还有扎比亚科·安德烈·帕夫洛维奇、波波夫·阿列克谢·叶甫根尼耶维奇，中方参与者有王禹浪、谢春河、王俊铮（图 4–15）。

古城占据着结雅河下游的战略要地，从古城所在之山岗顶部，能

---

① Д. П. 鲍罗金、С. П. 涅斯杰罗夫、Б. С. 萨布诺夫、Н. Н. 扎伊采夫、И. Б. 萨布诺夫：《阿穆尔州布里亚奇诺村古城与墓葬的研究成果》，载《西伯利亚及周邻地区的考古学、民族学、人类学问题》，新西伯利亚：俄罗斯科学院西伯利亚分院考古学与民族学研究所出版社 1998 年版，第 4 卷，第 203 页。

② Б. С. 萨布诺夫、Н. Н. 扎伊采夫：《乌杰斯湖的中世纪古城》，载《远东及其相邻地区的地方志问题》，布拉戈维申斯克（海兰泡），1990 年，第 45—48 页。

够清晰地观察到宽达数千米的结雅河河道，以及古城地形周边的北部、东部、东南部方向。自古城还可见远方沿河航行而来的船只或沿岸行进的军队。

乌杰斯古城属于山地类型古城。古城修建于便于防守之地，三个方向均被高岗所环抱，东部则为湖泊。古城所在地区占据着高岗的东北坡地，古城地势较低的北部和东北部沿湖泊陡岸而建。该处陡岸高约15米，在一些地点，坡度增加，部分湖岸陡坡被铲平。陡岸部分地点坡度达45度。古城南部和东南部部分被沼泽谷地（沃尔齐沟）所围。古城北部和西北部位于山冈顶部。

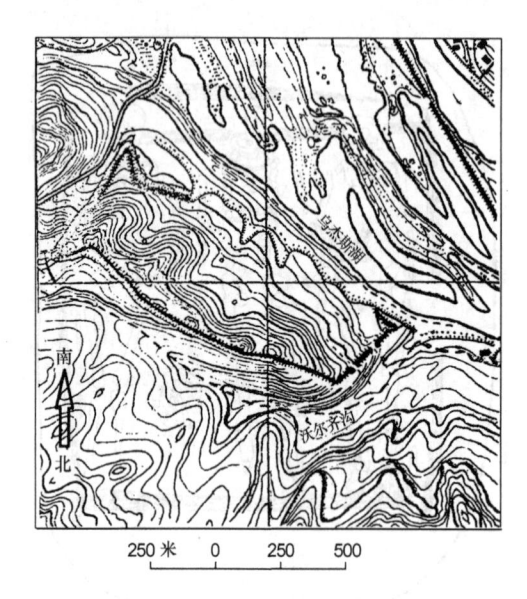

图4-15 乌杰斯古城平面图

古城平面呈梯形，城墙环围的山丘坡岗的大小为763×406平方米。城墙总长度为4341米。城墙一周未完全封闭，平面呈C形，城墙末端与湖岸相接，沿岸一侧未建城墙。东南段墙体为城墙最高处，长406米，不同墙体高度以城外为水平可达5米，以城内为水平高3米。随着山丘坡岗逐渐升高，城墙高度渐低。该处城墙墙基宽度为8米，顶部宽3米。西北部墙体长763米，高度超过0.5米，北墙高度则达到1.2米。

在一些地点，由于墙体为挖掘壕沟土方所堆筑，使得其高度有所增加。壕沟环绕了古城南、西南、西和北部。目前部分壕沟段深度为0.5米，宽1.2米。

古城东南墙上存在两座门址，宽约4米。它们距古城东南城角分别为100米、250米。门道未见外部防御建筑。第二处门址墙土坍塌处可见木质结构，显然，这是门址设防遗迹。古城北部同样有两座宽约 4 米的门址。古城东南段墙体上修建了坚固的角楼，在该处还可见规模稍小于角楼的马面基址。

近几十年，古城内部被用于耕作。在耕作中发现了少量中世纪早期陶器残片，这可能与古城修建前就已在此居住的人群的活动有关。根据对古城东南墙体门址结构遗址采集的煤样进行放射性元素分析，古城可追溯至 13 世纪中叶。在对古城内进行调查时，未发现古代居民活动的任何特征或房址遗迹。这可能是由于对当地的耕作。但基于完备建筑特征的缺失和大量生产活动，我们认为，根据城址建设者的意图，古城原定为仅用于战时，且拥有不多的驻军，他们居住在简易的地面房址中。显然，战争绕过了这座要塞。

古城的存在时期和设防特征表明它是由女真人所建造。

第八节 奇格里古城（少先队营地古城）

奇格里古城（少先队营地）位于布拉戈维申斯克市东北部的奇格里河河口处。古城坐落在奇格里河和结雅河的陡岸之上，河岸高度达到 7—8 米。在不久以前，这里被落叶林和茂密的灌木丛所覆盖。在 20 世纪下半叶至 21 世纪初，古城几乎所有区域均被建设成少年休闲营地和居住建筑。古城位于河岸边缘的区域已毁于结雅河河患。目前仅保留北墙一段长 360 米的墙体。

Г. С. 诺维科夫—达斡尔斯基于 1928 年对古城进行了调查。20 世纪末至 21 世纪初，Б. С. 萨布诺夫、Н. Н. 扎伊采夫等一些专家也曾研究过该古城。2018 年 5 月，由 А. П. 扎比亚科、А. Е. 波波夫、王禹浪、王俊铮、谢春河组成的国际调查团队实地研究了古城所在的区域。

根据 Г. С. 诺维科夫—达斡尔斯基等学者的研究材料，可知古城形状接近不等边梯形。城址北部、西北部、西部修建有壕沟和城墙。南部和东部被陡峻河岸所确定边界，这两侧可能曾被城墙防护，但由于河岸的塌落而未能保存下来。

目前尚存的北墙长 360 米，其东段被断崖所阻断，西段平缓地弯曲并与西墙相接。西墙今已不存。根据2018年笔者团队的测绘可知，北墙高1.8米，基宽7米，顶宽2米。古城东部长420米，南部长330米，西部长225米。

Г.С.诺维科夫—达斡尔斯基记述道，古城城墙外侧以壕沟防御，城内曾发现直径2—5米的圆形凹坑，其中一些凹坑显然系房址遗迹。在出土材料中曾收集有薄壁的低火候烧制的陶器，没有纹饰，外壁为黄色，内侧为灰色。根据当地人的信息，在偶然挖掘时，曾在坑里发现过一个"蒙古式耳环"[1]。

可以推测古城修建于10—12世纪，与女真的出现有关。

第九节 格罗杰科沃古城

格罗杰科沃古城位于距结雅河与阿穆尔河汇合口下游约25千米处的河岸台地之上。河岸高达5—7米。河岸所在地被高草所覆盖，密集地生长着柳树、橡树、黑桦、灌木等。其周边地形为广阔的平原，其上散布着少数低矮的山丘（鬃岗）、小湖和沼泽地。出于经济生产目的，目前古城所在地区及其相邻平原的大部分地区都已被开垦。自古城溯阿穆尔河而上8千米为格罗杰科沃村。

俄语文献中首次对该处要塞古城的记录显然来自1652年俄罗斯文献的记录，其中记载了属于达斡尔公爵Turonchi、托尔加和他的兄弟Omutey的带有塔楼的"坚固的"大型"土筑"城市，坐落在自结雅河口乘船沿阿穆尔河行进1天路程的地点。显然，Turonchi与托尔加的城市，即格罗杰科沃古城在1652年即已存在。俄罗斯军队占领了达斡尔公爵的要塞（托尔加城），在此停留数日，并根据哈巴罗夫的命令于当年9月初将城市付之一炬。[2]

另一份历史文献记录为伊戈纳季耶·米拉瓦诺夫的呈文，于1682年3月22日发与涅尔琴斯克（尼布楚）军区长官。"骑马自结雅河口

---

[1] Г.С.诺维科夫—达斡尔斯基：《阿穆尔州考古图资料》，载《阿穆尔州地志博物馆与方志学会论丛》第3卷，布拉戈维申斯克（海兰泡），1955年，第22页。

[2] 《历史文献补编》，圣彼得堡，1848年，第363—364页。

第四章　阿穆尔河（黑龙江）中游左岸与结雅河流域古城

顺阿穆尔河而下行进半天，所有草地和旧耕地都通向该城。这座城为土筑，外来居民称为Ayutong（'Айтюн'，即'瑷珲'地名在俄文文献中的早期写法，译者注），在阿穆尔河边该城规模为5俄亩（相当于2400俄丈或1.9公顷——译者注），距阿穆尔河则有1俄亩。城内还有一座小城，有四道城墙围成1俄亩，城墙自墙基算起高3俄丈，在地势低处则为2俄丈，相应地地势抬高时，城墙高达4俄丈。耕地附近的城市则小得多。城址下方有一处渡口，用于摆渡达斡尔人。他们为了收集皮毛贡税而前往锡林堡，并进行贸易和狩猎。渡口在城址下方，骑马行进半天时间，那里始终存在小船和营地。据达斡尔人相传，自渡口至达斡尔人居住地需要行进六日。伊格纳季耶向达斡尔人询问关于城市的情况，达斡尔人告诉他，至今他们仍不知道谁在那里居住和统治、哪些居民在那里居住。那里无遗迹可寻，他们也不知道那些居民在何处。"[1] Ayutong城的记载与格罗杰科沃古城的地点和修建相当吻合。

学术工作者 И. Е. 奥夫香津于1929年考察了古城。之后，Г. С. 诺维科夫—达斡尔斯基在其发表研究中简述了古城（"快乐村古城"）的信息。1993年，Б. С. 萨布诺夫和 Д. П. 鲍罗金对古城开始了系统研究。2000年，布拉戈维申斯克国立师范大学的专家在古城西门址处进行了考古发掘。之后，Н. Н. 扎伊采夫领导阿穆尔州历史文化遗产保护中心的工作人员对古城进行了研究。[2] 2019年，扎比亚科·安德烈·帕夫洛维奇和波波夫·阿列克谢·叶甫根尼耶维奇通过无人机航拍对古城进行了考察和影像记录。Д. П. 鲍罗金在对古城学术信息的研究和发表中作出了很大贡献。[3]

---

[1] 《历史文献补编》，圣彼得堡，1848年，第369—370页。
[2] Н. Н. 扎伊采夫、А. Л. 史楚姆科娃：《阿穆尔州的中世纪古城》，载 А. П. 杰列维扬科、А. П. 扎比亚科主编《从远古时期到20世纪初的阿穆尔州历史》，布拉戈维申斯克（海兰泡），2008年，第139页。
[3] Д. П. 鲍罗金、Г. П. 利托夫琴科、Н. Н. 扎伊采夫：《阿穆尔州地区新发现的中世纪古城》，载《1993年西伯利亚与远东考古学家、民族学家、人类学家田野与实验室研究成果概要》，新西伯利亚，1995年，第242—244页；Б. С. 鲍罗金、О. А. 舍罗米辛：《阿穆尔州格罗杰科沃村的中世纪古城》，《第二次"俄罗斯与中国：合作历史与前景"国际学术研讨会（2012年5月17—18日，布拉戈维申斯克—黑河）材料》，布拉戈维申斯克（海兰泡）：布拉戈维申斯克国立师范大学出版社2012年版，第13—17页。

俄罗斯阿穆尔河（黑龙江）左岸地区古城址研究

古城呈四边形，其中一处长边呈弧形。古城沿河岸而建，长1千米，宽250米。总周长约3000米，为阿穆尔河左岸地区面积最大的平原古城之一。

古城被城墙和壕沟等防御性建筑所防御，东部有4道城墙、高5—6米，壕沟通过壕沟和塔楼体系加强防御。"古城三个方向的防御性城墙墙基宽度达到8—10米。城墙沿河伸展，一些低矮处不超过2米，墙基宽3米。古城被城墙分割为大小不同、垂直于中轴线的3个区域，且中部区域略小于东北区和西南区，它们的面积大致相等。"①城墙之间的大量区域挖掘有壕沟，为堆筑城墙而取土。个别地点深度达到1.5米。

"在东南墙有四座塔楼基址，即'分隔'城墙与基址相接处、东北墙与东南墙相接处。沿西北墙，古城的中部和北部区域被同样规模的第二道城墙所防护，也是沿河岸修建。"②古城至今仍保存着较高的塔楼，一些塔楼高于地面9米。

古城存在两个人口，第一个人口位于西南末端；第二个人口位于遗址中部。入口形成外城墙的豁口。中部的城门被城墙上的马面所保护。在城墙之间存在壕沟，深约0.8米。

内墙（隔墙）系统将古城分为三个主要区域——西南区、中部区和东北区。西南区与中部区通过一道城墙隔开，中部区与东北区则通过两道平行的城墙隔开，其上还保存着两座塔楼。这两道城墙在古城内形成了一个几乎将所有方向都完全封闭的长方形区域，大小为300×125平方米。该建筑结构可能补充性地从内部防御了古城的中部入口（图4-16）。

---

① Б.С. 鲍罗金、О.А. 舍罗米辛：《阿穆尔州格罗杰科沃村的中世纪古城》，《第二次"俄罗斯与中国：合作历史与前景"国际学术研讨会（2012年5月17—18日，布拉戈维申斯克—黑河）材料》，布拉戈维申斯克（海兰泡）：布拉戈维申斯克国立师范大学出版社2012年版，第15页。

② Б.С. 鲍罗金、О.А. 舍罗米辛：《阿穆尔州格罗杰科沃村的中世纪古城》，《第二次"俄罗斯与中国：合作历史与前景"国际学术研讨会（2012年5月17—18日，布拉戈维申斯克—黑河）材料》，布拉戈维申斯克（海兰泡）：布拉戈维申斯克国立师范大学出版社2012年版，第15页。

第四章　阿穆尔河（黑龙江）中游左岸与结雅河流域古城

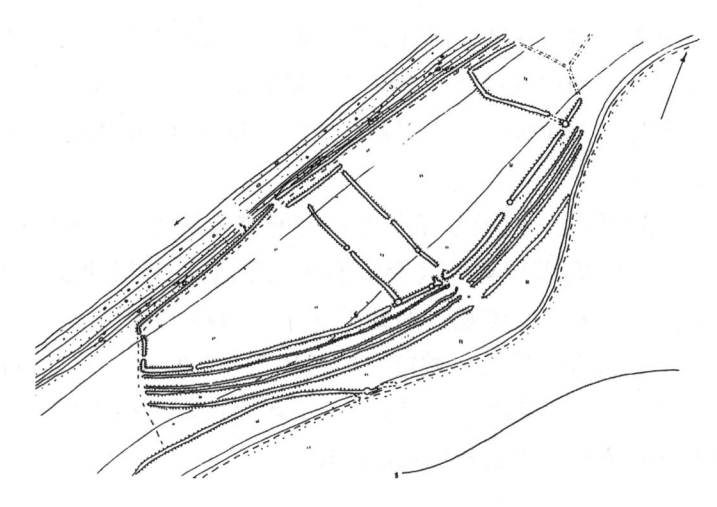

图 4-16　格罗杰科沃古城平面图

2000 年的发掘能够为城址断代提供明确的依据。城墙剖面的文化层反映了两个建筑层位。根据 Д. П. 鲍罗金和 O. A. 舍罗米辛的观点，上层年代较晚，与 17 世纪下半叶的活动有关，后来，满人加强了要塞防御，用以抵御这一地区的俄罗斯军队。下层年代较早，层位距今 800—600 年。"堆塑靺鞨陶器（特罗伊茨基地方类型）和阿穆尔女真文化的轮制陶器残片属于最早期遗物，这些材料指向公元 1 千纪和 2 千纪之交，这也是聚落建造的时间。"① 总之，古城存在的大概时间在 8—9 世纪之际，因此有理由得出以下结论："古城修建于靺鞨部族时代"。"后来，靺鞨被女真所取代，14 世纪要塞中居住着久切尔人。久切尔瑷珲存在于 1654 年之前。"②

值得注意的是，关于久切尔人的结论与 1652 年和 1682 年俄罗斯

---

① Д. П. 鲍罗金、O. A. 舍罗米辛：《阿穆尔州格罗杰科沃村的中世纪古城》，《第二次"俄罗斯与中国：合作历史与前景"国际学术研讨会（2012 年 5 月 17—18 日，布拉戈维申斯克—黑河）材料》，布拉戈维申斯克（海兰泡）：布拉戈维申斯克国立师范大学出版社 2012 年版，第 16 页。

② Д. П. 鲍罗金、O. A. 舍罗米辛：《阿穆尔州格罗杰科沃村的中世纪古城》，《第二次"俄罗斯与中国：合作历史与前景"国际学术研讨会（2012 年 5 月 17—18 日，布拉戈维申斯克—黑河）材料》，布拉戈维申斯克（海兰泡）：布拉戈维申斯克国立师范大学出版社 2012 年版，第 15 页。

文献中的材料不符。在结雅河口下游，俄罗斯人在1天路程处只碰到了达斡尔乌卢斯和达斡尔公爵城镇（托尔加城）。仅在1682年的文献中证实了瑷珲（Ayutong）这一名称，在17世纪50年代初，该名称尚未出现。

Г.С. 诺维科夫—达斡尔斯基等一些研究者认为，古城所在地在17世纪下半叶坐落着瑷珲城（萨哈连乌拉霍通），1683年或1684年迁址于阿穆尔河对岸。该观点的基础在于认为在1900年以前，这里坐落着满洲（或译为满人）城镇"旧瑷珲"（"Джо Айхо"，Joe Ai-jo，即"旧瑷珲"的俄语标音写法——译者注）。① 值得注意的是，在古城耕地表面发现了大量晚近陶器的残片。

第十节　新彼得罗夫卡古城

新彼得罗夫卡古城位于阿穆尔州康斯坦丁诺夫卡区新彼得罗夫卡村的东北边缘，城址坐落于距离几乎已完全干涸的季哈亚河汊主河道河岸约2千米的阿穆尔河滩涂之上。与古城东部相邻的季哈亚河汊系几处狭长的湖泊，在其周围则为平坦的沼泽地形。古城以北和以西的区域延展着广袤的平原，其上散布着少数小树林，一些地方被浅湖所淹没。

自19世纪下半叶，该古城便已为当地俄罗斯居民所知，称之为"中国城"。有信息表明，新彼得罗夫卡村的居民曾出于经济目的而在古城所在地区进行过多次农业活动，发现了大量陶质器皿和陶器碎片。19世纪中叶，И.А. 洛帕京对古城进行了研究和记录。他们对古城区域及附近墓葬进行了首次发掘，并发现了一件直径35厘米的铜镜。1902年，А.Я. 古罗夫和Г.Ф. 别列乌索夫继续对古城进行了研究。

Е.В. 冈索维奇于1910年对古城进行了研究，他记述道，古城四周被土筑城垣所围护，高度1—3俄丈（俄丈，长度单位，1俄丈=

---

① Г.С. 诺维科夫—达斡尔斯基：《阿穆尔州考古图资料》，载《阿穆尔州地志博物馆与方志学会论丛》第3卷，布拉戈维申斯克（海兰泡），1955年，第13—14页。

213厘米)。"南部城墙长420步,有1处宽12步的城门和3处长12步的土筑塔楼,其中两处塔楼为马面。西墙长950步、5座城门、7座塔楼,其中有2座塔楼规模两倍于其他塔楼。古城内从东至西建有带有6座塔楼的内城墙,不包括与其相接的外城墙的2座塔楼。距离要塞东墙100步处,内城墙有一处被特别的半圆形墙体防御的门址,半圆形墙体末端有2座塔楼。穿过城门并行进大约130步,能够到达一处被矮墙环绕的方形区,如同在'帽子'中,很可能是公爵宅邸。方形区东墙距离北墙10米处,有一座宽5步的门址。从该城门出发有两条道路:一条通向内城墙城门;另一条通向要塞南墙城门。如同在方形城区,在要塞、内城墙外,能都看到大量地表坑——房址的遗迹。"Е.В.冈索维奇将该古城的出现与三公爵兄弟的传说联系起来,他们划分了帽子山周边的区域,新彼得罗夫卡要塞为三公爵中最小者的防御性聚落。[①]

Г.С.诺维科夫—达斡尔斯基于1939年、1958年对古城进行了调查,他认为古城出现的时间为辽金时期。[②]

1989—1990年,Н.Н.扎伊采夫和Б.С.萨布诺夫对古城的研究进入了新的阶段。[③] 在Н.Н.扎伊采夫的带领下,阿穆尔州历史文化遗产保护中心与俄罗斯学院远东分院历史、考古学与民族学研究所(А.Л.史楚姆科娃、С.А.萨科马洛夫)组成的团队对古城进行了地形测绘,并对古城筑城体系的所有现存因素和内部层析予以记述。该研究及其发表成果系目前古城最为全面的记述。[④] 2019年,由扎比亚科·安德烈·帕夫洛维奇、波波夫·阿列克谢·叶甫根尼耶维奇、王

[①] Е.В.冈索维奇:《西伯利亚档案:西伯利亚、中亚与远东的历史、考古学、地理学与民族学》第12期,1913年,第508—509页。

[②] Г.С.诺维科夫—达斡尔斯基:《古代的阿穆尔河沿岸地区》,载《阿穆尔州地志博物馆与方志学会论丛》第2卷,布拉戈维申斯克(海兰泡),1953年,第8页。

[③] Н.Н.扎伊采夫:《康斯坦丁诺夫卡区新彼得罗夫卡村的中世纪古城》,纪念阿穆尔州地志博物馆成立100周年学术研讨会报告提纲,布拉戈维申斯克(海兰泡),1991年,第50—54页。

[④] С.А.萨科马洛夫、Н.Н.扎伊采夫、А.Л.史楚姆科娃:《新彼得罗夫卡村古城调查的一些成果》,载《俄罗斯与亚太地区》2005年第4期,第33—43页;Н.Н.扎伊采夫、А.Л.史楚姆科娃:《阿穆尔州的中世纪古城》,载А.П.杰列维扬科、А.П.扎比亚科主编《从远古时期到20世纪初的阿穆尔州历史》,布拉戈维申斯克(海兰泡),2008年。

俊铮组成的国际团队对古城进行了调查。

古城呈不规则长方形，沿季哈亚河汊自北向南延伸。主城墙总长度大约2000米（图4-17、图4-18）。

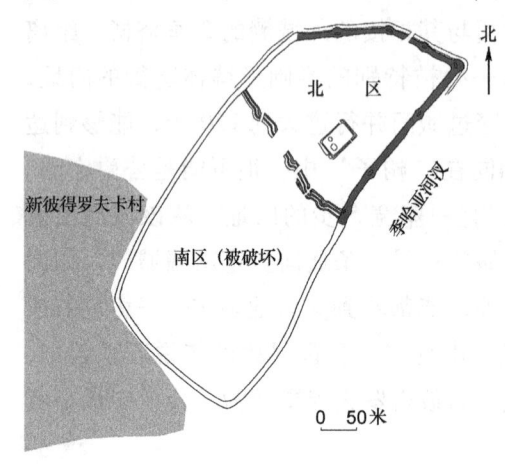

图4-17　新彼得罗夫卡古城平面图

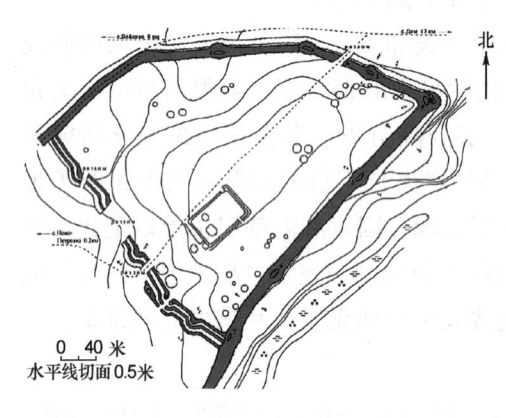

图4-18　新彼得罗夫卡古城北区地形图[①]

城墙东北段长345米，东段沿沼泽地形的水岸延伸。城墙高度达到5米（自壕沟底部），墙基宽17米，顶部宽1.5—3米。

城角保存着梯形角楼的基址，有些向城墙外侧凸出。规模为12米至14×6至7米。这里还坐落着间距大致相等的圆形马面。这些马面规模略小于角楼。通过对北部一处马面的清理，发现了厚实的黏土层以及半成品的砖垛。显然，在古城的建设中主要使用了夯土筑城的技术。

城墙外侧沿墙基修有深1—1.5米、宽5米的壕沟。东北部墙体外壕沟与季哈亚河汊的河床相通。

古城东南部濒临阿穆尔河河汊河岸。该处现存城墙长740米，高6米，墙基宽度为5米。这一方向的城墙残断不全，因生产活动而形成数段墙体。在残墙上可见马面，其规模大约与北墙一

[①] С. А. 萨科马洛夫、Н. Н. 扎伊采夫、А. Л. 史楚姆科娃：《新彼得罗夫卡村古城调查的一些成果》，载《俄罗斯与亚太地区》2005年第4期，第36页。

致。马面之间相隔距离大约是 100 米。

古城南墙几乎被生产活动完全破坏。仅残存约长 100 米、与东南角楼相接的墙体。城墙东南段长度大约可达到 800 米，高度为 2 米。

古城西部几乎被完全破坏。城墙高度不超过 1.5 米，墙基宽 5 米。沿其墙脊有乡间小路通向吉姆村。

古城北部被曲折的城墙所隔断，隔墙（内墙）不同于古城主城墙的规模和结构特征。墙体高度不超过 0.5 米，墙基宽 5—6 米。从其结构特征来看，该墙体类似七湖古城的防御墙体。分隔墙由两段到三段墙体组成。墙体被浅壕所分割。内城墙上存在塔楼，现存三座塔楼基址。隔墙上有一处宽约 2.5 米的通道，位于第一座马面和第二座马面之间。

古城北部内隔墙上保留着大量古代房址和生产建筑的地表坑遗址（共计 30 余处）。该区域东南部坐落着长方形建筑，大小为 55×35 平方米。该遗址为"内城"。其边界被城墙所圈定，城墙部分墙体高约 0.3 米，墙基宽 5—6 米，墙体上部宽 1 米。城墙外围环以深 2—7 米、深 0.3 米的壕沟。"内城"城门位于东南墙。

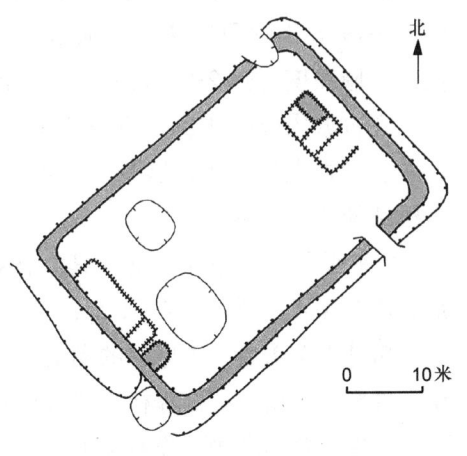

图 4-19 新彼得罗夫卡古城内城平面图

"内城"内保留着地表坑和墙体，系古代建筑的遗迹（图 4-19）。

在对古城不同时期的调查中，发现了堆塑和轮制陶器残片。显然，在整个中世纪，阿穆尔河沿岸地区居住着不同的族群。但作为筑城建筑的古城本身很有可能作为女真人的防御性聚落出现在金代。从新彼得罗夫卡古城的结构特征来看，其与阿穆尔河沿岸地区、滨海地区和中国东北的其他女真平原城址具有明显的相似性。

第十一节　米哈伊洛夫卡古城

米哈伊洛夫卡古城坐落在距阿穆尔州米哈伊洛夫卡区米哈伊洛夫卡村27千米处的扎维塔河右岸。古城位于一处伸入河滩的高地（岬角）坡岗之上，因此古城属于岬角类型古城。古城所在之高地目前已被茂密的落叶林和灌木丛覆盖了。

古城于1966年被米哈伊洛夫卡中学的师生们所发现。1967—1968年，由 Е. И. 杰列维扬科带队对其进行了考古学研究，在调查中对古城进行了测量，并发掘了9处房址，绘制了古城及其房址的平面图。

古城呈圆形，带有城墙和壕沟，有东门和南门两座城门。根据1967—1968年的研究资料，城墙高0.7米，壕沟深0.6米，但在古代，城墙高度可达2—2.2米。古城没有塔楼以及带有防御建筑的入口。在古城内外分布着一些房址地表坑，古城内则存在超过300处房址坑。考古发掘表明，这些房址毁于火灾。火灾后作为聚落的城址未再继续使用（图4-20）。

9座所有被发掘的房址在其结构特征上存在相似性。房址为正方形，墙壁深入土层中0.4—1米，房址地下部分的墙壁由竖立的木板加固，房址上覆盖着一层厚厚的黏土。房址地上部分呈金字塔状，其主体由木杆和木板组成。白桦树皮覆盖在木质主体的上方，草皮置于白桦皮之上。在一些房址中还设有地下壁龛，可以用作储藏室来存放器具、食物和其他物品。每处房址均有门道，在房址中央还有灶坑。房址的修建伴随着巫术仪式的举行，在此过程中在房址角落放置猪或狍子等动物的头骨和下颌骨。[1]（图4-21、图4-22、图4-23、图4-24）

2013年，俄罗斯科学院西伯利亚分院考古学与民族学研究所和阿穆尔州历史文化遗产保护中心的研究人员在奥西诺湖湖岸对米哈伊

---

[1] Е. И. 杰列维扬科：《阿穆尔河沿岸地区的古代房址》，新西伯利亚，1991年，第81—84页；А. П. 杰列维扬科、А. П. 扎比亚科主编：《从远古时期到20世纪初的阿穆尔州历史》，布拉戈维申斯克（海兰泡），2008年，第77—83、140—141页。

第四章　阿穆尔河（黑龙江）中游左岸与结雅河流域古城

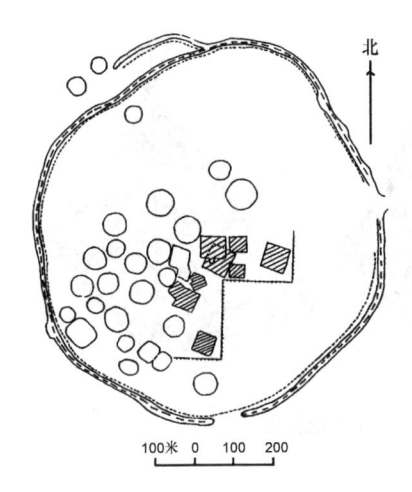

图4-20　米哈伊洛夫卡古城平面图①

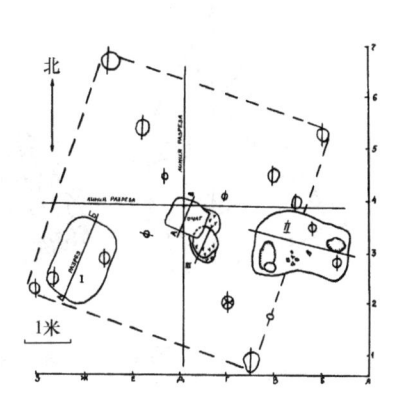

图4-21　米哈伊洛夫卡古城1号房址平面图②

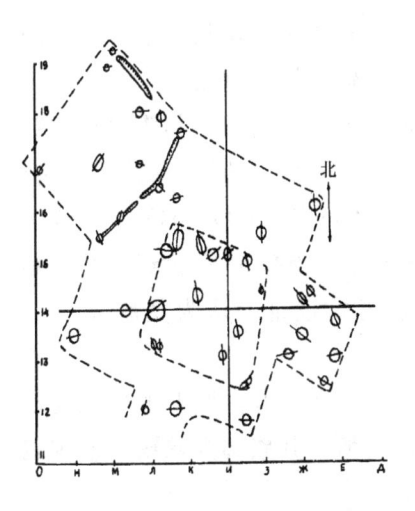

图4-22　米哈伊洛夫卡古城2号房址平面图③

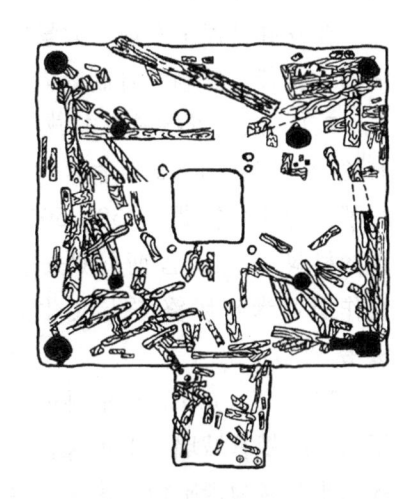

图4-23　米哈伊洛夫卡古城5号房址平面图④

---

① Е. И. 杰列维扬科：《扎维塔河流域的古城》，载《西伯利亚与远东的考古学材料》，第1卷，新西伯利亚：苏联科学院西伯利亚分院，1972年，第209页。
② Е. И. 杰列维扬科：《阿穆尔河沿岸地区的古代房址》，新西伯利亚，1991年，第82页。
③ Е. И. 杰列维扬科：《阿穆尔河沿岸地区的古代房址》，新西伯利亚，1991年，第83页。
④ Е. И. 杰列维扬科：《阿穆尔河中游的靺鞨遗址》，新西伯利亚，1975年，第75页。

· 71 ·

◆ 俄罗斯阿穆尔河（黑龙江）左岸地区古城址研究

图4-24 米哈伊洛夫卡古城房址复原①

洛夫卡古城房址进行了复原，复原房址主体参考了 Е. И. 杰列维扬科对5号房址的考古研究。

在发掘过程中发现了大量古城居民的日常生活用品：不同类型的陶器、铁斧、铁制和骨制箭镞、刀、锄、锛、锥等物品。

Е. И. 杰列维扬科将古城年代定为4—8世纪之间，其族属与靺鞨有关。② 此后，1993年通过对1号房址和7号房址的碳十四测年，获得了三组年代数据：430—602年、634—635年、603—645年。基于新的材料，С. П. 涅斯杰罗夫推测古城的年代当在5—7世纪，并将其视作识别米哈伊洛夫卡文化的标志性考古遗址，认为其族属为北室韦。③

2018年，Д. П. 沃尔科夫在距离米哈伊洛夫卡古城1千米处发现了另一座带有城墙、两道壕沟和房址的古城，其族属为靺鞨。该古城被初步命名为米哈伊洛夫卡2号古城。

---

① А. П. 杰列维扬科、А. П. 扎比亚科主编：《从远古时期到20世纪初的阿穆尔州历史》，布拉戈维申斯克（海兰泡），2008年，第80页。
② Е. И. 杰列维扬科：《阿穆尔河中游的靺鞨遗址》，新西伯利亚，1975年，第97页。
③ С. П. 涅斯杰罗夫：《中世纪早期的阿穆尔河沿岸地区民族》，新西伯利亚：俄罗斯科学院西伯利亚分院考古学与民族学研究所出版社1998年版，第40—52页。

第四章 阿穆尔河（黑龙江）中游左岸与结雅河流域古城

第十二节 阿玛兰卡1号、2号古城

阿玛兰卡系阿穆尔州罗姆宁斯基区的一处村落，位于阿玛兰卡河与大戈尔贝利河汇合口附近。在阿玛兰卡村附近坐落有两座古城。

阿玛兰卡1号古城于20世纪70年代被 Б. С. 萨布诺夫发现。2007年，由 Д. П. 沃尔科夫担任领队的阿穆尔州历史文化遗产保护中心考古人员对古城进行了调查。古城属于小型岬角类型古城。

古城位于大戈尔贝利河右岸的一处岬角之上，岬角呈西南走向，伸入河滩地。岬角距现代水面约4米，岬角上长有一些稀疏的树木，绝大多数为落叶林。

古城平面呈圆形，两道城墙、一道壕沟。塔楼或筑城建筑今已无存（图4-25）。

第一道城墙墙脊宽度为1.2米，高0.6米。第二道城墙墙脊宽1米，高1米。在城墙之间挖有壕沟，其介乎于两墙脊之间的宽度约为5米，底宽为1米。城墙上存在城门豁口，一处位于古城东南部，一处位于西南部。城门附近未发现防御性建筑。门道处的壕沟被填平。

古城内外发现了一些圆形地表坑，大部分浅坑位于城内。

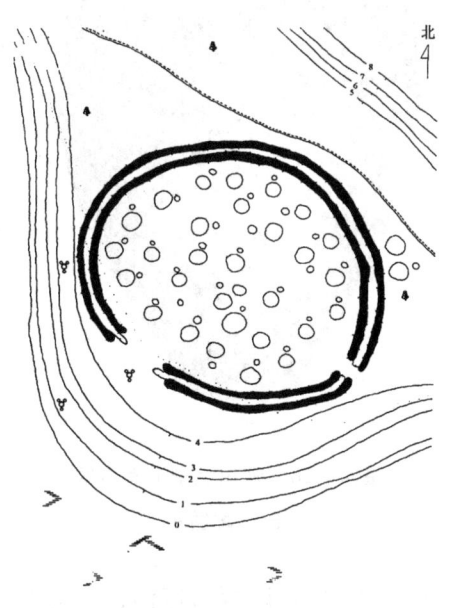

图4-25 阿玛兰卡1号古城平面图[1]

浅坑直径6—8米，深1.5—1.8米，为带有地槽基坑的房址遗迹。在

---

[1] А. П. 杰列维扬科、А. П. 扎比亚科主编：《从远古时期到20世纪初的阿穆尔州历史》，布拉戈维申斯克（海兰泡），2008年，第135页。

房址地表坑旁还分布着直径为1.5米的用于经济活动的灰坑。古城外侧东部靠近城墙处还有两大一小三座地表坑。共计发现了61处地表坑。

对古城布探方发掘期间，发现了罐状陶器。器物为手制，器壁饰以"华夫饼干式"网格纹（图4-26）。①

阿玛兰卡2号古城于20世纪70年代被阿穆尔州历史文化遗产保护中心工作者发现。古城位于塔博图什卡河右岸距河12千米处，小戈尔贝利河在此处与塔博图什卡河汇合。该古城同样因其坐落于伸入塔博图什卡河河滩地的岬角之上而归类为小型岬角类型古城。岬角顶部距其下河滩地16米，坡势陡峻。在岬角顶部，通过切割泥土部分来增加坡度。目前岬角上长满植被，如落叶林、桦树、满洲橡树。

古城可分为两个区域。

古城第一区（主城区）呈半圆形，东南部沿岬角顶部切割边缘延伸。西北部为城壕体系。城墙高于古城地表2米，墙基宽2.5米。城墙间环以两道壕沟，其宽度约为3米，距城墙顶部深2.5米。第三道城墙位于外侧，宽2米，深约1.5米。城内存在20个直径6—8米、深1.5米的地表坑，呈4列分布。这些地表坑均为房址遗迹。

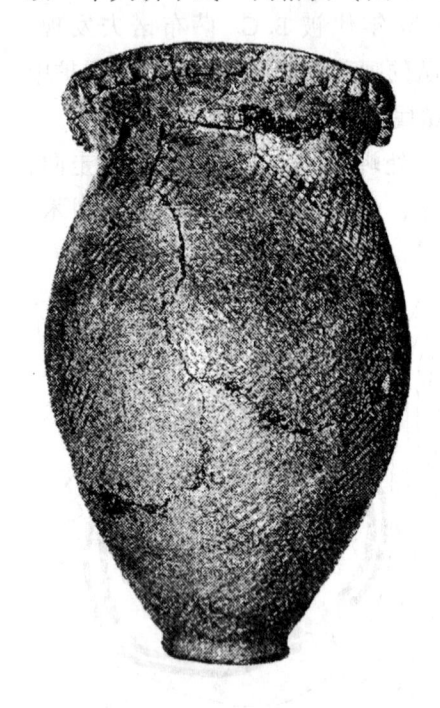

图4-26 阿玛兰卡1号古城出土陶器②

---

① А. П. 杰列维扬科、А. П. 扎比亚科主编：《从远古时期到20世纪初的阿穆尔州历史》，布拉戈维申斯克（海兰泡），2008年，第135页。

② А. П. 杰列维扬科、А. П. 扎比亚科主编：《从远古时期到20世纪初的阿穆尔州历史》，布拉戈维申斯克（海兰泡），2008年，第135页。

一些地表坑旁还可见稍小一些的地表坑，直径 1—1.5 米，深 0.8 米，共计 16 处。

古城第二区为三角形，显然，该城于稍晚时期修建在主城区西部。该区域被城墙和壕沟防护，其内有 18 处较大地表坑和 14 处较小地表坑，其大小与第一区地表坑相近（图 4 - 27）。

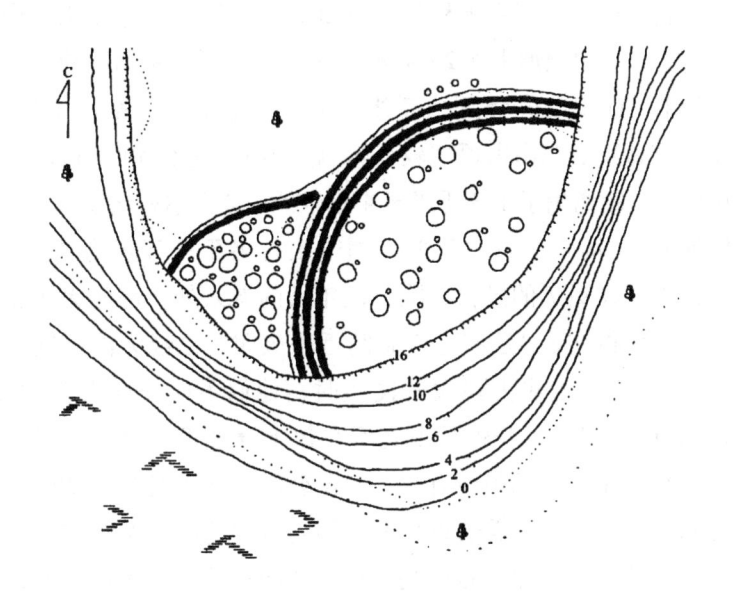

图 4 - 27　阿玛兰卡 2 号古城平面图①

在古城北端边界处还有 4 处直径 1 米的地表坑。

对古城布探方发掘时发现了与阿玛兰卡 1 号古城相似的陶片。②

两座古城所发现的考古学材料应为米哈伊洛夫卡文化，基于此，可知古城为中世纪早期的米哈伊洛夫卡文化居民所建。

---

① Д. П. 沃尔科夫、О. С. 古德里奇、Т. П. 萨夫琴科：《阿穆尔州戈尔贝利河流域的米哈伊洛夫卡古城》，载《西伯利亚及邻近地区的考古学、民族学、人类学问题》第 13 卷，新西伯利亚，2007 年，第 210 页。

② Д. П. 沃尔科夫、О. С. 古德里奇、Т. П. 萨夫琴科：《阿穆尔州戈尔贝利河流域的米哈伊洛夫卡古城》，载《西伯利亚及邻近地区的考古学、民族学、人类学问题》第 13 卷，新西伯利亚，2007 年，第 209—211 页。

第十三节　帽子山（沙普卡）古城

帽子山古城（亦音译作"沙普卡古城"——译者注）系阿穆尔河流域最大的古城之一，古城建于阿穆尔河左岸二级台地之上的山地丘陵上。古城所在地距离阿穆尔河河面110—120米。帽子山西南、东北分别高于其周边地形平面23.4米、18米，帽子山距离阿穆尔河岸大约1.5千米，面积大约45平方千米。山丘的特点为有两个山顶——西北山顶（较高）和东南山顶（较低）。帽子山西北部和西部为大约60°的陡峻坡岗，距离帽子山3千米至4千米处为波亚尔科沃镇。

根据 E.B. 冈索维奇的记载，帽子山得名于一部名为《鄂伦春》的传说故事。在遥远的过去，除了最年长的老人外，已经无人能够记得帽子山因何得名。"这些老人眼睛近乎失明，已经无法辨别松树和黑貂"，"达斡尔人成为强大的民族时，他们不向任何人缴纳贡物，同时还拥有了马匹"。今帽子山之所在曾十分平坦。这片区域及其邻近的广阔平原属于三兄弟所有——三位公爵。两弟尚且年幼时，所有土地统归长兄所有。随着幼弟长大，到划分领地时，两弟定居在领地边缘。三兄弟都开始加固自己的聚落。"哥哥是最强大的公爵，以众多臣服的部落为傲，将所有臣民聚集在平原上，命令部落的每位成员都要用帽子收集土壤，并将其倒入指定的地方。帽子山由此而出现，并屹立至今，在平原之上傲视四方。"E.B. 冈索维奇还通过一首俄罗斯哥萨克居民伊万·伊斯马伊洛夫的诗作，讲述了关于帽子山传说的满族改写本："满族人民叙述了银白色的传记，他们的祖先在很久以前堆筑了这座山，为这片土地戴上了'帽子'。"[1]

帽子山西部和西南部为河流干涸的故道，即这里曾是阿穆尔河河汊。帽子山周围数千米内分布着阿穆尔河河滩地——沼泽地形、故道和小湖平原。周围环境被茂盛的草丛和灌木所覆盖，个别处还可见树

---

[1]　E.B. 冈索维奇：《西伯利亚档案：西伯利亚、中亚与远东的历史、考古学、地理学与民族学》1913年第12期，第505—506页。

木（橡树、桦树、山杨、柳树）及一些小树林。

帽子山古城在19世纪下半叶成为研究对象。И. А. 洛帕京在19世纪60年代初考察了该古城。1870年，俄罗斯著名地志学家 П. И. 卡法罗夫随俄罗斯地理学会在对阿穆尔河沿岸地区和滨海地区的研究中，对古城进行了考察。1902年，А. Я. 古罗夫与 Г. Ф. 别洛乌索夫对古城进行了研究。1910年、1961年，Е. В. 冈索维奇、Г. С. 诺维科夫—达斡尔斯基分别调查了古城。1961年10月，在由 А. П. 奥克拉德尼科夫领导、А. П. 杰列维扬科和 Б. С. 萨布诺夫参与的远东考古调查中，对帽子山古城进行了勘察与研究。① 1972年，由 В. И. 博尔金领导的俄罗斯科学院远东分院历史、考古与民族研究所考古队调查了该城。在此研究过程中，记述了古城的筑城特征和居址建筑的形态，为研究房址开布了探沟，并揭露了城墙剖面。②

1981年和1983年由 Е. И. 杰列维扬科主持的考古发掘，对帽子山古城的研究作出了重大贡献。在该研究中，确定了考古遗址的总面积，绘制了古城地形平面图，开始了系统发掘。这些研究奠定了对该遗址及其周边相邻区域进行进一步探索的基础。1983年，С. П. 涅斯杰罗夫主持发掘了一处距离古城2千米的墓葬。2009—2011年，由 Н. Н. 扎伊采夫主持，С. П. 涅斯杰罗夫、Д. П. 沃尔科夫、Е. В. 舍尔宾斯基参与的帽子山古城考古发掘继续进行。③

几代学者的研究表明，帽子山遗址是一处具有多文化层遗存的考古学遗址。遗址保存状况整体良好。20世纪70年代曾在帽子山山麓地带进行的技术作业，破坏了这一区域遗址的保存状况，但它们并未

---

① А. П. 杰列维扬科：《复活的历史：考古学家的故事》，莫斯科，1986年，第4—7页；А. П. 杰列维扬科、В. С. 萨布诺夫：《阿穆尔河中游流域的考古学研究史》，载《阿穆尔州博物馆地志丛刊》第6卷，第2分册，布拉戈维申斯克（海兰泡），1970年，第10—27页。

② В. И. 博尔金：《阿穆尔州中世纪早期遗址的勘察成果》，载《亚洲东部的传统文化》第2辑，布拉戈维申斯克（海兰泡）：阿穆尔国立大学出版社1999年版，第177—184页。

③ С. П. 涅斯杰罗夫、Н. Н. 扎伊采夫、Д. П. 沃尔科夫、М. А. 米罗诺夫：《2009—2011年阿穆尔州帽子山古城的考古学研究》，载《西伯利亚及周邻地区的考古学、民族学、人类学问题》，新西伯利亚，2011年，卷17，第217—221页；Н. Н. 扎伊采夫、Д. П. 沃尔科夫、Е. В. 舍尔宾斯基：《帽子山古城——阿穆尔河流域的中世纪前哨阵地》，载《故乡》2012年第5期，第44—47页。

对考古遗址总体造成较大影响。

帽子山遗址保存了不同历史时期的遗存，古城仅是遗址全部历史内涵的一部分。

帽子山古城区的主体占据着两个山顶，平面呈半圆形。其北部区域通过城墙与该部分相接，同样呈椭圆形。总之，遗址整体平面呈近似圆形（图4-28）。

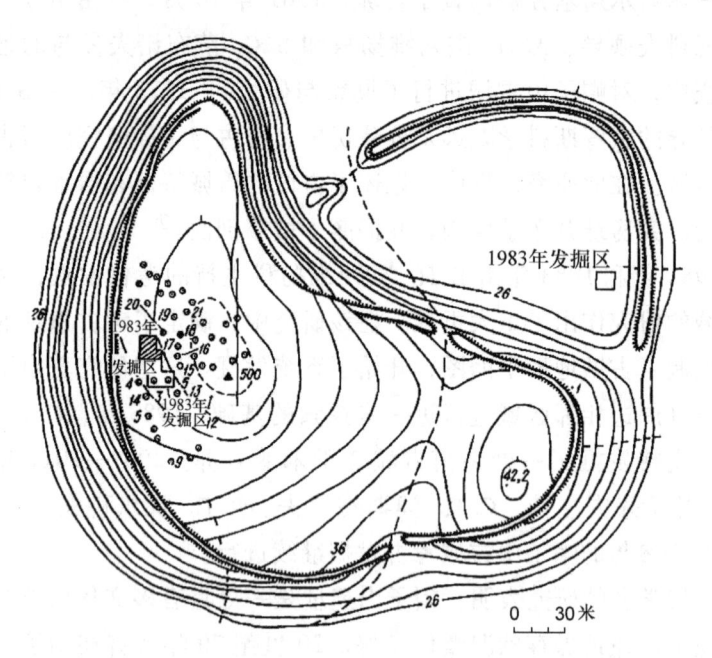

图4-28 帽子山古城平面图与1981年、1983年发掘区①

E. B. 冈索维奇留下了关于古城平面图最全面的记述，他在古城尚处于原貌状态时对其进行了考察。

"古城南部清晰地保存着要塞主城门的遗迹，自城门向右侧有一条通向与山地相邻的平原的道路。要塞城门内部被特殊的土筑城垣所围砌，在其左侧区域抵近要塞城垣。主城门所在之城墙终结处，又有

---

① Е. И. 杰列维扬科：《阿穆尔河沿岸地区的古代房址》，新西伯利亚，1991年，第94页。

第四章　阿穆尔河（黑龙江）中游左岸与结雅河流域古城

一条道路，道路上有一石桥通过流经的小河直通阿穆尔河。在同一南侧，还可见城壕遗迹，从小河一直延伸至山麓，城壕最后一段遗迹难觅。这表明在山上有一条地下通道，主要用于取水。帽子山古城西部高而陡峻，该处从山路至位于平原上的水域处同样可见壕沟遗迹，道路从要塞南城门向其延伸。北部区域最为有趣，具有第二道墙体，与要塞主体围成半圆形，并作为一个极为坚固而独立的建筑结构。古城东部形态与西部大体一致，不同之处在于它具有北部（外部）城墙的延续，在东部与要塞上部的墙体衔接，该段墙体大约为要塞上部墙体长度的一半。

在要塞上部延伸的土筑城垣，周长达 1.5 俄里（俄里为长度单位，1 俄里 = 1066.8 米），城垣高度不一，从其南门处的 1.5 俄丈到北段其余墙体的 3 俄丈（俄丈为长度单位，1 俄丈 = 213.36 厘米）。该处有两座城门通向广阔的林中旷地，城门被第二道（外部）墙体所围砌。

从南门进入要塞，可见一面积很大的平坦广场，该处可能系用于民众集会或军事演习。自广场向右坐落着一处不大的正方形城区，被低矮的城墙环护，并保存着古代房址的地表坑遗迹。该处可能为一处公爵庄园。自广场向左侧顺山势而上，两侧均有平行的城墙延伸，这些墙体显然用作射手的掩体，在城墙外有地表坑遗迹——房址。……道路从南门穿行，并穿过整个要塞，直至内城墙的北门。在该城门外坐落着被半圆形城墙合围的宽阔台地，其上布满了地表坑，显然这里是农业人口的主要居所。[①]

E. B. 冈索维奇强调，根据当地俄罗斯居民的传说，大约 40 年前，在这些地表坑（房址）旁有一处巨大的"坑洞"，形似管道，深入地下。这很可能是水井遗迹。但在他对古城进行考察时，坑洞已难找寻。

E. B. 冈索维奇对古城进行详细描述后，认为平原中部的山地系

---

① E. B. 冈索维奇：《西伯利亚档案：西伯利亚、中亚与远东的历史、考古学、地理学与民族学》第 12 期，1913 年，第 507—508 页。

俄罗斯阿穆尔河（黑龙江）左岸地区古城址研究

人工修筑，即由人们倾倒土壤至此，并修建了要塞。他的这一观点并不正确。帽子山显然是自然形成，但人类确实在不同历史时期内对其进行了大量改造，最终使要塞聚落定格为最后的样貌。

正如后来考古学研究所确定的那样，城墙目前的结构及其高度是由于多次重建而形成的。В. И. 博尔金在总结1972年的考古工作时写道："对城墙横断面的清理表明其经历了多次重建。最初的城墙很低矮，下部系黑色土质，其上覆盖着相当厚的煤层和烧土层。毫无疑问，这是烧毁的木栅遗迹。其上又覆盖着灰色沙土层。在其上为带有大量煤渣的黑土夹层。这些煤渣亦系烧毁的木质建筑遗迹。在其顶部则散布着砾石。"[①]

2009—2011年的发掘证实了城墙的多次重建。为了研究这一修筑过程，对外城墙进行了剖面研究。最初，城墙由黄色砂质黏土修筑，其内还混合有腐殖质和草土块。而后在此基础上铺盖草皮层，以防止墙体结构的坍毁和侵蚀。堆筑的草土块层高度达到1.5米。后来在墙体上曾多次堆筑土壤。最终，外城墙（主城墙）环绕了整个山顶区域，南段墙体和北段墙体高度均达到了3米，墙基宽6米，墙体顶部宽1—2米。壕沟从城内至城墙处延伸。[②]

在帽子山南部最平缓的区域，该处城墙有一长约15米的豁口。显然该处系要塞南城门。有一道路穿过城门，通向古城的中心区域。北城门坐落于几乎与南城门相对处，今存留有21米宽的豁口。北门外则有一被附属城墙（高2米，宽1.5米）围成的隔离区域。附属城墙平面呈半圆状合围成一处与山麓相接的平坦区域，区域内分布着密集的凹坑，即建筑遗迹。Е. И. 杰列维扬科依据1983年她本人主持的发掘，提出假设："在这一区域可能建有仅在夏季使用的敞棚和简易房屋，这里居住着农民和畜牧者，其主要工作在城墙

---

① В. И. 博尔金：《阿穆尔州中世纪早期遗址的勘察成果》，载《亚洲东部的传统文化》第2辑，布拉戈维申斯克（海兰泡）：阿穆尔国立大学出版社1999年版，第183页。

② Н. Н. 扎伊采夫、Д. П. 沃尔科夫、Е. В. 舍尔宾斯基：《帽子山古城：筑城学特征》，载《西伯利亚与远东考古学的热点问题》，乌苏里斯克（双城子）：乌苏里斯克国立师范学院出版社2011年版，第282—283页。

第四章　阿穆尔河（黑龙江）中游左岸与结雅河流域古城

外进行。"① 在这一区域可能建有家畜畜栏、农舍，储存着用于过冬的干草。在合围该区域的墙体北部有一宽 65 米的豁口。

古城内东南部山顶处也为一处要塞防御地点。平面呈正方形，面积 20×20 平方米，防御墙体高度为 0.5 米，壕沟深达 2 米。该区域内分布着凹坑，显然系建筑址。在 2009—2010 年的发掘过程中，清理了一处建筑址。该建筑址房屋规格为 8×8 平方米，墙体用木板和烧土搭建而成。房址内有取暖设施——炕，在木质灰烬烧土中平面呈 Γ 形。这里还发现了少量陶器残片和两枚钱币——"政和通宝"和"嘉祐元宝"。建筑地面以下深 0.4 米处发现了器物群：在一平滑石板上放置着 6 件大型铁质鱼钩、上部带有孔洞的铁钉以及轮制陶器残片（图 4－29）。②

2011 年，在该建筑址以北处发现了几处较深的灰坑（深度达 80 厘米）。"其中一灰坑中出土了生铁犁铧残部、铁钉、穿甲箭镞、性质不确定的铁制品残件等，这使我们能够将这一发现了为数不少的人工制品的灰坑视为金属器物的特藏坑。建筑址西北

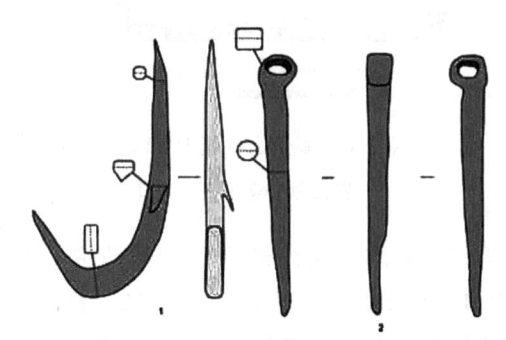

图 4－29　帽子山古城 2010 年发掘
出土鱼钩和拐钉③

部的木构土坯炕，揭露了此处亦为一处地面建筑，该建筑炕由两道石板炕道组成，呈 Π 形。"④ 在 1972 年的考古发掘过程中，在这一

---

①　Е. И. 杰列维扬科：《阿穆尔河沿岸地区的古代房址》，新西伯利亚，1991 年，第 101 页。

②　Н. Н. 扎伊采夫、Д. П. 沃尔科夫、Е. В. 舍尔宾斯基：《帽子山古城——阿穆尔河流域的中世纪前哨阵地》，载《故乡》2012 年第 5 期，第 46 页。

③　Н. Н. 扎伊采夫、Д. П. 沃尔科夫、Е. В. 舍尔宾斯基：《帽子山古城——阿穆尔河流域的中世纪前哨阵地》，载《故乡》2012 年第 5 期，第 46 页。

④　Н. Н. 扎伊采夫、Д. П. 沃尔科夫、Е. В. 舍尔宾斯基：《帽子山古城——阿穆尔河流域的中世纪前哨阵地》，载《故乡》2012 年第 5 期，第 46 页。

区域还发现了带有刻划纹的轮制陶罐（图 4 - 30）。①

防御台地位于南门之侧，研究者们对其作用提出了两种观点。其一，带有建筑的台地能够作为来自都城的政府官员的临时性住所。② 其二，炕作为一种特殊结构，炕壁上发现的高温作用的痕迹（玻璃状块粒出现之前的烧结黏土），附近发现的残缺生铁、熟铁和青铜制品，青铜残饰以及炉渣的存在，表明这里可能为金属冶炼和加工的作坊。③

自南门有一道路向西北山顶部（较高山顶）随地势抬升，通往山顶的道路被城墙和壕沟系统所阻挡。在 2009 年的发掘中，对这一内部城墙与壕沟组成的防御系统进行了细致研究，共计确认了 7 道墙体，高度在 0.4—2 米之间，宽度 1—1.3 米。壕沟深 0.4—2 米，内城壕与外主城壕相连。在城墙和壕沟之间存在曲折的通道，能够防止快速通往山顶——这里是要塞的主要居住区。⑤

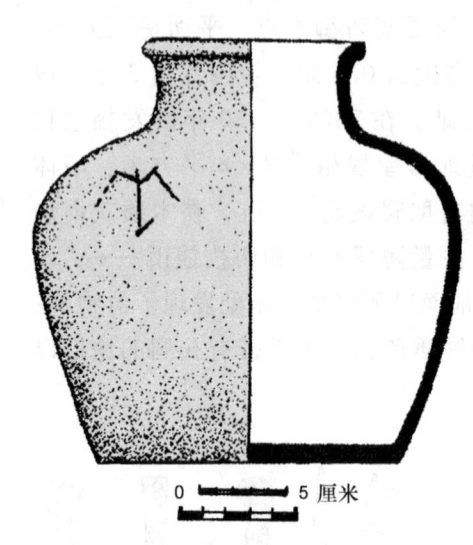

图 4 - 30　帽子山古城 1972 年发掘所获陶罐④

---

① В. И. 博尔金：《阿穆尔州中世纪早期遗址的勘察成果》，载《亚洲东部的传统文化》第 2 辑，布拉戈维申斯克（海兰泡）：阿穆尔国立大学出版社 1999 年版，第 183 页。
② Н. Н. 扎伊采夫、Д. П. 沃尔科夫、Е. В. 舍尔宾斯基：《帽子山古城：筑城学特征》，载《西伯利亚与远东考古学的热点问题》，乌苏里斯克（双城子）：乌苏里斯克国立师范学院出版社 2011 年版，第 283 页。
③ С. П. 涅斯杰罗夫、Н. Н. 扎伊采夫、Д. П. 沃尔科夫、М. А. 米罗诺夫：《2009—2011 年阿穆尔州帽子山古城的考古学研究》，载《西伯利亚及周邻地区的考古学、民族学、人类学问题》，新西伯利亚，2011 年，卷 17，第 220 页。
④ В. И. 博尔金：《阿穆尔州中世纪早期遗址的勘察成果》，载《亚洲东部的传统文化》第 2 辑，布拉戈维申斯克（海兰泡）：阿穆尔国立大学出版社 1999 年版，第 180 页。
⑤ Н. Н. 扎伊采夫、Д. П. 沃尔科夫、Е. В. 舍尔宾斯基：《帽子山古城：筑城学特征》，载《西伯利亚与远东考古学的热点问题》，乌苏里斯克（双城子）：乌苏里斯克国立师范学院出版社 2011 年版，第 283—284 页。

第四章　阿穆尔河（黑龙江）中游左岸与结雅河流域古城

要塞主要居住区内分布着数十座居住建筑址。在 1981 年和 1983 年的工作中，Е. И. 杰列维扬科在这一区域发掘了四座房址。最终，房址的结构特征与古城居民的家庭生活方式得以确认。例如，2 号房址基本呈正方形，规格为 8.5 米 × 8 米。入口位于房址南墙，房门以石质门枢（深 76 厘米）为轴旋转。房址墙体系木质结构。房址内有 П 形炕，由西、北、东炕壁组成。炕从西壁和东壁的南部加热。房址南部有灶坑。① 其余房址具有相似的结构特点（图 4–31）。

根据考古发掘资料，帽子山古城在 11—13 世纪出现了女真人的防御聚落。该聚落是管控周边区域重要的行政、军事、贸易和手工业中心之一。② 在女真人到来之前，这座山是阿穆尔河沿岸地区更早族群的聚居地。在 2019—2011 年的发掘中，发现了一处房址，可能属于新石器时代晚期的奥西诺湖文化（距今 4000 年前），同时还发现了奥西诺湖文化的其他遗存——石刀、石核、嵌入器、玉髓石片。在早期铁器时代末期至中世纪时代初期，帽子山出现了米哈伊洛夫卡文化人群，它们可能与北室韦有关。之后帽子山又成为奈费尔德考古学

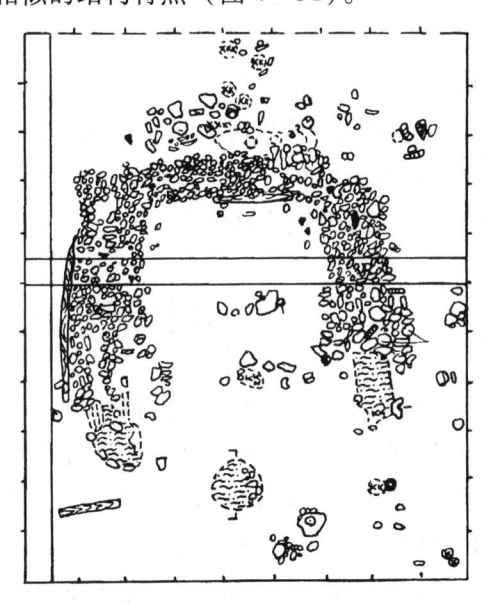

图 4–31　帽子山古城 1983 年发掘 2 号房址③

---

① Е. И. 杰列维扬科：《阿穆尔河沿岸地区的古代房址》，新西伯利亚，1991 年，第 99 页。
② Н. Н. 扎伊采夫、Д. П. 沃尔科夫、Е. В. 舍尔宾斯基：《帽子山古城——阿穆尔河流域的中世纪前哨阵地》，载《故乡》2012 年第 5 期，第 47 页。
③ Е. И. 杰列维扬科：《阿穆尔河沿岸地区的古代房址》，新西伯利亚，1991 年，第 98 页。

· 83 ·

文化人群——黑水靺鞨的居住地。在山坡上也发现了少量属于特罗伊茨基靺鞨的器物。①

1983 年由 С. П. 涅斯杰罗夫主持的对距离帽子山 2 千米处的墓葬的发掘，补充了这一地区的历史信息。总共发掘了超过 40 座墓葬，出土了大量陪葬器物——陶器、带有玉板的银质和青铜耳环、软玉和碧玉戒指、矛头、箭镞、其他武器等。发掘材料表明该墓地属于 7—9 世纪的奈费尔德考古学文化。②

Е. И. 杰列维扬科通过将帽子山古城与阿穆尔河沿岸地区其他古城相比较，中肯地指出："帽子山古城——一座真正的要塞。如果在 5—8 世纪的阿穆尔河流域，一般来说城址多为圆形、不规则（特别是在需要因地制宜处）或接近方形，而在公元 2 千纪初，阿穆尔地区部落的筑城设施遥遥领先。"③

第十四节　兴安古城

兴安古城位于阿穆尔州阿尔哈拉区、南距阿穆尔河左岸约 27 千米处。坐落在向北伸入切斯诺奇哈河河滩地的岬角台地上。河岸相对水面的高度为 30 米。岬角的陡坡上已被草皮覆盖，长满了满洲橡树。山顶向东南方向缓缓倾斜。

古城发现于 2004 年，见于 Д. П. 沃尔科夫的学术成果。④ 有关该古城的信息还见于 Н. Н. 扎伊采夫、А. Л. 史楚姆科娃的发表成

---

① С. П. 涅斯杰罗夫、Н. Н. 扎伊采夫、Д. П. 沃尔科夫、М. А. 米罗诺夫：《2009—2011 年阿穆尔州帽子山古城的考古学研究》，载《西伯利亚及周邻地区的考古学、民族学、人类学问题》，新西伯利亚，2011 年，卷 17，第 219—220 页。

② С. П. 涅斯杰罗夫：《中世纪早期的阿穆尔河沿岸地区民族》，新西伯利亚，1998 年，第 57 页。

③ Е. И. 杰列维扬科：《帽子山上的女真要塞》，载 А. П. 杰列维扬科、А. П. 扎比亚科主编《从远古时期到 20 世纪初的阿穆尔州历史》，布拉戈维申斯克（海兰泡），2008 年，第 111 页。

④ Д. П. 沃尔科夫：《阿穆尔州新发现的古城》，载《西伯利亚及周邻地区的考古学、民族学、人类学问题（2006 年俄罗斯科学院西伯利亚分院考古学与民族学研究常会）》，新西伯利亚，2006 年，卷 12，第 304—307 页。

第四章　阿穆尔河（黑龙江）中游左岸与结雅河流域古城

果中。①

古城平面呈正方形，规模为 150×150 平方米。防御区域面积超过 1 公顷（图 4-32）。

防御工事为两道城墙和两道壕沟。主墙环护古城一周，墙基宽度为 4 米，相对于地表高度为 1 米。古城北部东城角和南城角被城墙切断，形成了通往城内的入口。

第一道壕沟宽 5—7 米，深 1.5 米，在其北部有一深陷处，向溪流方向下滑。在壕沟南角和西角，分布着低矮、短小的附属墙体。

第二道城墙墙基宽 8—10 米，完全按照古城主体轮廓的形状，除北部外，构成了古城所有方向的边界。其北部被台地北部凹陷坑所打破。环城城墙高度基本一致，仅西南部较宽处逐渐与岬角地表齐平。

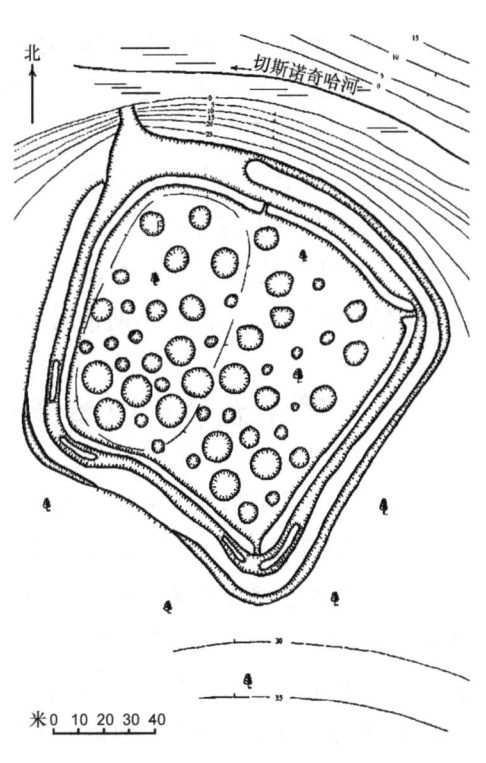

图 4-32　兴安古城平面图②

外围壕沟在南、东南和东北方向延伸，宽度达到 4 米，深 0.7—0.8 米。

古城有 3 个入口，分别位于主墙东北部、东城角和南城角。入口

---

① Н. Н. 扎伊采夫、А. Л. 史楚姆科娃：《阿穆尔州的中世纪古城》，载 А. П. 杰列维扬科、А. П. 扎比亚科主编《从远古时期到 20 世纪初的阿穆尔州历史》，布拉戈维申斯克（海兰泡），2008 年。

② Д. П. 沃尔科夫：《阿穆尔州新发现的古城》，载《西伯利亚及周邻地区的考古学、民族学、人类学问题（2006 年俄罗斯科学院西伯利亚分院考古学与民族学研究常会）》，新西伯利亚，2005 年，卷 12，第 306 页。

宽度均为2米，城墙豁口高度与内城地表一致。南城门用壕沟处的城墙作补充防御，相对于壕沟底部，其高度为1.5—2米，墙基宽度为2—2.5米。

城内地表平坦，向东北方缓缓倾斜。古城地表发现了46处圆形地表坑，直径6—12米，深0.7米。彼此间距很近。

古城内未发现人工制品等考古学遗物，因而难以对遗址进行断代。然而，基于对兴安古城地表坑的对比分析和E. A. 杰列维扬科对阿穆尔州康斯坦丁诺夫卡区沃依科沃村附近奥西诺湖聚落地表坑的研究[1]，可以认定其二者具有相似性。在此基础上，论著作者们将兴安古城的年代推断为中世纪早期，属于靺鞨文化遗址。

第十五节 克留奇—索哈基内古城

克留奇—索哈基内古城位于阿穆尔州阿尔哈拉区、南距阿穆尔河左岸大约25千米处。它位于阿穆尔河河滩台地的岬角山顶，岬角朝东北方向伸入小格里亚兹纳亚河约300米。岬角相对于河滩平面高度为60—70米。河水环绕东北方向和东部的岬角底部而流淌，北部和西北部则环绕着泉水（俄语发音为"克留奇"——译者注），被当地居民称之为"索哈基内"。岬角坡度陡峻，其上附着青草，或被茂密的满洲橡树和榛树的灌木丛所覆盖。岬角中心区域很平坦，向陡坡边缘缓缓倾斜。其上长满蒙古橡树和榛树等植被。

古城发现于2004年，见于Д. П. 沃尔科夫的学术成果。[2] 有关该古城的信息还见于Н. Н. 扎伊采夫、А. Л. 史楚姆科娃的发表成果中。[3]

---

[1] Е. И. 杰列维扬科：《阿穆尔河中游的靺鞨遗址》，新西伯利亚，1975年，第40页。
[2] Д. П. 沃尔科夫：《阿穆尔州新发现的古城》，载《西伯利亚及周邻地区的考古学、民族学、人类学问题（2006年俄罗斯科学院西伯利亚分院考古学与民族学研究常会）》，新西伯利亚，2006年，卷12，第304—307页。
[3] Н. Н. 扎伊采夫、А. Л. 史楚姆科娃：《阿穆尔州的中世纪古城》，载А. П. 杰列维扬科、А. П. 扎比亚科主编《从远古时期到20世纪初的阿穆尔州历史》，布拉戈维申斯克（海兰泡），2008年。

第四章 阿穆尔河（黑龙江）中游左岸与结雅河流域古城

古城轮廓与岬角一致，其东北至西南距离为 500 米，西北至东南为 200 米。古城平面呈近似长方形。其四个方向均被壕沟防护，壕沟目前宽 2—2.5 米，深 0.5 米。在东南和南部另外修建有城墙，墙基宽 3—4 米，相对壕沟底部的高度为 1.5 米。古城西南部也被壕沟所防御，其规模与东北部和东南部壕沟一致。古城西北部被岬角人工加工的陡崖所防御（图 4-33）。

古城有两个入口——东北入口和西南入口。入口处挖有壕沟，宽 4.5—5 平方米。

古城所在区域超过 100 个圆形地表坑，其规格为 12×12 平方米、15×15 平方米、6×6 平方米，深 0.5—1.5 平方米。地表坑位于自岬角中心向外辐射的区域。房址分布随意，与入口相接。

在防御聚落西北区有较大坑穴，沿被人工改造的陡岸分布，混乱的岬角地表坑呈两列分布。古城东南部的地表坑规模较小，分布无序，靠近壕沟，沿岬角边缘延伸。

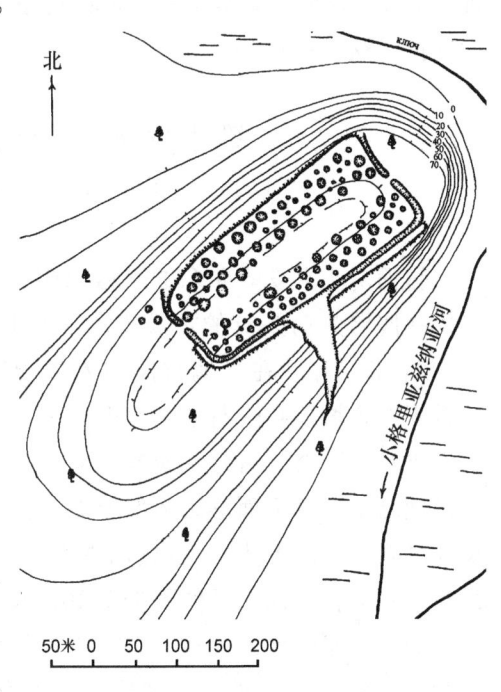

图 4-33 克留奇—索哈基内古城平面图[①]

3 处地表坑位于遗址西南部的防御性建筑边缘外侧。地表坑呈圆形，直径 8×8 米，深 0.7—0.9 米。

目前，遗址防御建筑的东南部已部分地被伸向河滩地的深沟所

[①] Д. П. 沃尔科夫：《阿穆尔州新发现的古城》，载《西伯利亚及周邻地区的考古学、民族学、人类学问题（2006 年俄罗斯科学院西伯利亚分院考古学与民族学研究常会）》，新西伯利亚，2005 年，卷 12，第 305 页。

破坏。

基于对克留奇—索哈基内古城地表坑的对比分析和 E. A. 杰列维扬科对阿穆尔州康斯坦丁诺夫卡区沃伊科沃村附近奥西诺湖聚落地表坑的研究①，可以认定其二者具有相似性。在此基础上，论著作者们将克留奇—索哈基内古城的年代推断为中世纪早期，属于靺鞨文化遗址。M. A. 斯托亚金基于对该古城筑城学特点的论证，在其发表成果中支持了这一观点。②

第十六节　乌久克古城

B. E. 麦德维杰夫

目前对小兴安岭向东的阿穆尔中游地区古城研究的程度还不够。其中一座名为乌久克的古城坐落于比拉河右岸，东南距离黄陡崖村 3—4 千米。古城在当地村民中人尽皆知。1959 年，E. И. 季马费耶夫首先对古城遗存进行了研究和调查。1974 年，B. E. 麦德维杰夫对古城进行了踏查、著录和资料采集。③ 遗址分布于一处类似小岛的沙土高地之上，其平面形态类似于熨斗，因而得名（"乌久克"为俄语熨斗之意——译者注）。古城周围系凹凸不平的河滩地和比拉河支流故道。古城自西向东延伸不少于 100 米。

沿着古城边界，尤其是在东部，存在高达 1 米的土筑城垣，以及壕沟。其他筑城要素（如塔楼）在遗存中没有发现。在这一区域发现了一些用途不详的地表坑和洼地，这里曾布有三处探坑，遗物已无存。古城内长满树木，发现了一些散落的素面陶片，初步断代为中世纪早期（女真文化）。古城的公共广场大约 4500 平方米。遗存保存程度及对其调查情况（1974 年）较好。

---

① E. И. 杰列维扬科：《阿穆尔河中游的靺鞨遗址》，新西伯利亚，1975 年，第 40 页。

② M. A. 斯托亚金：《阿穆尔地区的中世纪早期古城》，载 Д. П. 沃尔科夫等主编《亚洲东部的传统文化》第 7 辑，布拉戈维申斯克（海兰泡），2014 年，第 192 页。

③ B. E. 麦德维杰夫：《公元一千纪末至两千纪初的阿穆尔地区（女真时代）》，新西伯利亚：科学，1986 年，第 11 页；E. И. 季马费耶夫：《从比拉河畔比罗比詹到与阿穆尔河汇合口的考古调查简报》，《俄罗斯科学院考古学研究所档案》，1959 年，第 a、6 号。

第五章

阿穆尔河（黑龙江）下游古城

B. E. 麦德维杰夫

第一节 引言（概述）

下阿穆尔地区或阿穆尔河下游流域起于乌苏里江，顺阿穆尔河而下至其入海口，包括了其支流。乌苏里江下游及其右岸支流也与下阿穆尔地区相关联。上述地区在行政建制上，除了其南部和西南部的小部分地区之外，均在哈巴罗夫斯克（伯力）边疆区的范围内（分布于滨海边疆区乌苏里江支流比金河流域的遗存不在研究范围内）。

即使下阿穆尔地区已知的古代和中世纪古城数量逐渐增加，但也远不如其他类型的重要遗址，尤其是村落遗址。甚至与墓葬相比，其数量也很有限。古城数量较少的原因，首先缘于自新石器时代以来，历史时期形成的村落和墓葬的数量要远远多于古城。

虽然在19世纪末就对乌苏里江和比金河流域的古城进行了调查，这是第一次专门提及这些古城的存在，但对这一区域的考古学研究在20世纪中叶才开始，特别是20世纪70—80年代（孔德拉季耶夫卡、博隆、锡卡奇—阿梁、克德罗沃、扎里）起，并持续至更晚。

值得注意的是，所有进行研究实践的下阿穆尔地区的著名古代和中世纪古城，分布在远东阿穆尔河中游（阿穆尔河—松花江）平原（部分为中国东北的三江平原）南部最广阔的区域之一。该平原从西南至东北延展近700千米，内部平坦，并分布着低缓的岛状丘陵。在东、西北和南部分别被锡霍特山脉、兴安—布列亚山地和中国东北东部所阻隔。这一区域为季风气候，夏季温暖多雨，冬季寒冷干燥，直至更新世晚期才有人类生存。这里很早便已形成了具备古代陶器和定居的半地下式房址的新石器时代文化。大量被发现和研究的新石器时代、早期铁器时代、中世纪的考古学遗存，其特点在于山地空间的人群迅速壮大。他们逐渐从经济的消耗形式过渡为生产，即农业与牲畜养殖业。在这一区域文化历史发展中占据特殊地位的，要数古代的终结，并进入早期铁器时代和中世纪时代。这一时期出现了古城建筑，其年代范围在公元前4—前3世纪至公元13世纪。

在当代下阿穆尔地区，已统计或目前研究已知共计有23座古城。他们相对区域性地分布为三个集群。共计有11座古城属于第一个集群，部分位于乌苏里江及其支流霍尔河、比金河流域。第二个集群分布在通古斯卡河、库尔河、乌尔米河等流域（8处遗址，其中有3处为推测地点）。第三个集群整合了功能性的建筑，它们分布在阿穆尔河右岸及其支流（4座古城）。

第二节　霍尔古城

该古城为B.E.麦德维杰夫于1984年发现，当时还对其进行了初步调查。1985—1990年间，在其领导下，对古城中心区域遗存进行了五次发掘，发掘总面积共计950.5平方米（图5-1），完整探查和发掘了8处房址（1—6号、8号、9号），局部探查了两处（7号、10号）。古城区域长期进行蔬菜栽种和开垦。因此，古城地表坑状房址遗迹显然已无存。房址轮廓在清理掉耕土层后显露了出来。

古城坐落在村镇以西和西南大约10千米处，哈巴罗夫斯克（伯力）边疆区拉佐霍尔姆尼金波尔区，霍尔河左岸河滩地。古城距离霍尔河大约1.5—2千米，霍尔河在古城下游不远处注入乌苏里江。遗迹分布于

第五章　阿穆尔河（黑龙江）下游古城

河滩高地。长时间大雨过后，霍尔河溢出河道达数千米，河水直抵古城所在之河岸高地，但古城并未被淹没。

　　古城的建造者选择了最适宜的地点营造古城，即修筑在河岸高地——向东北方向延伸的岬角。河流故道冲积形成北部和东部的岬角，河道至今仍有水量。河流故道很可能是霍尔河支流或河床。

　　古城平面呈近直角方形，

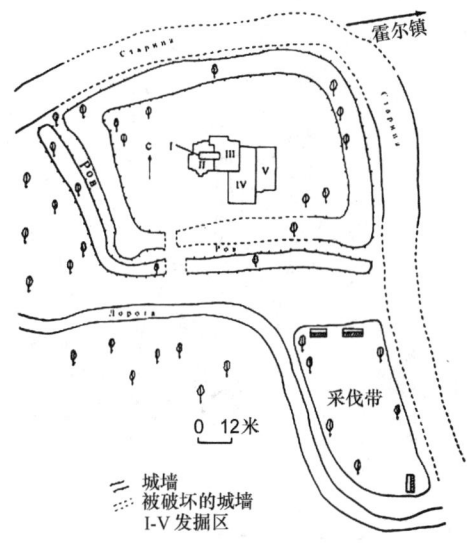

图 5-1　霍尔古城地形图

土筑城垣方位走向几乎向阳（面积为 106—108×160—165 米）。从南部和西部，与内城墙平行修建了第二道城墙。两道城墙之间有壕沟。在古城西北和西南角存在外凸部位，距城墙 3.5—4 米。外凸部位直径 15—18 米，其用途很可能是作为哨塔台基。城墙基宽 10—13 米。第二道城墙宽 6—12 米，高于河岸水平线的城墙高度达 2—3 米（高于河滩地和河道水平线达 3.5—4.8 米）。

　　由于目前被破坏的原因，内墙之南墙只剩下低矮残墙。距离南城角不远处有一处城门豁口，宽 3—3.5 米（第一段城墙）至 6—8 米之间。第二道城门不久前被农人所破坏。城墙轮廓并不完全相同：南墙和西墙走向平直，东墙特别是北墙延伸形状呈弧形。建造者对城址的建设，充分与地形轮廓的特点结合起来。

　　所有发掘的地层学基本情况如下：上层为耕土层，下层为砂土层。房址基坑所在土层为黑色腐殖质土层。在房址底土之上，即不大的浅坑房址群所在土层，为黄色黏土层。较深的房址基坑打破了黏土层，触及零碎的河流砾岩和砂砾，房址有时则少许嵌入其中。

　　所有房址均为半地下类型，为带有柱洞的长方形（大致呈四个角）

· 91 ·

基坑，近似圆角，其规模从 4.6×4.8 平方米到 10×11 平方米不等，深度自今地表向下 1.6 米（图 5-2）。房址方向基本朝阳，居址墙体和屋顶被立柱支撑，固定立柱的柱洞沿墙体分布在基坑角落，其内也有中心支撑立柱。房址东部或东南部有出口，有时还有门廊。

房址底部的砾石和沙土表面被黏土层所覆盖。一般来说，在房址中心有多为直角形状的大型炉灶。在大型房址中还有多达三个炉灶，有时它们之间互相叠压。

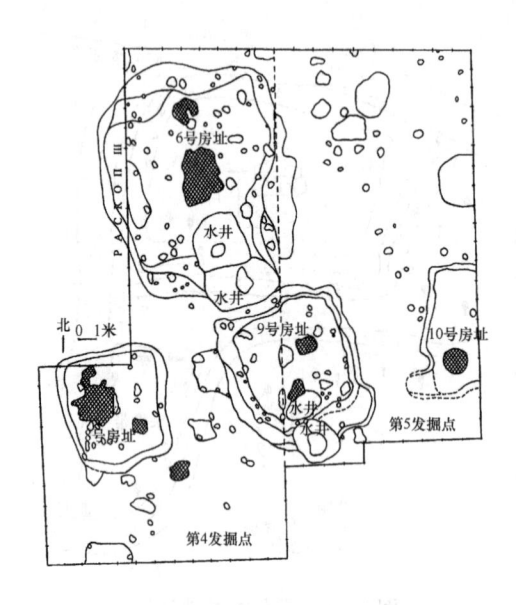

图 5-2 霍尔古城第 4 和第 5 发掘点平面图（房址 6、8、9、10）

房址内采集到大量不同材质的遗物。尤其是在不同类型的铁制品中，分为扁平和带棱箭镞（图 5-3：1-14）、镰（图 5-3：25-27）。还发现了玩具、钻孔器、锉、圆形工具、近似刮削器（图 5-3：8、20、28-30、32、33）。少量用于固定矛头、锉、凿、残斧及其他制品的遗物。被发现的衣物装饰品和附着物有青铜铃铛、挂饰、耳环、饰片等（图 5-4：1-9），其中用于饰带上的直角透花带扣。还有黏土质地（图 5-4：10）、石质（图 5-4：16）和玻璃质地的串珠（图 5-4：11-15），玉质挂饰（图 5-4：16），铁质戒指和带扣（图 5-4：17-19）。古城中最丰富的遗物为陶器。多为泥质陶，最重要的器型是置于火灶、用于炊事的有盖筒形罐（图 5-5：1-5）。灰陶器物大多呈筒形或罐形。还有体型较大的破碎陶瓮。其中较大者高度超过 55 厘米，直径达 51 厘米。推测这类器物很可能是用来储藏食品和饮品。器物遍布纹饰，主要为几何结构的压花纹、划线纹、波浪线

第五章　阿穆尔河（黑龙江）下游古城

或波浪轮廓的纹饰（图5－5：6－15）。古城的陶器烧制者也制作了坩埚和用于渔捞活动的网坠（图5－3：36－37）。

发掘所获得的资料证明，所有清理的这些房址都属于阿穆尔河沿岸地区女真文化第二阶段初期（9世纪下半叶—12世纪初）。① 关于这一问题需要补充的是，在一些发掘中，在文化层底部曾发现波尔采文化的陶器残片。这些陶片，引发了研究者对古城所在地早期铁器时代，即公元前1千纪末的关注。

在进行研究的房址边缘，发现了一些与房址同时期的几乎完整的腐烂遗骨。

房址的基本差异与房址

图5－3　霍尔古城出土文物

1－12铁箭镞；15矛头；16－19刀；20针；21－24鱼钩；25－27火镰；28锥子；29钻；30锉；31钻；32拱形器；33刮削器状物；34凿；35锛；36黏土网坠；37坩埚

的相似性同样重要，据此可将其大致分为两个类型。第一种类型为大型房址，它们更深，并具备灶坑。它们与小型房址的基本差异在于存在水井。在发掘的五个房址中发现了十个水井。它们中有三个房址（2号、6号、9号）各有两个水井，它们并非修建于同一时期：其中一个被破坏后，再发掘另一口井。水井的修建方式如下：在地面上，大多是在卵石地面上，基本上是在靠近角楼或南墙的入口左侧，人们用铲子随意挖掘井坑（坑穴形制大约2×2.5平方米）。在坑穴中央垂直竖立一个木质圆形管状物。在大型水井坑中

---

① В.Е.麦德维杰夫:《公元一千纪末至两千纪初的阿穆尔河沿岸地区（女真时代）》，新西伯利亚：科学出版社1986年版，第177—180页。

俄罗斯阿穆尔河（黑龙江）左岸地区古城址研究

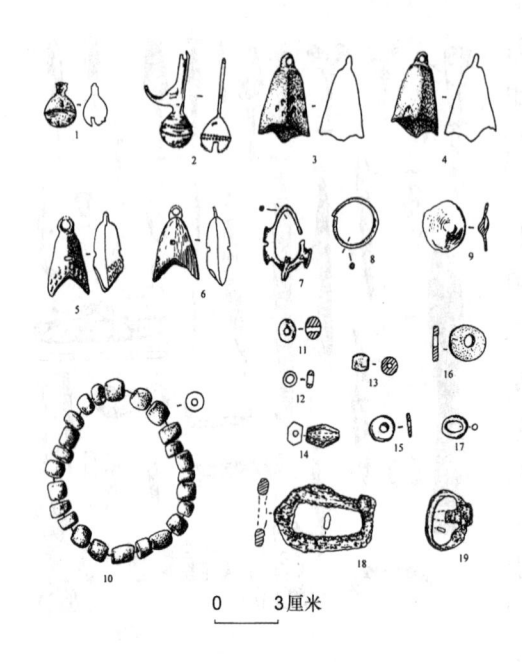

图 5-4 霍尔古城出土的衣着饰物和附属物

1、2 铃；3-6 坠饰；7、8 耳环；9 垫片；10-15 串珠；17 戒指；18、19 带扣（1-9 青铜；10 黏土；11、14-16 石质；12、13 玻璃；17-19 铁）

发现的管状物，可能来自两个挖空的直径在 0.7—0.9 米之间的半圆木，其周围被泥土所填满。一些被清理的水井已到达地下水的深度（深度超过 3 米）。在水井的填充物中（主要是混杂炭屑的砂壤砾石黑土），在其底部和井坑附近（混杂砾石的黑沙）发现了陶器、木炭、骨骼、动物颌骨和牙齿，腐烂的树木和树皮碎片（图 5-2、图 5-6）。

第二种类型所包括的房址（4 号、5 号、8 号、10 号），面积与深度比第一种类型的房址小 1.5—2 倍。它们之中除第一个房址以外，均无水井。这些房址的基坑，正如已经指出的那样，没有掺入小砾石，没有打破上层密实的黏土层，很可能是为了防止地下水渗入不深的房址中（与为取暖而修建深坑的房址有所区别）。但是，在寒冷时期，在不深的房址中不易保暖，因此，为了保暖防寒，一些房址中修建了以"Г"形为主的土炕。

已探明的带有原始水井结构的房址——这是在相似类型的考古发现中最少见的现象。在古代和中世纪遗址中，包括阿穆尔河中游、下游和滨海地区的女真文化遗址中，均没有发现带有水井的房址。在与俄罗斯远东相邻的区域中也没有已知带有水井的房址。

也许可以这样推测，水井并不是为实现其基本用途，即获取饮用水，而有可能比如用于在水淹时收集或排出积水。为此，不需要在房址中挖过于深的完全垂直、并专门用树干固定的坑穴。我们有理由认为，水井被修建于这样的情况，即假如古城遭受来自敌人的攻击，并将长期处于武装防御的状态，古城居民不能从古城附近的河流中获取水资源。很显然，这一假设能够解释大量水井、高大的土筑城垣和深壕为何存在。一切都解决了，当然，考虑到建设者们过去的经验不够丰富，在霍尔河河滩地遗存的筑城防御方案并不可靠。墓地的存在表明，这可能是古城被包围期间用于埋葬古城防御者的墓地。

图 5-5　霍尔古城附加堆纹陶器（1-8）与轮制陶器（9-15）

关于古城的保存程度，如果不考虑部分被破坏的城墙和当地居民在古城内耕种，遗存状况还是相对令人满意。

第三节　孔德拉季耶夫卡古城

该古城得名于孔德拉季耶夫卡村，位于哈巴罗夫斯克（伯力）边疆区拉佐市政辖区。1977 年，B. E. 麦德维杰夫首次对其进行了初步调查。1984 年，俄罗斯科学院西伯利亚分院考古学与民族学研究所阿穆尔—乌苏里考察队在其带领下，常驻于该遗址对其进行了研究：绘制了地形图，布设了第一发掘区和探沟。

▲ 俄罗斯阿穆尔河（黑龙江）左岸地区古城址研究

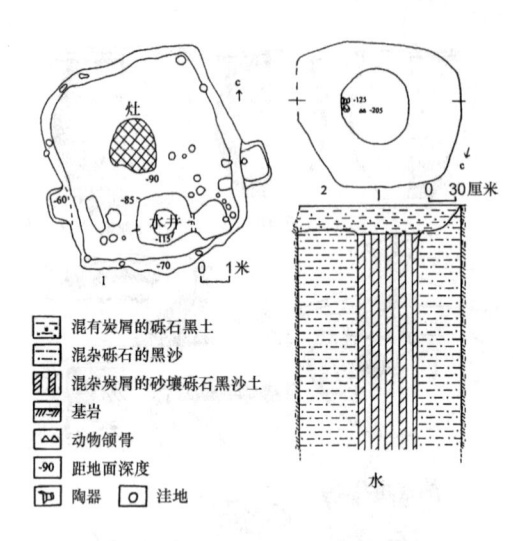

图例：
- 混有炭屑的砾石黑土
- 混杂砾石的黑沙
- 混杂炭屑的砂壤砾石黑沙土
- 基岩
- 动物颌骨
- -90 距地面深度
- 陶器 ○ 注地

图5-6　发掘后的霍尔古城房址及窖坑平面图

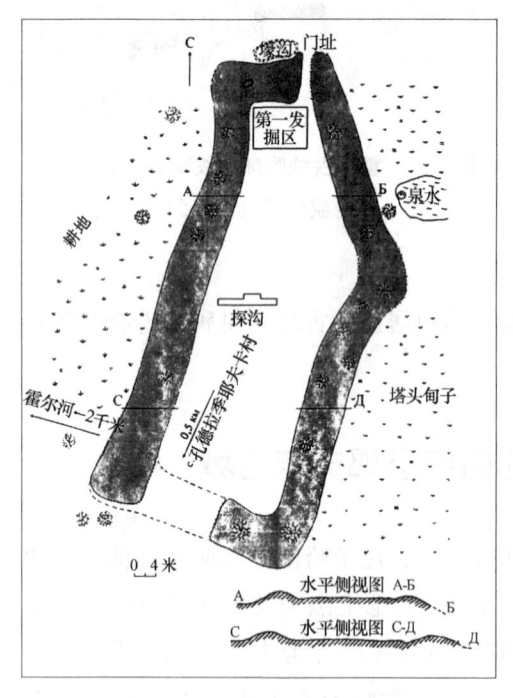

图5-7　孔德拉季耶夫卡古城地形图

古城位于该村落东北方向0.5千米处（图5-7）。这里的地形为河滩水泛地，部分区域被耕地所占，西与西北方向距离遗址约2千米处，流淌着霍尔河。古城在其左岸地区，存在不少半干涸的河流故道、江汊、溪流等不同蓄水景观。降水时水位迅速抬高，并常常变成一个连绵无际的蓄水池。在持续性季风降雨期，在霍尔河低洼河滩地，仅能看到一些不大的鬏岗。在其中一座河滩沼泽中的鬏岗上，高于河滩地1—2米处，坐落着笔者所描述的古城。令人好奇的是，古城修建于距离清澈的溪流源头3—4米处。古城所占据的鬏岗地表平整，溪流几乎恰好从北流向南部。在鬏岗的北部区域，溪流向南部流淌逐渐变宽。城墙自西和自东，沿着溪流走向而筑。古城平面呈五角外伸的形状，长90米，宽达到44米。公共广场面积约3600平方米。南城墙长度达到41.5米。遗址南半部形状几乎是规整的直角，其

· 96 ·

第五章 阿穆尔河（黑龙江）下游古城

对岸部分的形状则接近于梯形。古城北墙长度为 24 米，墙体存在豁口——宽约 2 米的门址。靠近门址城墙外有壕沟（8.3 米×3.7 米），挖掘壕沟的土壤堆筑了城墙。城墙高度高于鬃岗边缘水平面 1.5—2 米，墙基宽度为 6.6 米（古城北半部）—9.4 米（古城南半部）。

现代当地居民将古城内区域用作菜园。在考古学家工作期间，城内几乎所有区域种上了南瓜，这在不小程度上阻碍了对遗址的研究。探沟被布设在栽种植物之间。环绕古城的河滩地被丛生的杂草和稀疏的自然生长树木——柳林所覆盖。与山地有关的地理环境景观是鬃岗，最重要的是古城城墙所在的鬃岗，其上长满了树木类植物，它们即使不很茂密，但种类非常多样——蒙古橡树、黑桦、椴树、白蜡树。南墙被切断破坏了长约 15 米，这缘于之前当地村民为了穿过古城以种植菜园时消除障碍。东墙中心区域也存在类似情况。

1 号发掘地点（图 5-8）。位于紧靠古城北墙的区域，其形制为 10×6 平方米。发掘地层学内涵：第一层（上层）为混杂细碎砾石的草皮砂土，被植物根系穿透。最厚的土层位于发掘区东南角（达 40 厘米）。草皮土最薄的地层位于西北区域（6—9 厘米）。靠近北墙区域表

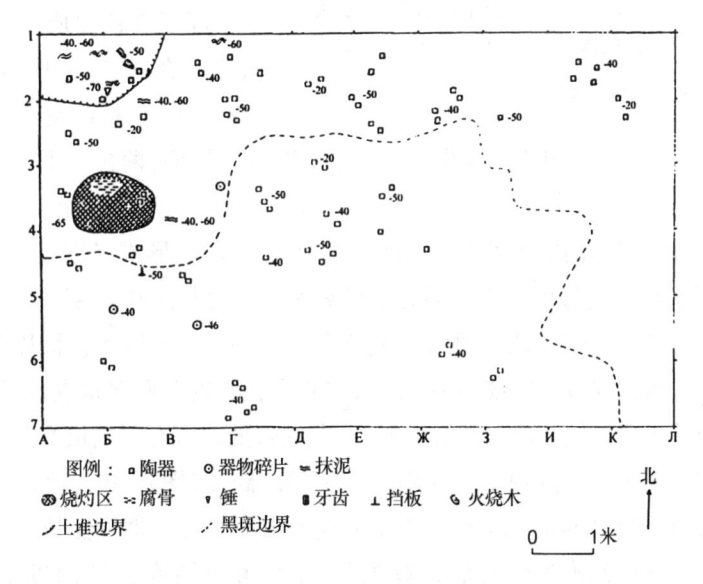

图 5-8　孔德拉季耶夫卡古城 1 号发掘点遗物出土地点图

▲ 俄罗斯阿穆尔河（黑龙江）左岸地区古城址研究

层的发掘未对耕地造成影响。古城南半部区域则显然已经被破坏了。

在草皮砂土层之下的几乎整个发掘区域的土层厚度为10—65厘米。该地层并不是作为第二层（在草皮之下），而仅是靠近发掘区北壁的第三层。在紧贴于草皮的下层是混杂砾石的砂质黏土层，这种土质与城墙的土质有关。除了指定区域，未在其他区域进行发掘。几乎整个发掘区域所在的陆上台地都是由混杂着砂壤的碎石或细碎砾石所组成。

在草皮砂土层（0.2米）发现了数量不多的遗物，即淡红色泥质陶的细小残片。在第二层中（深度0.21—0.4米）也出土了陶片：纹饰为手指压印纹，直沿，部分为折沿，在颈部有两排水平的压印痕（图5-9：1、3）。陶片出土于发掘区不同地点，它们基本上没有纹饰，一些陶片饰以单调的小坑状压印纹，由手指压印而形成（图5-9：2）。还发现了带有轮缘的接近陶器器底的残片以及红烧土块。

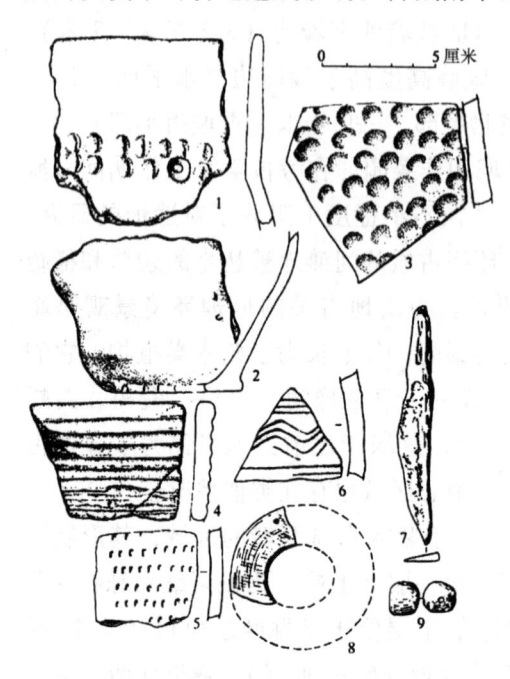

图5-9 孔德拉季耶夫卡古城发掘地点（1—3）和探沟（4—9）内出土文物
1—6陶器；7铁刀；8残玉环；9玉髓串珠

在深0.4—0.5米处发现了一批陶片，其中有一件陶片被饰以直角模压纹，其余被饰以指甲纹和平行线纹。除了在发掘区西北角发现的陶片，还分布着大量红烧土块（草拌泥），在其断口处残留有干枯植物茎秆的印痕。在发掘区西区发现了泥质陶器上半部的碎片（图5-10：1），陶片颜色为带有烟熏和炭渣的黑色。陶器看起来最有可能类似锡图拉（"锡图拉"为一种青铜筒形器皿，有的饰以华丽的图案，是西欧和中欧早期铁器时代哈尔希塔特文化和拉登文化的典型器物——译者注），带

· 98 ·

第五章 阿穆尔河（黑龙江）下游古城

有均匀的指甲印纹，并向口沿延伸逐渐加厚。陶器上半部被饰以指甲印纹，由五道平行的带状物刻划而成。在其下方，有堆塑的扁平状纹饰（中国学术界称"附加堆纹"——译者注），其上有倾斜的深刻划纹。在陶片上有钻孔——陶器修补的痕迹。距离陶器碎片不远处，埋藏着一件压碎的泥质陶器的下部（图 5-10：2）。陶器表面被浅雕刻的方形和直角压印纹（方格凹形花纹）所覆盖。在这一发掘区域西壁，还出土了带有器底边缘、饰以指甲印纹的陶器下半部残片（图 5-10：3）。

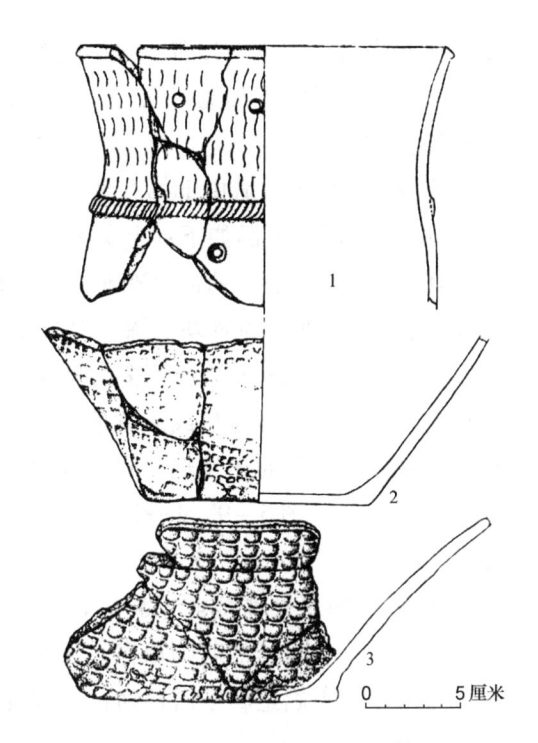

图 5-10　孔德拉季耶夫卡古城 1 号发掘点出土陶器

在距发掘区西壁不远，深 0.76 米处，发现了平面呈椭圆形、规格为 1.3×0.9 米的被烧红的烧土层区（土斑），其中发现了含有骨渣的腐物，以及一些红烧土块和细碎陶片。在发掘区西北角清理了一批遗物，其中有大量红烧土块、陶片、煤和两个巨大的干枯木块（火烧木）。在草拌泥稍深处，还出土了石质打制工具，这显然是一个由大块粉砂岩砾石加工而成的楔形锤。在其两端台面，有明显的撞击痕迹，石器侧面同时也受到了加工撞击。

在清理大量碎片时，发现了 28 处灰坑，主要分布在发掘区中央和东南区。在其西北角则鲜有发现，在西南角则完全没有发现。在灰坑的分布区中，灰坑自西北向东南呈带状延伸。绝大多数灰坑平面呈圆形，直径 11—48 厘米，深 8—22 厘米。也有椭圆形、方形和不规则形的灰坑。在两处灰坑的填土中出土了猪牙，在其余一些灰坑中也

· 99 ·

出土了一些细小陶片。分布于发掘区东壁旁、灰坑主体区域不远处的两处灰坑，要远大于其他灰坑。在这两处灰坑中出土了数量不多的陶器残片。

探沟。布设于古城中部第一发掘地点以南29米处（长11米，宽1—2米）。地层学内涵如下：上层——厚度为20—51厘米的砂质耕土层。其下方是相对疏松的褐色砂壤土层（20—54厘米）。更深处埋藏着大陆中晶莹的砂壤与细沙块。探坑中的文化层一般厚度略大于1米。

出土文物概况——为数不多的陶片。陶器在制作工艺和纹饰上是单调的：线条纹，红褐色或灰黄色。陶片上的纹饰为模印小坑或波浪形和水平线条。同时还发现了附加堆纹口沿残片，显然它们来自圆形器身的器物（见图5-9：4—6）。还发现了一件白玉质地的戒指（见图5-9：8）。

在深70厘米处埋藏着半焚烧状态的动物牙齿碎片。在探沟西部区域发现了含有骨渣的腐物遗存。含有骨渣的腐物与为数不多的半焚烧的骨渣——不确定属于何种动物，被发现于探沟这一区域的其他地点较深处。

令人感兴趣的是，这批遗物显露于探坑中央深109—114厘米处。这一区域直径约40厘米，在彼此相对接近的位置有一粒圆形的玉髓珠、一把铁刀（见图5-9：7、9），以及残损的石质工具，显然这应是加工石器的工具。这里还发现了一些素面碎陶片。考虑到器物的密集分布，含骨骼腐物、骨渣、烧灼残留物以及砂壤层中出土遗物的数量不多的灰坑，彼此相距1—1.2米，我们推测探沟中心区域可能存在墓葬遗迹。

古城的用途很有可能是作为要塞或遇危险情况时，居住于肥沃河滩地居民的避难所。极厚的文化堆积证明了遗址使用了相当长的时间。即使在遗址有限的发掘区域中未能发现半地下式定居房址的遗存，但可以肯定地说，在要塞的边界显然一定会存在用于居住的地面建筑。发现于发掘区的大量柱洞也证明了这一点。一些地表坑平面呈方形或长方形。建筑物原为木质骨柱和涂抹的草拌泥建成。如此，大量带有植物印痕的火烧土、特别是在1号发掘区西北角发现的大量涂

第五章　阿穆尔河（黑龙江）下游古城

泥碎块，证明了黏土被用于建筑学之中。这里还埋藏着烧灼的木头、煤、陶器、石器制品，发现了大量灰烬。在这些大量遗存旁发现了柱洞，显然，这里存在着毁于火灾的木质建筑。根据体量最大的两个地表坑推测，他们可能用于生产或经济活动。

很难判断发现于古城探沟内、推测为墓葬的遗迹的保存状况。出土于墓葬和1号发掘区的物质遗存（最重要的是陶器）属于波尔采文化。这意味着墓葬出现于古城使用时期或稍晚，用于埋葬古城的居民。

陶器是确定遗址文化属性的基本器物。众所周知，波尔采1号和2号村落发掘区出土的带有水平浮雕的陶器口沿，与孔德拉季耶夫卡遗物相似。① 波浪状纹饰表现了波尔采1号村落、阿穆尔疗养院、鱼湖、黄陡崖村陶器的特征。② 对于它们而言，典型遗物是带有模压小坑刻划纹的陶器。通常上述遗址及其他大量波尔采文化村落遗址的陶器，特别是卡奇卡沃茨卡③，以及克德罗沃（见图5-13：2-10）④，是为波尔采文化断代的样本。带有方格图案纹饰的陶器被发现于卡奇卡沃茨卡、阿穆尔疗养院、波尔采2号村落、克德罗沃古城以及其他一些波尔采文化遗址。根据出土于孔德拉季耶夫卡古城陶器的特征，表现出波尔采文化早期阶段（黄陡崖村、卡奇卡沃茨卡、阿穆尔疗养院）和相对晚期阶段（波尔采1号村落）的特点，推测古城修筑时间相对较早（不晚于公元前3世纪），并延续了很长一段时间（很有可能有过中断）。

孔德拉季耶夫卡古城的研究，是目前已熟知的相似类型的波尔采文化遗存中，第一座进行发掘的古城。它展示了其居民已能够成功运

---

① А. П. 奥克拉德尼科夫、А. П. 杰列维扬科：《库克罗沃村早期铁器时代村落——远东田野调查研究材料》，新西伯利亚，1970年，第1分册，第25页；А. П. 杰列维扬科：《阿穆尔河沿岸地区（公元前1千纪）》，新西伯利亚：科学出版社1976年版，表52。

② А. П. 奥克拉德尼科夫、А. П. 杰列维扬科：《库克罗沃村早期铁器时代村落——远东田野调查研究材料》，新西伯利亚，1970年，第1分册，第268、271、294页。

③ А. П. 杰列维扬科：《阿穆尔河沿岸地区（公元前1千纪）》，新西伯利亚：科学出版社1976年版，表57。

④ В. Е. 麦德维杰夫：《克德罗沃村古城及与乌苏里江沿岸地区波尔采文化若干相关问题》，《从蒙古到滨海地区和萨哈林（库页岛）》，符拉迪沃斯托克（海参崴）：远东联邦大学出版社2009年版。

用自然地形特征（邻近水源的小丘地）建造城址。

第四节 克德罗沃古城

该古城于1984年由B. E. 麦德维杰夫发现并进行了初步调查。1988年，由B. E. 麦德维杰夫率领的俄罗斯科学院西伯利亚分院考古与民族学研究所考古学家团队绘制了地形图，进行了发掘，并布设了探方。但之后工作没有继续下去。

古城位于乌苏里江右岸，在哈巴罗夫斯克（伯力）边疆区维亚结姆市政区克德罗沃村上游300米处。古城所在的河岸并不高，高于水面4—5米之间。河岸台地地表平坦，台地从村落外缘延伸400—450米，其边缘是从乌苏里江分离出的阿尔利哈江湾。河岸台地通向江湾要冲地带地势降低，紧挨于它的区域则成为被淹没的洼地。距台地边缘40—70米处，亦有一条通向低洼河滩地的明显通道。台地高于阿尔利哈江湾河滩地1.5—1.7米，某些地方高2米。古城建筑在距离江湾20—30米处的山地区域（图5-11）。

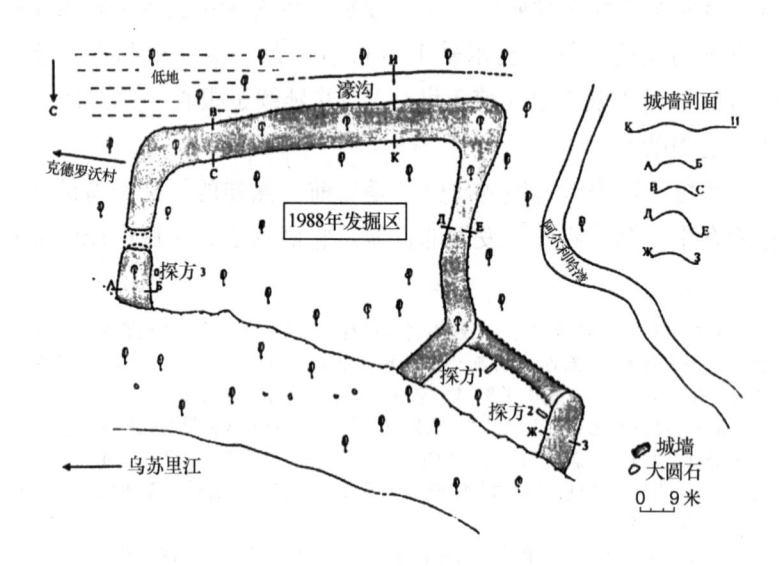

图5-11 克德罗沃古城地形图

第五章　阿穆尔河（黑龙江）下游古城

　　古城部分区域已毁于河水。可以推测，沿着台地边缘曾有长约80—85米的城墙，也已遗迹难辨。古城原本的规模，包括河岸城墙的情况均已无法确定。古城平面形状呈近似长方形。南墙和一部分东墙直接沿台地边缘堆筑。该段城墙（含台地高度）高于阿尔利哈河滩达2.5—3米。河流与台地边缘之间的河岸分布着砂粒和巨大的玄武岩岩块或大圆石。这些石砾可能来自被淹没的城墙，因为它们显露在断面上，在墙基大量存在。由此可见，城墙应是土石混筑。

　　南墙是古城最长的一段墙体，在偏离东西轴线约99米处延伸。墙基宽10—13.5米。高于古城地表1.5米。城墙附近的较大区域内存在宽度6—7米的濠沟。从南墙沿着河流走向延伸至东墙和西墙。

　　东墙长48.5米，宽7.5—9.3米。距台地边缘16.5米处城墙上有一城门豁口，宽约4.5米。城墙高于内城遗址区地表1—1.2米，高于城外区域地表达3米。西墙自南墙边缘的走向与东墙平行并有所弯曲。城墙总长度约86米，各处城墙高度基本一致（高于古城内地表0.6—0.68米），宽度为6—7.5米。

　　距西墙北端27米处还分布着一段城墙。它的走向与西墙平行，二者相距19.5米。在古城西墙与"附属墙"之间，沿台地边缘存在堆筑城墙，已难以辨别。

　　关于"附属墙"的用途，存在多种说法。第一种说法，墙体用于作为古城西北方向的第一道防御设施。的确，河湾位于其不远处，它正可作为古城堡垒要冲的优良的天然屏障。第二种说法，古城用于环绕进行生产活动的广场，比如作为牲畜围栏。第三种说法，也是最有可能的一种说法，"附属墙"最初与西墙东北段合围为一个小城，后经过多次扩大。

　　古城沿河岸台地，包括第二道西部最早期城墙的总长度为130米。古城边界地表平坦，距南墙不远处仅有2—3个不规则形的地表坑。该地表坑可能是自然形成，或因修建城墙取土后留下的遗迹。

　　古城内曾布设1—3个探方。1号发掘区面积60平方米。根据发

▲ 俄罗斯阿穆尔河（黑龙江）左岸地区古城址研究

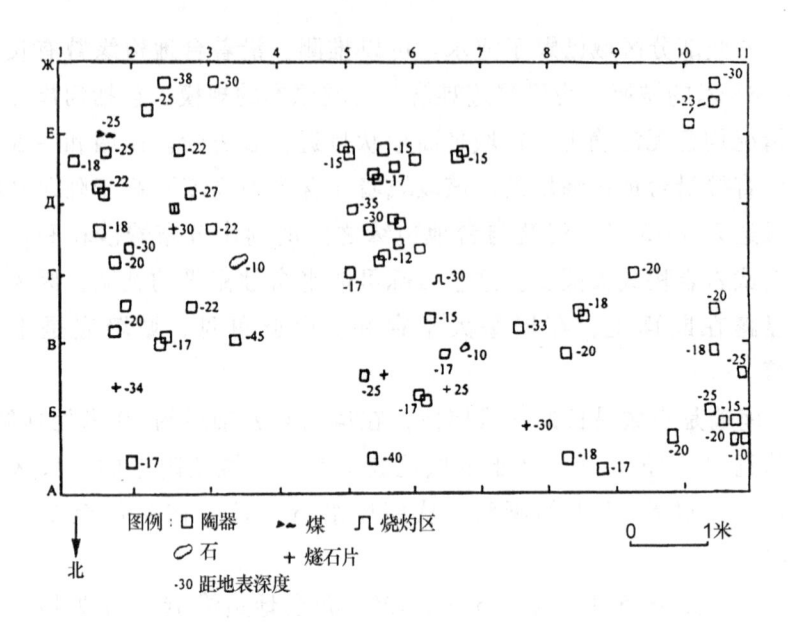

图 5-12 克德罗沃古城 1 号发掘点遗物出土地点图

掘，可知遗址仅有一个文化层，没有晚期的破坏和再堆积。文化层的厚度不超过 57 厘米（图 5-12）。所发现的人工制品埋藏在距离现代地表深 0.1—0.4 米处：约 70 枚泥质陶片、硅质钻凿器（图 5-13：1）和一些燧石片。还发现了一些细碎的煤粒。陶器呈红褐色，质地十分疏松，夹砂。陶器饰有用手指捏塑的带有凹痕的扁平水平的纹饰，以及方格凹形装饰（图 5-13：2—10）。

在古城发掘区和探沟内，没有发现任何柱洞或其他结构形态的建筑或人工地表坑。不过，这不能作为居民没有在古城中生活的可靠证据：发掘面积占其中不大的一部分，为推测建筑遗址边界所在奠定了基础。同样不能排除的是一点，古城的建造者能够暂时居住在毡帐或者窝棚一类的地上房屋中。

在我们所关注的遗物中，完全没有发现金属类制品或含金属残片。石器也出土极少，但毕竟有所发现。因为最主要的是，带有方格凹形、手指压印和捏塑凹痕纹饰的陶器是更加准确的唯一的实物依据，因此金属制品的缺失没有为古城文化属性的确定带来困难。相似

第五章　阿穆尔河（黑龙江）下游古城

的陶器，特别是"方格凹形"陶器，在阿穆尔疗养院①等大量波尔采文化的遗址中均有出土。遗址属于该文化早期阶段②，但并不属于最早的。根据后来的研究，这些遗址属于波尔采文化第二阶段，即公元前4—前3世纪。③值得注意的是，在来自黄陡崖村和阿穆尔疗养院的陶器黏土检测中的矿物质，沙子占有很高比重，因此这些遗址的陶器接近于克德罗沃古城的陶器。

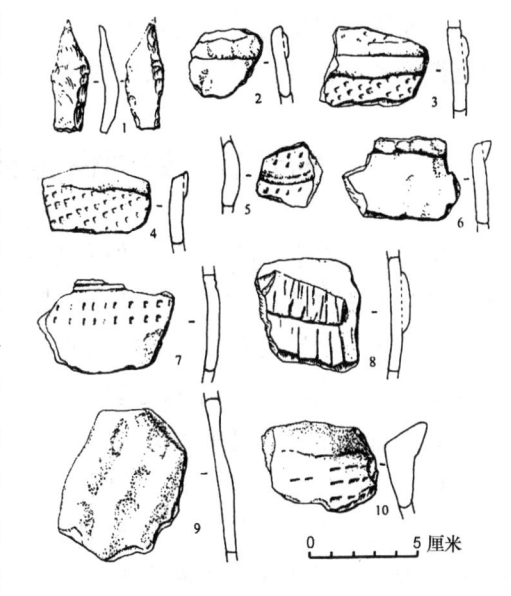

图5-13　克德罗沃古城1号发掘点出土的硅石钻凿器（1）和陶片（2—10）

出土于黄陡崖、阿穆尔疗养院发掘区的铁制品数量多于克德罗沃村古城，在克德罗沃是零星发现。实际上所有出土于指定区域的器物都由石头加工。对波尔采文化的研究表明，居民离开居址时带走了所有或绝大多数金属制品。尽管对早期铁器时代这一时期的研究还在继续，但金属制品始终未有发现，否则波尔采人不会制造大量的石制武器和劳动工具。仅有的一个例外，即波尔采1号村落，很明显是缘于一场大火，此种情形下人们未能带走大量包括铁器在内的生活必需品。甚至在距离早期波尔采遗址不远处的房址中也发现了为数不少的不同的石制工具。④

---

① А. П. 奥克拉德尼科夫：《哈巴罗夫斯克（伯力）地区的考古发掘》，《远东地理学问题》（第6分册），哈巴罗夫斯克（伯力），1963年，第274—276页。
② А. П. 杰列维扬科：《阿穆尔河沿岸地区（公元前1千纪）》，新西伯利亚：科学出版社1976年版，第161页。
③ 洪亨雨：《东亚早期铁器时代村落陶器传统（公元前5世纪—4世纪）》，《新西伯利亚国立大学学报》（历史与语文学版），2008年，第6卷第3册：考古学与民族学，第158页。
④ А. П. 杰列维扬科：《阿穆尔河沿岸地区（公元前1千纪）》，新西伯利亚：科学出版社1976年版，第314页、图36：2—15、20、22、23、图41：5—18、22—44。

俄罗斯阿穆尔河（黑龙江）左岸地区古城址研究

克德罗沃古城的保存现状令人满意，考虑到被乌苏里江冲毁的部分逐渐增加，古城保存程度较好的评估则需要重新审视。

第五节　谢列梅捷沃1号古城

2010年，俄罗斯科学院西伯利亚分院考古学民族学研究所阿穆尔—乌苏里考古队（除了领队B. E. 麦德维杰夫，还有O. C. 麦德维杰夫、B. A. 克拉明采夫、A. B. 马里扬文、B. H. 胡金）对古城进行了初步研究。古城坐落在乌苏里江右岸，谢列梅捷沃村下游3千米处。曾经对其绘制了平面图，布设了探沟。19世纪末，该遗址第一次出现在出版物中，当时H. 阿利夫坦调查了如今已众所周知的谢列梅捷沃岩画，绘制了若干幅草图，同时也绘制了位于乌苏里江右岸山崖上、带有岩画的几乎整座古城的略图。[1] 20世纪中叶，A. П. 奥克拉德尼科夫在工作中对第二处谢列梅捷沃岩画点予以了命名。[2] 在过往的百余年前第一次对古城进行了记录之后，研究并没有继续下去。因遗址位于国界附近，非法盗挖者难以直接到达，未能留下痕迹。因此，古城仍处于未被扰动的状态。

古城呈Π形，城墙自东南向西北（该部分受到了一些破坏）延伸，陡崖边缘没有城墙（图5-14）。古城有外城墙和内城墙。外城西南墙长度为57米，与其平行的东北墙长64米。连接二者的东南墙长50米。内城墙或内城在很大程度上是以缩小版的形式复制了外城形制。内城墙最长（东北墙）有50米，平行的西南墙长37米，筑城结构（东南墙）的宽度为38米。断崖边缘地表的城墙西北端未予以调查，可能该处城墙已无存或最初就未修筑。

由此可见，外城的整个形制为长64米，宽56米（东南墙）和70米（古城西北方向，没有城墙）。内城规模为50米×38米（东南

---

[1] H. 阿利夫坦：《关于乌苏里江和比金河流域岩画的简讯》，《俄罗斯地理学会阿穆尔分部科学章程》，哈巴罗夫斯克（伯力），1895年，第2卷。

[2] A. П. 奥克拉德尼科夫：《阿穆尔河下游岩画》，列宁格勒：科学出版社1971年版，第5—6页、表2。

墙）—43米（西北部建筑）。包含内城在内的整座古城面积大约3800平方米。城墙基缘宽4—6米，高1.3米。从古城东南方向在内城和外城城墙上有宽2—2.5米的城门。

古城内发现了16处不深的塌陷，但是完全不同。为圆角方形和长方形、规模在4米×6米、5米×5米到8米×7米之间的最有可能是房址的地坑。其中9处沿着东南外城墙分布成两列，其余则沿着内城三段城墙分布。在内城区域城门外，没有此种地表坑的分布。

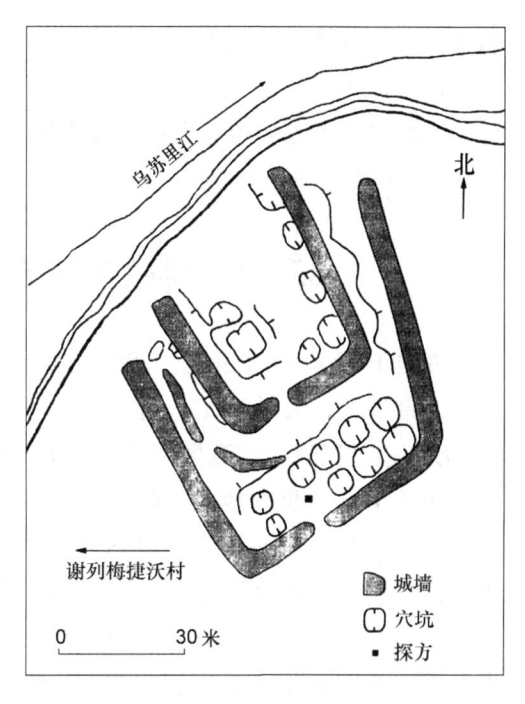

图5-14 乌苏里江流域谢列梅捷沃村1号古城平面图

在古城外城墙城门外区域布设的探沟（1米×1米）深0.75米，发现了约30枚大部分为轮制陶器的碎陶片。表层光滑，黄色和黑棕色，有灰色黏土光泽。陶片大部分厚度为0.4—0.6厘米，并发现了厚器壁的样本（不超过0.2厘米）。口沿要么沿着外缘变厚，要么明显向外翻折。一般来说，陶器材料相当于渤海晚期到女真早期的阿穆尔—滨海地区黏土制品。它们属于10世纪。还发现了火烧黏土涂料的碎块和一些新石器时代的粉砂岩和玉髓石片。

关于古城筑城体系以及外城和内城修建于同一时期还是不同时期的可能性，能够在经过进一步研究之后作出判断。目前，关于这一问题有两种可能的解决推论：其一，在"主要的"或大的古城区域存在"小型"古城或内城；其二，最初使用的是"小型"古城，但随着时间推移（以一种文化和集体的形式），它得以扩大。较为有道理的第二种说法，在某种程度上能够解释在西南墙之间延伸的类似城墙的高台，即可能是古城扩建后的遗迹（这一高台在 H. 阿利夫坦平面图中也有标注）。

古城中密集地分布着半地下式房址，其可能扩大的面积证明了居民在古城生活了很长时间。

第六节　瓦西里耶夫卡 3 号古城

古城于 2000 年被发现。2001 年，考古工作者们在 B. A. 克拉明采夫的带领下，又对该城进行了局部研究。古城位于哈巴罗夫斯克（伯力）边疆区比金市政区瓦西里耶夫卡东南 4—5 千米处，坐落在一处鬃岗类型的岬角台地上，岬角三面被比金河支流故道所环绕（图 5-15）。岬角上的一片明显的区域分布着地表坑，为波尔采文化村落。古城靠近村落西部边缘，临近支流河岸，占据着台地上不大的丘岗。古城平面呈圆角长方形，规模为 37 米×32 米，面积 1200 平方米。内城防御区很小，面积仅有约 250 平方米。砂土混筑的城墙高 0.6—0.8 米，宽 2.6—6 米，在古城北墙和南墙有宽 2 米的城门豁口。在古城南部和东南方向分布着"附属墙"，宽 2.5 米，呈半圆状，位于其间的壕沟深 1 米。壕沟填土被部分刨出，转而向"附属墙"方向的村落延伸。

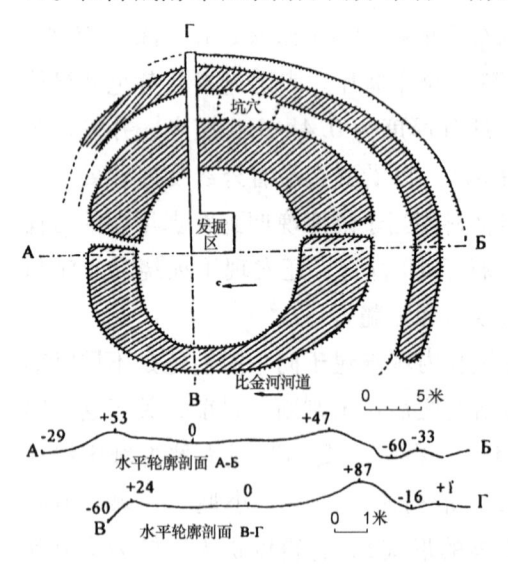

在布设的发掘区和探沟中，发现了带有不同模压纹、手指和指甲压印纹、刻划纹、带有凸起的附加堆纹的波尔采文化陶器。在古城中未发现建筑居址遗迹。显然，其本身就是一个当地村落居民所使用的隐蔽处或警卫所。研究所得出的结论与古城和村落资料完全一致。

图 5-15　瓦西里耶夫卡 3 号古城平面图

第五章　阿穆尔河（黑龙江）下游古城

随着对古城与村落进行放射性测年，因种种原因，其年代差异十分明显（相当于公元前4世纪至公元3—4世纪），暂时还无法对此作出解释。① 古城保存较好。

第七节　瓦西里耶夫卡古城

1887年，И. П. 纳达洛娃在出版物中第一次提及该古城。1959年，来自新西伯利亚的考古学家在 А. П. 奥克拉德尼科夫的带领下对古城进行了调查，并布设了探方。2000年，哈巴罗夫斯克（伯力）的考古学家对古城进行了第三次发掘工作。

古城位于比金河右岸，瓦西里耶夫卡村东南3.5千米处一座40—50米高的小山岗上。这座漫圆的近方形古城规模为185米×185米，面积超过3.4万平方米，城内面积约10400平方米。土石混筑的主墙宽15米，高3—3.5米。东北和西北方向的筑城建筑，转而向浅沟延伸，并被两道平行的"附属墙"（图5-16）所围护。两道城垣（墙体）上分别有城门豁口。在古城地势最高处修建了两道不大的城墙，呈半弧状，邻近主墙。

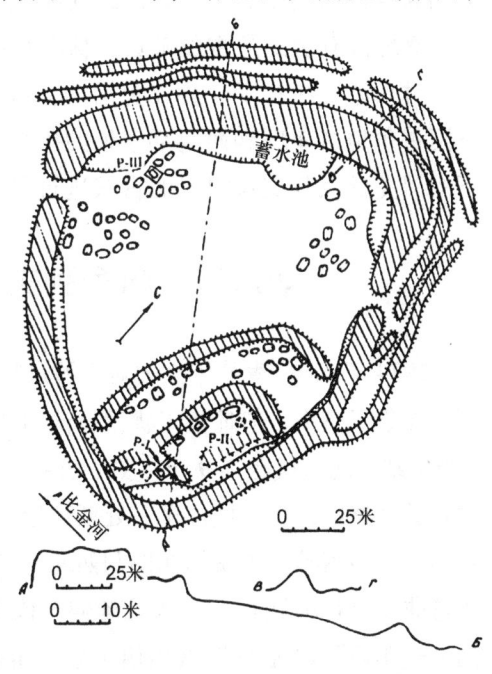

图5-16　瓦西里耶夫卡古城平面图

在发掘过程中发现了波尔采文化的陶器，其中包括带有明显折沿

---

① В. А. 克拉明采夫：《瓦西里耶夫卡3号村落与古城——哈巴罗夫斯克（伯力）边疆区比金区波尔采文化的新发现》，《俄罗斯与中国在远东地区接壤》（第3辑），布拉戈维申斯克（海兰泡）：阿穆尔国立大学出版社2002年版，第89页。

· 109 ·

的圆形陶器的大块碎片,这种陶器是杯碗状的筒形和器盖这种类型的陶器。在半地下房址中发现了阿穆尔女真文化中带有几何压花纹的轮制磨光陶器。取样于灶坑中的放射性碳的分析,表明其年代为 775 ± 45 年前(西伯利亚分院 – 4357)。古城还有两个年代值:1120 ± 85 年前(西伯利亚分院 – 4358)和 1920 ± 40 年前(西伯利亚分院 – 4359)。据此推测,最初是波尔采文化居民在山岗上修建了城墙。之后,在女真金朝的最后阶段修建了城池。[①] 但不能排除金代东夏国(1215—1233)时期修建了该城的可能性。关于古城文化年代学定位的判断推论的基础,与上述之绝对年代一致。

遗址没有受到严重的破坏,保存程度较好。

对乌苏里江右岸(含比金河等支流)古城特征的认识,仅限于对下阿穆尔地区南部和西南部遗址的研究。建议对分布于乌苏里江口以下的黑龙江及其支流河岸的古城进行研究。

第八节　科舍列夫—亚梅古城

1974 年 B. E. 麦德维杰夫对古城进行了首次调查,当时绘制了地形图并采集了遗物。遗址位于犹太自治州斯米达维卡市政区瓦拉切耶夫卡 1 号车站东北直线距离 9 千米处、瓦拉切耶夫卡号 2 车站至阿穆尔河畔共青城铁路以西。古城位于一处低洼地势中的鬃岗小型高地之上,洼地在雨后变为沼泽。古城的北部和西北部紧挨鬃岗边缘的陡崖,转而向距离弯曲支汊状水域 6—12 米处延伸,该水域即当地居民所称之"科舍列夫—亚梅"("亚梅"在俄语中意为洼地——译者注),遗址因之而得名。洼地最有可能是通古斯卡河右岸以前的支流故道。遗址西部和西南部数百米处是哈塔塔加湖(图 5 – 17)。

古城平面形状与其所在之台地的规模和轮廓一致。它从西南向东北呈半弧状延伸 90 米,这一长墙外凸的方向主要是朝向东南,部分

[①] B. A. 克拉明采夫:《瓦西里耶夫卡古城》,《远东与中亚的考古学与文化人类学》,符拉迪沃斯托克(海参崴):俄罗斯科学院远东分院,2002 年,第 130—139 页。

第五章　阿穆尔河（黑龙江）下游古城

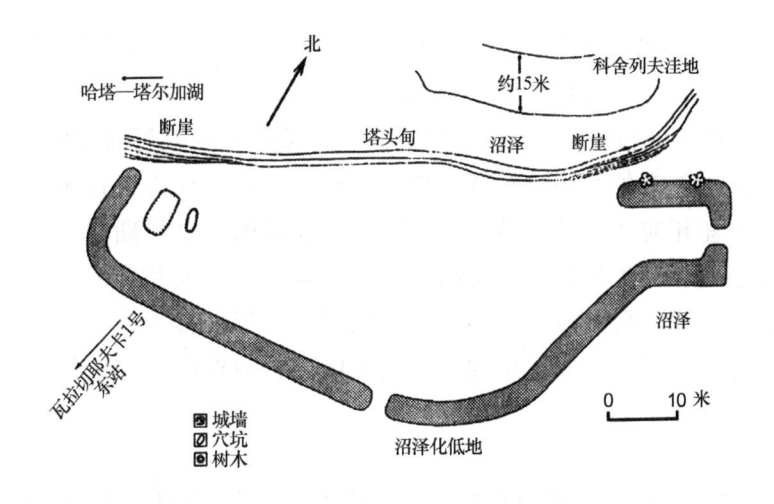

图 5-17　科舍列夫—亚梅古城平面图

朝向南部。从该墙体的尽端，横向短墙（长 14 米）呈直角转而向陡崖方向延伸。在古城东北端还有一道附属墙，部分墙体沿台地陡崖边缘修建。如是，该段筑城建筑东北残垣的形状与字母"П"相似。在该古城最窄的东北区域的城墙上有宽约 3 米的城门豁口。另一处相同规模的城门位于要塞东南部——长墙的中心。在转向科舍列夫洼地的方向则没有城墙。这里有陡峭的天然断崖防护古城边界。古城总规模为 90 米×33 米。

城墙质地为砂壤和砂土，在生长低矮植物的地方，墙土下滑并被草皮覆盖。墙基宽度大约 4 米，高于鬏岗地表达到 1.5 米，高于洼地沼泽地面超过 3 米。

在古城西部边缘距离城墙不远处，发现了两处较浅的轮廓不清的地表坑，第一处地表坑形态与带有近似圆角的房址地表坑相似，这种房址规格为 5.5 米×3.7 米；第二处地表坑为椭圆形，规格为 3.6 米×1.8 米。它们从南向北延伸很长一段距离。古城其他区域地表相当平坦，没有任何建筑遗存。距离地表坑不远处，在被破坏的草皮层中发现了铁片——马具零件和残片，残片与带有三个扣环和两个提梁的锅的底部有相似性。这些铁制品由特定材质加工，这些材料被发现于比拉河和伊恩河流域中世纪女真封土土圹墓中（纳杰日金斯科耶和奥利

· 111 ·

加公墓)。晚期遗存初步断代古城为 10—11 世纪。在古城区域内从事何种生产和耕作尚不确定,古城保存良好。

目前所知位于犹太自治州边界的女真时期古城暂时仅有一座,除了初步调查外,还没有开展进一步研究。这一代表性古城在资料中是一座相对较小的古城,作为当今所发现的女真早期国家及女真人近亲的相似类型遗址的实物代表,也成为女真人特别偏好于将古城修筑在有大量水域、主要是河流的低洼地形的证据之一。对此还有一点,证明了文献记载的中世纪早期及繁荣期阿穆尔民族中沿河居民的存在。[①]

第九节　别斯恰诺耶 1 号古城(伊恩河古城)

古城最早于 1970 年由 В. Е. 麦德维杰夫进行了最初调查。1997 年,В. А. 克拉明采夫对古城进行了勘察工作。

古城遗址位于伊恩河河口区右岸、犹太自治州斯密多维奇市政区别斯恰诺耶村北 3.5 千米处。伊恩河注入乌尔米河,在其下游与库尔河汇合,并形成了通古斯卡河,最终汇入阿穆尔下游水系。

古城修筑于山地之上,三个方向被壕沟和土筑城垣所围,其北面被伊恩河支流所防护。遗址区域发现了大约 40 处明显的圆形房址地表坑。距古城不远处发现了三处封土墓群,共计 33 座墓冢。

古城属于公元 2 千年纪初的女真文化。通过长期研究,能够获得对其最详细的认识。

第十节　锡卡奇—阿梁古城

1972 年,符拉迪沃斯托克(海参崴)的考古学家们在 Э. В. 沙弗库诺夫的领导下对古城进行了发掘。古城位于阿穆尔河支流马雷舍沃河右岸

---

① В. Е. 麦德维杰夫:《通古斯卡河与乌苏里江流域的古城》,《西伯利亚及相邻地区的考古学、民族学、人类学问题:2011 年俄罗斯科学院西伯利亚分院历史学考古学民族学研究所总结大会材料》,新西伯利亚,2012 年,第 18 卷,第 216—220 页。

第五章　阿穆尔河（黑龙江）下游古城

一处陡峭的岬角顶部，加夏陡岸西南 250 米、哈巴罗夫斯克（伯力）边疆区哈巴罗夫斯克市政区锡卡奇—阿梁村以西 1.1 千米处。陡峭的河岸岬角通过地峡与高台地相连。地峡被三重高达 2 米的防御城墙和壕沟相隔。城墙沿岬角边缘修筑，高 0.5 米。古城规模为 30 米×13 米。古城内发现四处房址地表坑，还有一处分布于古城边缘外。编号为 1 号房址发掘区（古城内）和 2 号房址发掘区（古城边缘外）。1 号房址推测为长方形，入口位于其东南，其上方覆盖着厚厚的微白色土壤层。已触碰到生土层。在房址两端还有 П 形的炕（图 5–18）。

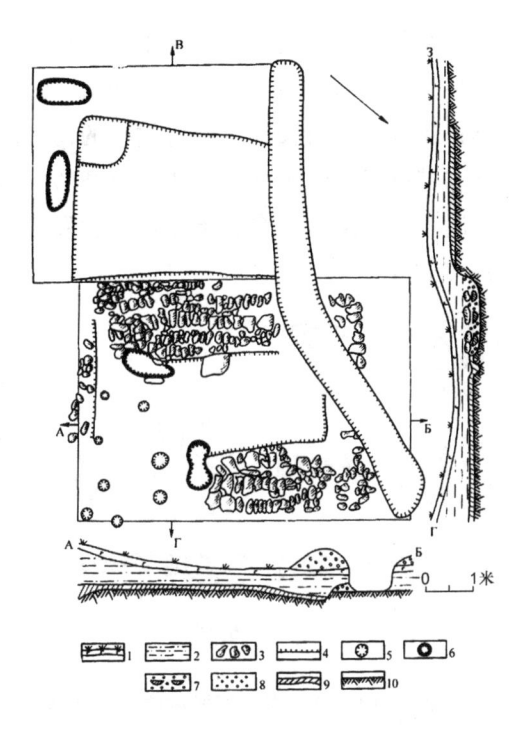

图 5–18　锡卡奇—阿梁古城 1 号房址平面图[①]

1 腐殖质；2 灰黄色砂；3 石碓；4 横沟与基坑边缘；5 柱洞；6 基坑边缘；7 炕台；8 横沟端头；9 浅灰色黏土层；10 基岩

通过考古发掘获得了大量材料——绝大多数是陶片，被 О. В. 季亚科娃和 Э. В. 沙弗库诺夫分为 4 部分。文化族属反映在占陶器总数三分之一的陶器群中。第一组和第二组陶器群属于早期铁器时代——波尔采文化（关于第一组陶器，在乌里尔文化遗址也有发现）。在第二组陶器中，要特别注意带有水平堆塑纹（"附加堆纹"——译者注）和从其上部外伸形态的陶器。第三组陶器则是花瓶状和桶状陶器（中国学术界习称"靺鞨罐"——译者注），属于"典型靺鞨"文化。

---

① О. В. 季亚科娃、Э. В. 沙弗库诺夫：《下阿穆尔铁器时代遗存的新发现——锡卡奇—阿梁古城》，《苏维埃考古学》1975 年第 3 期。

· 113 ·

俄罗斯阿穆尔河（黑龙江）左岸地区古城址研究

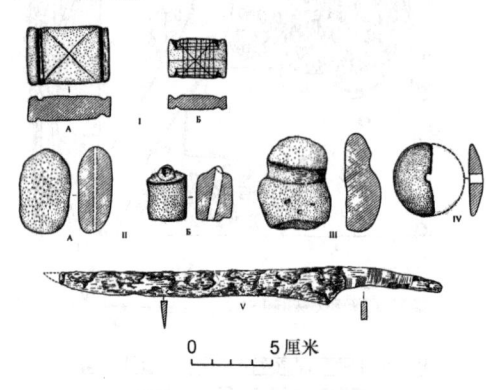

在其他中世纪早期遗存中，发现了两种类型的陶质渔猎网坠——一种是在表面带有沟槽和凹槽的扁砖形网坠，这种凹槽用于固定渔具；还有一种沿长轴线带有钻孔的筒形网坠。还发现了铁刀，与刀柄上方带有折边的工具类型相似（图 5-19）。古城的研究者认为发掘区属于靺鞨文化。在关于该遗址所发表的论著中，认为其年代框架为 5—8 世纪。

该古城年代最有可能属于 7—8 世纪。特别是长方形陶质和筒形网坠并不是靺鞨文化的特征，而多见于女真材料中，见于科尔萨科沃墓地。[①] 发表于刊物的具有代表性的附加堆纹陶器，研究者认为属于波尔采文化，它们也许也能被解释为早期女真文化。相似类型的文化还被发现于科尔萨科沃墓地以及卡梅努什卡墓地。[②] 发掘的锡卡奇—阿梁房址中发现了炕，它们显然不是靺鞨房址的特征[③]，而是女真房址中的必备元素。

图 5-19 锡卡奇—阿梁古城出土遗物
Ⅰ-А-Б-长方形黏土网坠；Ⅱ-А-Б-筒形黏土网坠；Ⅲ-残黏土网坠；Ⅳ-纺轮；Ⅴ-刀

总之，锡卡奇—阿梁古城属于女真文化形成初期（第一个阶段）的断代将愈加准确。

目前对古城仅仅是开展了部分研究。因为发掘尚未批准，因此关于古城的讨论还很难让人乐观。

---

① В. Е. 麦德维杰夫：《乌苏里岛的中世纪遗存》，新西伯利亚：科学出版社 1982 年版，表 51、62。

② В. Е. 麦德维杰夫：《乌苏里岛的中世纪遗存》，新西伯利亚：科学出版社 1982 年版，表 3。

③ Е. И. 杰列维扬科：《火炕房址的历史》，《西伯利亚南部与远东考古学》，新西伯利亚：科学出版社 1984 年版。

第五章　阿穆尔河（黑龙江）下游古城

第十一节　扎里古城

古城于1946年被哈巴罗夫斯克（伯力）历史学家Н. И. 利亚巴维发现。它被错误地以 Е. П. 哈巴罗夫的城镇命名，仿佛古城是17世纪中叶俄罗斯哥萨克军队所建。1968年，А. П. 奥克拉德尼科夫和 В. Е. 麦德维杰夫在遗址采集了遗物（陶片、带有向下锯齿的长方形青铜镂空腰带饰牌），绘制了简明地形图。古城被确认为女真古城。[①]从1977年到1985年（其间有中断），来自新西伯利亚的以 В. Е. 麦德维杰夫为领队的阿穆尔—乌苏里考古队对遗址进行了发掘。在古城的不同地点布设了八处发掘点和两处探沟，工作面积大约1000平方米。

古城因扎里村而得名，紧邻于哈巴罗夫斯克（伯力）边疆区那乃市政区行政中心特洛伊茨科耶村，位于村镇西界的阿穆尔河右岸多石的岬角上，古城东部和西部（河流流向一致）被冲沟所隔。古城占据着岬角的北坡，伸向其最边缘处，止于阿穆尔河陡岸（图5-20）。

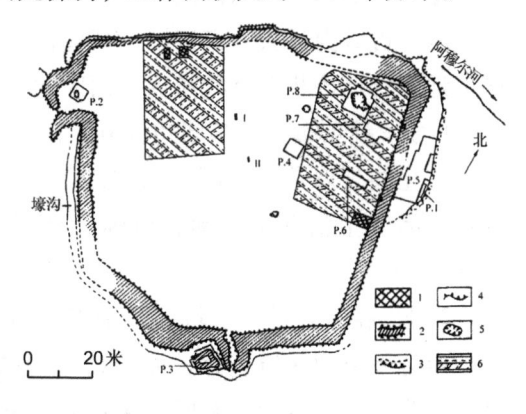

图5-20　扎里古城平面图

Ⅰ, Ⅱ-探沟（1978年）；Р.1-1号发掘点（1978年）；Р.2, Р.3, Р.4-2、3、4号发掘点（1981年）；Р.5, Р.6, Р.7-发掘区（1984年）；Р.8-发掘区（1985年）；1-建筑；2-城墙；3-边界；4-断崖；5-地表坑；6-菜园

沿断崖的城墙是四面城墙最长的一段，四面城墙合围的平面呈近似长方形。北墙长约200米，墙体塌毁严重，一些地方已难以辨识，甚至完全消失。该城墙西界临近深沟，下延至河边。

[①] В. Е. 麦德维杰夫：《10世纪末到11世纪的阿穆尔女真文化》，新西伯利亚：科学出版社1977年版，第16页。

· 115 ·

俄罗斯阿穆尔河（黑龙江）左岸地区古城址研究

古城西墙与北墙衔接处几乎形成一个直角。距城角 18 米处有一处城门豁口。城门外被一处附属墙堤所阻挡，与主城墙形成了一个字母"Γ"的形状。该城门宽度超过 2 米。西墙长 110 米。在城墙外能看到清晰的壕沟。南墙延伸近 170 米，在其中部大概也存在豁口（城门遗址），宽 3—5 米。南门也被横梁所防护。城墙外侧（从西部到城门）到南门处的地表存在一个被壕沟环护的环状墙体。东墙几乎成南北直线，延伸 116 米。

古城总面积约 1.8 万平方米。城墙宽度不同，东墙和西墙墙基宽 3.5—4.5 米，北墙宽约 3—4 米，最宽的南墙宽度分别达到 6—7 米。城墙高约 1 米，但南墙一些截断处高 1.5—2 米。城墙四角没有角楼。

壕沟自南和西环绕古城，宽 2.5 米，深度接近 0.5 米，少数地方近 1 米。古城内过去曾有菜园，某些建筑和地表坑保存至今。遗址东区的地表坑遗迹相对年代较近，西区地表坑塌陷并被树木植物覆盖。

1 号发掘点布设于东墙边界外，距东墙 7.5 米，沿坑壁揭露了丰富的文化层（厚达 160 厘米），其内涵主要是厨余垃圾和古城居民的生产废品（生活陶器、动物骨骼、金属渣块），还发现了铁刀和打火石。

2 号发掘点打破了窖坑，位于古城西门附近。这处窖坑系近似长方形半地下类型建筑遗存，面积约 12 平方米。总的来看，该处遗迹群应作为城门守卫的隐蔽所，深入于 0.5—0.6 米厚的多石砂土层中。物质遗存大量发现于探坑填土中，主要为不同规格的轮制灰陶器残片。还发现了其他陶制品——滚珠、坩埚和纺轮；两个门锸、铁箭镞、用于捆绑瓷器和石网坠的皮绳上的夹状物。

3 号发掘点位于南墙外，与城门毗邻。该处地表坑和被墙体围绕的长方形建筑，推测可能是用于城门和城址的外围守卫。这一区域人类生产生活活动遗迹的缺失也证明了这一点。在这里还清理出灶坑，地表坑深抵大陆砂质黏土层底部。灶坑壁用石块垒砌，填土中有大量红烧土和煤渣，也出土了陶片和细碎的经过灼烧的果核。灶坑位于建筑物垣墙不远处——因建造而遗留的一处特殊的陆上阶地。

超过两处该类遗迹群完成了发掘，因为在土层表面发现了窖坑状

第五章 阿穆尔河（黑龙江）下游古城

的明显的遗迹，而除了窖坑以外，还有一种遗迹为土围。与遗址房址有关的是，由于古城内居民长期耕作，房址遗迹已无存。除了少数例外，房址地表坑的遗迹表明它们绝大多数都是土筑类型。

4号发掘点位于距离古城中央（见图5-20）不远处的东半部，没有发现任何建筑遗迹。发现了灰陶片，由制陶轮制作而成，以及阿穆尔河沿岸地区考古学上极为少见的残损的泥质研磨器、石质纺锤，表现为13世纪上半叶滨海地区的女真遗址特征（图5-30：3）。还发现了带有尖头的杆状青铜制品。

第5—7号三处发掘点系1984年所留，沿古城东墙布设——其中两处在墙体内侧，一处在其外缘，该处紧靠防御壕沟的城墙。5号发掘点位于1号发掘点西侧，并部分地与东墙相接，其走向几乎与东墙平行。该发掘点从南和东南向北部和西北延伸了33米。发掘宽度介乎于7米至8米（北部）—9米至13米（南部和中部）之间，面积284平方米。如果不考虑东部向冲沟的自然倾斜，发掘点地表是相对平整的。因此发掘仅能够推测沿城墙曾挖掘壕沟，壕沟挖土堆积形成了城墙。这次发掘工作能够得出这一推论。

5号发掘点地层学内涵主要如下：地层上层是不纯的砂土层，下一层主要是亮褐色砂质黏土或掺杂煤渣的灰土。更深处已触碰坑穴底部，土层为疏松的有淤泥夹层的灰烬灰土层。它们在一些区域用于填补城壕，一些部分用不纯的黄灰色土填补。大陆基岩为亮黄色（或亮褐色）土质，壕沟深挖触碰到多石沙土岩块。

修挖的壕沟几乎是笔直的，自南向北与城墙平行。城壕最窄处位于发掘区东南部，宽度不足1米，深度距地表0.7米。靠近发掘区东南壁的壕沟旁，发现了其余一些地表坑，向东和东北方向延伸。地表坑为不规则形状，显然，这是指凹陷处。然而，不能排除的是，地表坑在降雨时用作排水的沟渠或堑壕。距发掘坑壁3—4米处，随着距冲沟渐远，壕沟渐宽。壕沟顶部边缘之间的宽度达到3米。整个壕沟都维持着这一相近的宽度。壕沟距地表深度为1.5米，距北部地表深度为2.2米。

壕沟隔墙上部并不是特别陡，下部则有明显的陡坡，大部分呈垂直状。特别是这些壕沟打破了砂土层。大部分壕沟墙体都有上阶和下阶两个分阶，下阶自壕沟底部水平起 0.5—0.7 米。壕沟底宽，即底部水平的宽度为平均 1 米。除了距离东南墙不远处的上文提及的部分，宽度几乎被严格保持。壕沟底部大部分很平坦，有些地点有沟槽。通过 5 号发掘地点能够确认，修挖壕沟的土被古城中世纪时期的居民用于修筑城垣，作为补充性的边界防御。这证明了一个事实，壕沟的修挖不是杂乱无序的，而是有一个确立的制度，包括了宽度一致、足够的深度和陡峻的墙体。

在深 0.5—0.6 米处至现代地表（不纯净的沙土、亮棕色砂质黏土和掺杂煤渣的灰土）的发掘中，在整个古城区域大致均匀地发现了中世纪的物质遗存，主要是破碎的轮制灰陶片，呈黑灰色或烟熏色。在绝大多数细小和中等大小的陶片中发现了相对较大的筒形和坛形器物残片，带有明显的折沿和圆形器身。发现了大量金属残渣，相当多的用于渔猎的筒状黏土网坠。箭镞、刀是出土于房址的遗物。一件带有十二生肖周期天体象征的青铜"历法护身符"（图 5-30）。圆形的"历法护身符"（5.1 厘米×5.3 厘米）带有双耳（其中一个折断），中部有孔。因为系铸造而成，长时间的使用显然使其磨损严重。器物表面的十二生肖形中，鼠、蛇、牛尚能辨别。其余动物已形象模糊，这不仅与其长期使用有关，显然也与作为铸造物有关。城壕外整个发掘区深约 0.6 米处已触及大陆岩体，遗物仅出土于壕沟填土的土层中。壕沟出土的全部遗物主要是深度不同的陶器，大多数为倾斜器壁和器底。但在壕沟上部填土中也发现了陶器。在所发现的陶器中分为若干样本，具有代表性的一件带有人形浮雕纹饰的器底，是一个挥手的战士形象，可能挥舞着棒子或棍子（图 5-26）。

有一十字架的形象，以及两个平行的带有凸起的滚轴纹。总的来说，与此相似的陶器被发现在地表上部。除了陶片上的模印几何图案外，还能看到突出的纹饰——波浪或垂直线纹，还发现了带有几何堆塑把手的大型陶器碎片，属于典型女真文化类型。在壕沟底部直接采集到陶瓮类型的大型轮制陶器的上半部（器身直径 0.45 米，器口直径约 0.2 米）。在壕沟内还发现了残铁制品，包括铁镰、原始的八节

第五章　阿穆尔河（黑龙江）下游古城

青铜片——衣着饰物（图5-30：4）。

6号发掘地点是为了解析古城区域的房址群，它位于古城东部区域，自东墙向西4.5米。在发掘深度为0.15—0.6米（不纯净的沙土和亮棕色的砂质黏土）的地层中出土了大量轮制灰陶片、金属碎渣（其中一些包含了未熔化的褐色铁矿）。发现了两把铁刀、铁镰、箭镞、青铜残片，以及可能是宋代的钱币和石网坠。建筑居址遗迹在该发掘点未能发现。

7号发掘点面积96平方米，位于古城东墙不远处，6号发掘点以北。发现了两处墓葬遗存和被破坏的半地下式房址基坑。

墓葬彼此相距4.2米，墓圹为近似圆角长方形，其走向几乎成南北一线。第一处墓葬规格为2.7米×2.1米，自黏土层向下深0.5米（自现代地表深度为0.85米）。在掺杂有碎木炭和黄色河沙的砂质黏土层中，相似的出土物在古城其他发掘点也有所发现。在墓圹底部有管状的腐骨，在其略上方则有一些完全腐烂的不成形的骨骼和一些半腐蚀的人类牙齿。第二处墓葬规格为3.0米×2.2米，大陆土层中深0.32米，距现代地面则深0.62米。在土层底部，覆盖着相当厚的黄色河沙层，发现了灼烧过的骨骼。在以砂质黏土为填土的墓葬中发现了女真文化的轮制灰陶。

墓葬与女真文化有关。不寻常的是墓圹规模较大、较浅。墓葬最有可能是匆忙之中形成。总的来说，它们同时形成于某个特别紧急的情形下。不可排除的是，墓葬埋葬的是古城居民。也有可能是古城处于被敌人包围期间，居民保卫要塞时死亡，用于埋葬阵亡者；也有可能是古城内的集体墓葬（根据其规模）。在两处墓葬中可能埋葬有若干死者，呈直线朝向东西方向，与女真葬俗一致。

房址遗迹为圆形或四角漫圆的基坑，深入土层0.15米。基坑明显地打破了上述之某一座墓葬以及其他中世纪基坑。房址规格为7.3米×6.6米，坑壁已被严重破坏，但仍为陡状，尚能很好地辨识。在房址边缘的文化层底部发现了带有方格凹形纹饰、手指模压和指甲印纹的塑造泥质陶片。陶器属于公元前1千纪下半叶早期铁器时代的波尔采文化。由此可见，房址在扎里古城，即墓葬修筑前

· 119 ·

就已存在。

除上文所提之出土于墓葬和不同地点房址的陶器外，在发掘中还发现了数十件女真文化轮制陶器碎片。发现的金属物有长14.3厘米的铁桶、三个完整的和两个残损的箭镞、三把铁刀（两把残损）、铁镰、残损的青铜手镯以及玻璃串珠。

8号地点的发掘工作于1985年进行，该处发掘点是古城最大的发掘点之一（217平方米），发掘了距遗址东北角不远处大型圆形窖坑所在地（见图：5-20）。窖坑为圆形穴坑，半地下式类型房址遗存，深入黏土层，在一些地点（建筑地面）触碰到岩层。岩层中有相当多较大的砂石块，掺杂着黏性的橙黄色与淡黄色纹理的土壤。窖坑微斜的阶壁高度达到1米有余。房址外围规格为：南北长12.25米，东西宽12米，房址内地表对应的规格分别为南北长7.6米、东西宽6.9米，观察到地面向东南方向地势有所降低。从穴坑东部延伸到大陆土层缘壁的区域，深入土层达0.4米，直抵多石的、与岩层类似的底层。深入土层的坑道宽1.5—2.0米，为房址入口。从北部到入口发现了平面呈"Г"形的地表坑，其宽度约2.5米。地表坑显然是某种房址建筑的遗迹，沿发掘区东壁扩展。

在房址南半部地面直接修有炉灶。炕台——"通铺"（нары）（нары指沙俄时期士兵所住的床铺——译者注）是其重要的建筑特征，修建于沿墙壁、高出地面0.25—0.5米。平均宽度为1.2—1.5米。带有石砌的炕台构成了供暖设备——炕（图5-21）。整个地表多石，中央区域略高。密实地修建成平地，房址居民用带棱角的石块混筑，用稀泥平整，用桦树皮覆盖。

半地下房址地表坑形状平面接近正方圆形。地表坑曾修建有木质骨柱结构。墙体的木质建材已无存，支撑屋顶的木柱也已无存。在最后部的房址边缘却没有留下遗迹，一般来说半地下房址都有大量柱洞，然而房基深入多石的岩层，不适宜在其上修凿柱洞，这也就解释了密集柱洞缺失的原因。支撑屋顶的支柱显然是位于石砌灶台或平整的地面之间，被有黏性的土壤固定。8号发掘点发现的地表坑深10—26

第五章 阿穆尔河（黑龙江）下游古城

厘米，位于北部和东北部窖坑边缘旁，平面呈半弧形。这些坑洞显然与房址有关，之前已被土壤覆盖。

从房址东南部、距入口不远处，发现大量金属渣，以及结构简单的炉灶遗迹。炉灶底部是一个经过煅烧的坑，平面接近圆形，坑内堆积着碎渣和红烧土。另外两处不大的地表坑彼此接近，显然是构成了一个整体，其内堆积有炭渣。

8号发掘点和房址主要的物质遗存是轮制泥质灰陶。它们与古城其他发掘点出土的陶器没有区别，系盆状、桶状、瓶状以及陶罐类型的器物残片，还有在底部带有圆孔的陶甑残片。陶器遗物被发现于房址地面（图5-22、图5-23），在炕台也有发现。大量陶片被饰以滚筒压印纹，存在于器身不同位置，有直角、三角、正方形、梯形、菱形压印纹。其纹饰风格有枞树、小梯形、"镶嵌拼花"等。除了压印纹外，陶器上还饰以对接纹、浮雕（堆塑）纹和线刻纹（图5-24、图5-25）。一些陶器残底有堆塑的细节纹饰，特别是动物（狗?）风格，出土于5号发掘地点的陶片上有拟人形轮廓纹饰（图5-26）。大量陶器口沿上都有戳印状图案，带有三条或更多刻划线条，有的形成了类似三叉戟的轮廓（图5-27：1—7）。

出土于8号发掘点红烧土质地的其他制品有纺锤、小球和坩埚碎片（图5-27：8、13—15；图5-30：1、2）。还发现了大量铁制品：穿甲铁箭镞，更多是凿子状铁箭镞（图5-28：2、4—12）、弧形铁

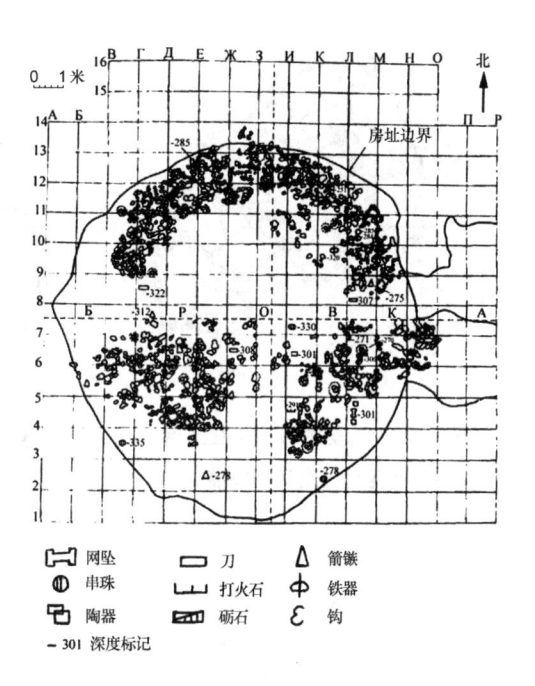

图5-21 扎里古城第8发掘点石砌坑遗迹及遗物出土地点图

· 121 ·

图 5-22　扎里古城第 8 发掘点
地面房址出土破碎陶器

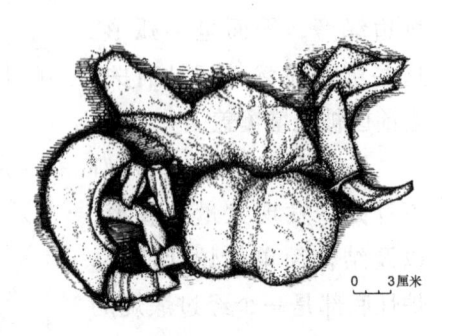

图 5-23　扎里古城第 8 发掘点地面
房址出土陶器、石质渔猎网坠

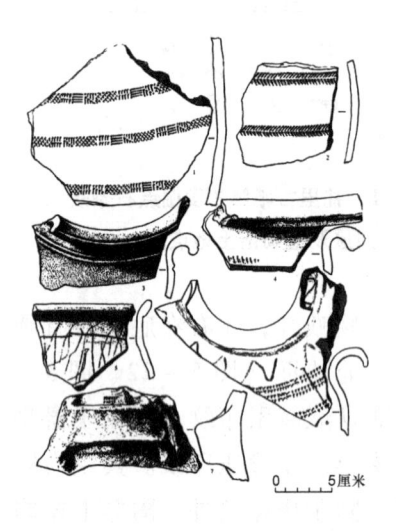

图 5-24　扎里古城第 8 发掘点
房址出土陶器

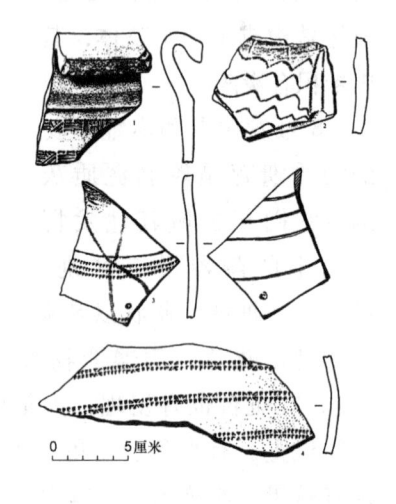

图 5-25　扎里古城第 8 发掘点
出土陶器

镰（图 5-28：13、14）、鱼钩（图 5-29：3）、带有平刃和外凸刀身的铁刀。在房址内发现了铠甲片、铁钉、圆环，在地面上还发现了一件铁锛（图 5-29：1、2、4）。

房址入口（门槛上）发现了青铜铸造的守护神的拟人形象（高 11.5 厘米）。头部轮廓拉长，眼睛、鼻子和嘴几乎是分开的，在头部

第五章　阿穆尔河（黑龙江）下游古城

有一凸起的小孔。人像轮廓左手很长，向下有一小孔；右手短（可能只是残部）。脚非常短，看似一个不长的轴线，左脚要短于右脚。守护神的类人形象在很大方面与现代民族学的阿穆尔原住（土著）居民木质人偶有十分明显的相似性。

在房址内发现的装饰品中，有圆形的玻璃蓝色串珠、残损的玉坠（图 5-27：9—12）。还发现了残损的砾石串珠，其上有为了便于悬挂的钻孔；用于渔猎的砾石网坠（图 5-27：16—19）。用于居住的半地下房址，很有可能居住着一个大家庭或若干个家庭。经过清理几乎腐烂的动物遗存，可知大部分是马的颌骨和牙齿（图 5-31）。

对第 8 地点房址的完整性发掘，使我们在一定程度上解决了扎里古城居址建筑类型的问题。与已知骨架结构类型的房址建筑同等重要的是，因为现代农业活动，已留存稀少。古城的建造者们修建了深入地下的半地下房

图 5-26　扎里古城第 5 发掘点出土带有堆塑拟人形象的陶器底部

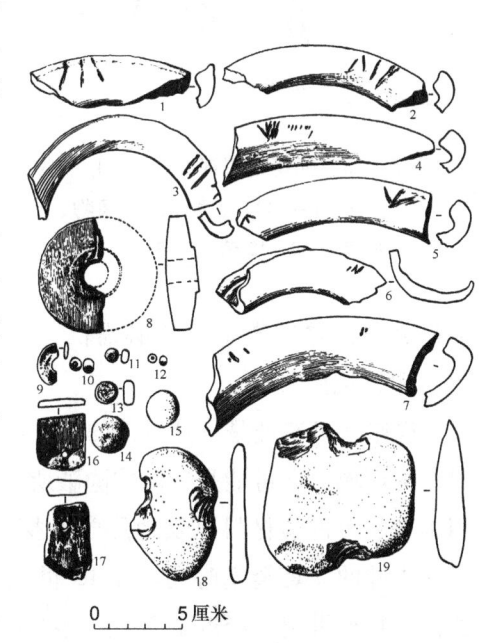

图 5-27　扎里古城第 8 发掘点出土遗物

1—7 带有三叉戟状图案的陶器口沿；8 纺轮；9 挂坠；10—12 串珠；13—15 黏土球；16、17 磨砺石；18、19 网坠

· 123 ·

▲ 俄罗斯阿穆尔河（黑龙江）左岸地区古城址研究

屋。相似类型的生活遗迹群至少存在于新石器时代早期和初期（距今超过1万—1.2万年前）的阿穆尔河沿岸地区村落。由此可见，阿穆尔地区居民修建半地下类型的中世纪建筑的传统具有深远的文化历史渊源。还有很重要的一点，沿房址墙壁的炕台这样的元素，与古代和中世纪阿穆尔半地穴房址的情况一致。通过发掘材料（熔炼炉灶、残损的坩埚、金属渣）可知它们与在古城内进行金属冶炼有关。这些遗存是扎里聚落作为自给自足群体的

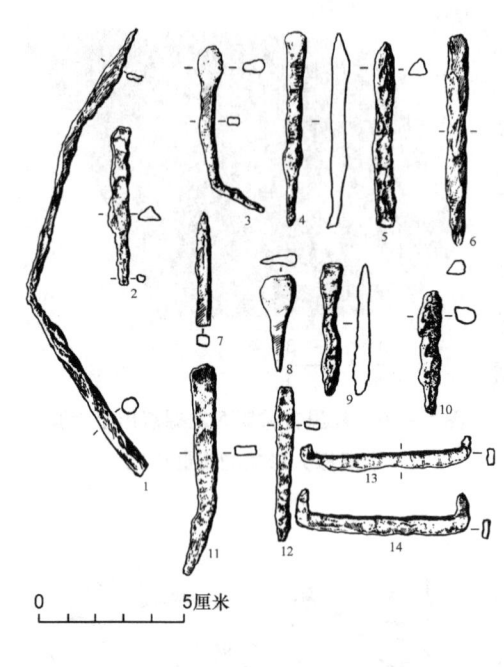

图5-28 扎里古城第2（1、3）和第8（2、4—14）发掘点出土遗物
1 罐提梁；2—12 箭镞；13、14 镰刀

证据之一，它生产了所有必需品，包括了铁制劳动工具、军用品、生活和建筑用具。

整座扎里遗址是一处极佳的带有城垣和壕沟的防御性城邑，拥有显著的区域，即可能是专门的隐蔽所、两处防卫城门。发掘所获的相当丰富的考古学材料以及地层学钻探，使我们认识到古城修筑于12世纪中叶的女真金朝时期。在13世纪上半叶后期，古城属于女真东夏国。在该世纪，经过了30年，蒙古全面占领了女真在今中国和当代俄罗斯滨海地区的土地，他们顺阿穆尔河下游直抵萨哈林（库页岛）。不可排除的是，扎里古城曾遭受来自蒙古方向的攻击，古城居民进行了防御（值得注意的是，在遗址所有发掘地点都发现了箭镞，该器物是金属类文物中最常见的），挖掘壕沟并埋葬死者。这正如考古发掘所直接反映的那样。

第五章 阿穆尔河（黑龙江）下游古城

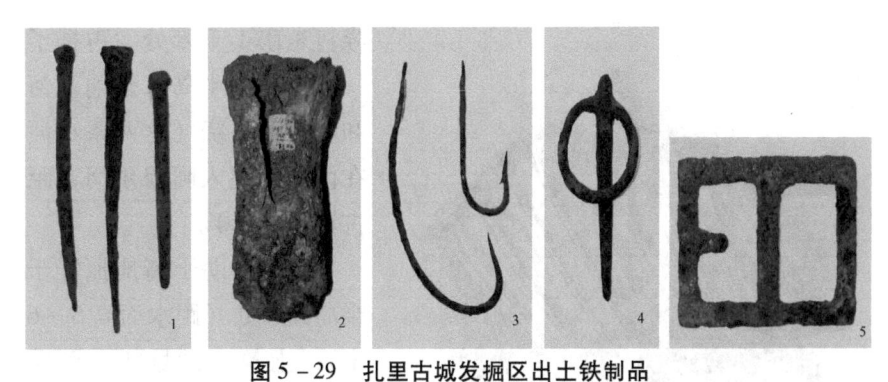

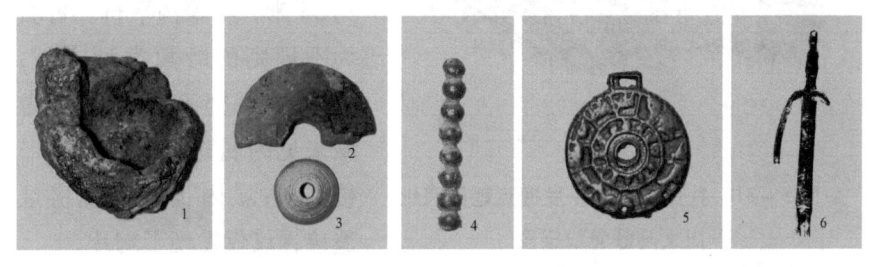

图 5-29 扎里古城发掘区出土铁制品
1 钉；2 锛；3 鱼钩；4 带环锤；5 带扣

图 5-30 扎里古城第 4（3）、第 5（4、5）、第 8（1、2、6）发掘点出土遗物（B. E. 麦德维杰夫拍摄）
1 坩埚；2、3 纺轮；4 八节衣着饰品；5 历法护身符；6 类人形象（1、2 陶土；3 石质；4—6 青铜）

很难说中世纪古城幸存的居民经历了什么。他们有可能被俘虏或被迁移到蒙古其他地区，但无论如何，扎里古城及其居民的命运都是悲剧性的。

古城目前的状况可以肯定是良好的，但不能排除该地区居民在其中进行农业活动的可能性。

第十二节　博隆*古城

该古城位于在哈巴罗夫斯克（伯力）边疆区阿穆尔斯克市政区博

---

* 博隆，旧译博朗。——译者注

▲ 俄罗斯阿穆尔河（黑龙江）左岸地区古城址研究

隆村东南1千米处，占据了一处窄长的半岛，被纳基河和希伊河环绕（这两条小河在博隆湖注入阿穆尔河，距古城2千米）。

古城借助于高地扼守于半岛最窄处（距水面高5—6米），土筑（砂壤土、砂质黏土）城墙高达2.5米，长约55米，与壕沟平行。古城为不规则的岬角类型古城，边界内面积5000平方米。古城未见附属建筑（城门、塔楼），古城内也未发现房址遗迹，仅仅发现了陶片。

图5-31 扎里古城第8发掘点地面房址出土马颌骨线描图
（来自Ю.В.塔巴列娃拍摄）

以往对古城进行过研究，但未进行发掘。古城于1956年，在А.П.奥克拉德尼科夫领导的考察中被发现。① 在1968年和1970年，В.Е.麦德维杰夫在距古城不远处发掘了墓葬，清理了19座女真文化墓葬。在其中一座墓葬中发现了北宋钱币——两枚"咸平元宝"、一枚"元丰通宝"，证明遗迹年代为11世纪。② 古城所采集陶片与墓葬中出土的陶片相似，能够将古城断代为11—12世纪初。

据此认为，墓葬与古城同属于一个考古学遗迹群，是形成于前女真社会早期最北部的聚落之一。古城保存较好。

---

① А.П.杰列维扬科：《国家的三束日光：与古代阿穆尔地区有关的考古学家的故事》，哈巴罗夫斯克（伯力），1970年，第128页。
② А.П.奥克拉德尼科夫、В.Е.麦德维杰夫：《博洛尼湖古代墓葬——阿穆尔河下游女真文化遗存》，苏联科学院西伯利亚分院出版社，1970年，第11期，《科学学会图集》（第3分册），第112—115页；В.Е.麦德维杰夫：《10世纪末到11世纪的阿穆尔女真文化》，新西伯利亚：科学出版社1977年版，第16—17、27—31页；В.Е.麦德维杰夫：《博洛尼：从古代到中世纪》，《欧亚突厥族系的民族历史与文化》，鄂木斯克：印刷工人出版社2011年版，第363—368页。

第五章 阿穆尔河（黑龙江）下游古城

第十三节　乌苏里江、比金河、库尔河、乌尔米河、阿穆尔河流域古城

以下是关于下阿穆尔地区古城的相关情况，这些古城没有进行有目的性的发掘。其中一些古城进行了地表踏查和初步记录，其余一些被发现的古城，考古学家暂未进行调查，仅在发表成果中有所提及。关于这12处遗址的信息在出版物中介绍得十分简单，因此限制了信息的准确性。首先有5座古城分布于乌苏里江及其支流比金河流域，还有4座古城则位于库尔河、乌尔米河流域及阿穆尔河左岸。最后3座古城在发表中只是有所提及，因此仅知其名。

谢列梅捷沃2号古城。B. E. 麦德维杰夫于1975年发现，位于哈巴罗夫斯克边疆区维亚泽姆市政区谢列梅杰沃村北部（沿江水流动方向——译者注）边缘、乌苏里江右岸陡崖上。该遗址未进行考古调查，未见其文化年代学研究。[①]

比金1号古城。И. П. 纳达罗夫在1887年的发表中首次提及了该古城，但未进行发掘。古城位于哈巴罗夫斯克（伯力）边疆区比金市政区比金河左岸，瓦西里耶夫卡村东南6千米、比金市以西11千米处。其年代为中世纪时期（10—13世纪）。[②] 目前尚无关于古城研究的信息发表。

比金2号古城（季霍耶古城）。古城位于比金河左岸，哈巴罗夫斯克边疆区比金市以西4.5千米处。古城面积760平方米，属于早期铁器时代。目前尚无发表的古城研究材料。

比金3号古城（扎格列宾古城）。B. A. 克拉明采夫发现于2004年。古城研究材料尚无发表。古城分布于比金河—扎格列宾湖左岸，东距比金市4千米。古城规模为282×255平方米，断代为12—13世

[①] 《哈巴罗夫斯克（伯力）边疆区文化遗产对象（历史与文化遗迹）》，哈巴罗夫斯克（伯力），2013年，第230页。

[②] 《哈巴罗夫斯克（伯力）边疆区文化遗产对象（历史与文化遗迹）》，哈巴罗夫斯克（伯力），2013年，第230页。

纪，即女真金朝和东夏国时期。未见古城保存情况的信息。

比金4号古城（通古斯古城）。B. A. 克拉明采夫发现于2004年，并进行了初步研究，但成果未发表。遗址位于比金河左岸、支流通古斯河左岸，比金市以西和西南6千米处。古城修建于早期铁器时代和中世纪女真时代早期。① 未见关于古城目前保存状况的信息发表。

萨维茨基—克留奇古城位于库尔河右岸的萨维茨基泉，萨维茨基村东南9千米处。比拉坎古城位于库尔河右岸支流比拉干河流域，属于公元1千纪后半叶靺鞨文化。纳乌莫夫卡古城坐落于哈巴罗夫斯克（伯力）边疆区哈巴罗夫斯克市政区乌尔米河右岸的纳乌莫夫卡村。可以确定其为靺鞨文化遗址。②

卡达恰恩古城。20世纪70年代，C. B. 戈林斯基率领的新西伯利亚（苏联科学院西伯利亚分院历史学、语文学与哲学研究所）考古队对其进行了发掘。这次发掘对中世纪晚期和俄罗斯人初到阿穆尔之际的文化遗存进行了探索，研究成果未发表。古城位于阿穆尔河左岸某一支流的河岸岬角，哈巴罗夫斯克（伯力）边疆区阿穆尔斯克市政区阿恰恩（博隆）村东北4—5千米处。遗址有不同时期的两层遗存，下层属于早期铁器时代（公元前1千纪末—公元1年纪初），显然当时建造了古城最早的城墙；上层属于女真金朝时期早期文化（10—12世纪初）。女真时期该古城很可能已经建成，并进一步对其进行加固。该遗存已被发现。

在提及石泉古城、乌尔坎古城、乌戈利纳亚山城的发表成果中，未见对其地点的记录，也缺少村落坐标点和地理环境的信息。仅知有两处村落遗址（乌尔坎古城、乌戈利纳亚山城），属早期铁器时代。③

---

① 《哈巴罗夫斯克（伯力）边疆区文化遗产对象（历史与文化遗迹）》，哈巴罗夫斯克（伯力），2013年，第230页。
② Ю. M. 瓦西里耶夫：《阿穆尔地区的波克洛夫卡文化（9—13世纪）》，《古代和中世纪的俄罗斯远东：发现、问题、假设》，符拉迪沃斯托克（海参崴）：远方科学出版社2005年版，第594页。
③ Ю. M. 瓦西里耶夫：《阿穆尔地区的波克洛夫卡文化（9—13世纪）》，《古代和中世纪的俄罗斯远东：发现、问题、假设》，符拉迪沃斯托克（海参崴）：远方科学出版社2005年版，第594页。

可以推知，该三座古城位于库尔河和乌尔米河沿岸或其周边地区。

第十四节　结语

下阿穆尔地区最早的古城属于波尔采文化。其分布的东南部绝大部分属于乌苏里江流域及靠近其右岸的区域。第一个被发现及最早进行长期发掘的古城之一，系波尔采文化的孔德拉季耶夫卡古城，该古城位于霍尔河左岸。在经过发掘的古城中，属于孔德拉季耶夫卡古城类型的乌苏里江、比金河流域克德罗沃古城、瓦西里耶夫卡 3 号古城，均属于波尔采文化最早期的古城。其年代可确定为公元前 4 世纪末—前 3 世纪。下阿穆尔地区更早期的古城目前尚未知晓。

如果要探讨波尔采文化古城出现的先决条件和原因，最重要的是如下因素，即农业和牲畜养殖业等经济生产类型的发展和改善、在相邻地区（主要是东南部）扩大影响范围，促进了社会经济的加速发展。随着在一定社会群体内物质财富的积累，出现了贫富和社会分化。从此，带有较小规模筑城系统的防御性聚落出现了。但它们还不可能扩大，因为这反映了国家组织的发展[①]还是单一首领制，而尚未形成具备相应组织和能够进行如古城（具有城墙、壕沟、塔楼和其他能够防护数百和数千人口的筑城元素）等劳动消耗对象建设的国家。滨海地区及其相邻区域的中世纪较晚期的渤海、特别是女真金朝和东夏国古城，为我们说明了上述内容。

也可以这样来看，作为波尔采文化载体的古城的出现，并不都是迫于防御的需要，也有可能是和平居民为了获得新的土地。显然根据所有迹象，临近下阿穆尔地区的东南部得到阶段性开发，这一地区居民的从属关系迫使早期铁器时代的"土地占有者"修建要塞。与此相关的重要一点是，该文化在阿穆尔中游地区左岸东南部（犹太自治州）的古城尚且未知。

---

① B. E. 麦德维杰夫：《早期铁器时代遗存的新类型与苏维埃远东南部国家组织的产生问题》，《斯基泰—西伯利亚世界的考古学问题（社会组织与群体关系）》，全苏考古学大会论纲（第一部分），克麦罗沃，1989 年，第 123—125 页。

俄罗斯阿穆尔河（黑龙江）左岸地区古城址研究

波尔采古城分布图使我们首先了解了乌苏里江下游、中游及其周邻地区的分布界限，大部分分布于乌苏里江支流霍尔河、比金河及其他支流的下游地区。乌苏里河沿岸地区（这一地区广义的地理学概念）各类遗址的研究暂时还很薄弱，只是在个别遗址开展了小面积的发掘工作。

我们有理由确认：目前在乌苏里江沿岸地区古城中，尚未发现半地下类型定居房址的证据，这是阿穆尔河中游地区波尔采遗址的风格特征。孔德拉季耶夫古城中所发现的焚烧过的树木灰烬的材料，表明这可能是房屋的支柱结构，系迄今所知的关于周邻地区波尔采古城房址的唯一信息。这证明了为何瓦西里耶夫卡3号古城发掘成果中缺少波尔采人居址建筑的材料。显然，波尔采文化人群逐渐向滨海地区远处的南方、东南方扩展，这一地区的房址与阿穆尔地区的小型穴居坑以及出现的炕明显有所区别。举例来说，作为波尔采文化和克罗乌诺夫卡文化载体的布罗奇卡村落及南部、东南部其他遗址，是融合了的波尔采历史文化社群形态，在布罗奇卡所有揭露的房址中都发现了不同的炕的结构。①

在乌苏里江沿岸地区、特别是滨海地区，大量已知的波尔采文化、波尔采历史文化社群的村落和古城，占据了绝大多数具有自然防御性的高地，这证明了聚落居民与其邻居之间的紧张关系。显而易见，波尔采文化外来群体的类似反应，也是对当地居民的不友好态度。这些情形出现于第一个向南方移动时期的初期（公元前4—前3世纪）。完全有可能的是，乌苏里江沿岸地区的大量古城，特别是早期古城，最初并不是为了居住，而完全是防卫和防御功能。因为来自阿穆尔河流域的波尔采移民并不是短期活动，乌苏里江沿岸地区古城也呈现出不同的时期。

有一种观点认为，波尔采文化移民是由政治事件引发的，即草原游牧者在波尔采文化区向西南的活跃移动。相似的推论需要通过公元

---

① А. П. 杰列维扬科、B. E. 麦德维杰夫：《滨海地区南部古代晚期文化的转型问题——根据布罗奇卡遗址的研究材料》，《欧亚考古学、民族学与人类学》2008年第3期（总第35期），第25—33页。

第五章　阿穆尔河（黑龙江）下游古城

前 1 千纪后半叶阿穆尔河沿岸地区外来居民出现的事实来建立。但该类材料是缺失的。还有一点如下，小兴安岭向东的阿穆尔河中游等地区的大量波尔采村落存在于公元前 1 千纪末期至公元 1 千纪最初几个世纪。生态环境是波尔采文化居民从世袭土地离开的推动因素。其中导致他们长时间向南部和东南部的滨海地区迁徙，甚至迁徙到更远的朝鲜和日本的一个主要因素，很有可能是人口状况。在公元前 4—前 3 世纪，阿穆尔河沿岸地区各地的人口密度很高[1]，这导致了一些群落去寻找新的更优良的生存条件。

取代阿穆尔河沿岸地区波尔采文化的靺鞨文化古城，在其下游地区目前还完全没有发现。在出版物中有所提及的比拉坎古城和纳乌莫夫卡古城与靺鞨文化相似，但还未经发掘。这一考察只是初步研究，因为我们需要事实材料去佐证。

通过女真筑城建筑，即对在许多情况下是修筑于临时或长期存在（小城邑要塞的建设）的波尔采文化聚落上的古城的研究获得了大量学术信息。女真文化墓葬的早期发掘工作能够确定，其中掺杂波尔采晚期阿穆尔土著居民的遗存，在考古学上表现为各式不同的陶器、铁器、青铜器器物群。[2] 在古城研究中所获得的补充证据也证明了上述情况。

锡卡奇—阿梁古城是下阿穆尔地区年代最早的女真古城，在其房址内发现了最早的阿穆尔中世纪火炕（7—8 世纪）。即使当时已经发现了彼此不同的因素，但这一时代的特征明显与靺鞨和女真文化相近。自 10 世纪始，主要是自其上半叶，接续谢列梅捷沃古城的年代。除中世纪下阿穆尔古城，其余代表性遗存年代范围为 10—13 世纪中叶。

在女真时期，特别是 10—13 世纪，修建了大量古城，是当时建筑艺术文化的组成部分，有研究者将金朝称之为"城市国家"。女真人修筑了形制各异（长方形、多角形、椭圆形和"完全不规则形"）

---

[1]　Е. И. 杰列维扬科：《阿穆尔河中游的靺鞨遗址》，新西伯利亚，1976 年，第 156 页。
[2]　В. Е. 麦德维杰夫：《公元一千纪末至两千纪初的阿穆尔河沿岸地区（女真时代）》，新西伯利亚：科学出版社 1986 年版，第 171—174 页。

· 131 ·

俄罗斯阿穆尔河（黑龙江）左岸地区古城址研究

与不同规模的平原城和山城。①

在阿穆尔河、乌苏里江、比金河及其他河流，以及更南部的相邻地区，修建了长方形和三角形古城（扎里、霍尔、谢列梅捷沃等）。还修建了平面呈椭圆形或近似椭圆形（乌久克、科舍列夫-亚梅古城）、圆形（瓦西里耶夫卡）的古城，还有不规则形状、岬角形筑城建筑（博隆）。除了高达3—3.5米、基宽超过10—12米的城墙外，古城最易被攻破的部分是外围防护的城壕，城门外防护的墙体通过壕沟，有时具备半地下掩体的专门防御设施。在霍尔古城中，除了两层城墙和壕沟外，在城角还修建有角楼，城内大量发掘的房址中都曾挖有水井，用于保障居民用水，也可以推测是在外部敌人侵略和围困古城时所修。

最大的古城当属扎里古城、瓦西里耶夫卡古城和比金3号（扎格列宾）古城，存在于金朝晚期，后被东夏国沿用。它们在一定程度上还可以被称作带有良好筑城系统的山冈。它们能够牢固地抵抗外敌进攻，但根据扎里古城的发掘情况，古城却未能避免被攻破。

与早期国家时期相比，阿穆尔河沿岸地区国家体制时期（12—13世纪头1/3）的女真古城数量相对较少。根据文献记载，解释了以下情况。自通古斯语族女真国家形成，将大量阿穆尔北部的女真人迁往中国北部的征服地区。② 可以推测，阿穆尔河沿岸地区古城数量曾相当庞大，在12世纪初未出现吸引其居民向南部迁徙的情况。仅仅是13世纪中叶，随着东夏国的建立，以及缘于从蒙古某部方向而来的威胁，显然，世居的北方女真人又回到了阿穆尔河沿岸地区，并在一定时期内于古城中躲避外敌。

总之，目前在下阿穆尔（阿穆尔河—乌苏里江）地区已知大量早期铁器时代和中世纪的古城，其中许多古城已通过对其重要区域的发掘而被研究。古城分布的特征主要表现为坐落在自博隆湖向东北至库

---

① М. В. 沃罗比约夫：《作为筑城学建筑的女真古城》，《苏联地理学会分部和委员会报告》（第5分册）-《民族学》，列宁格勒，1968年，第70页。

② В. Е. 麦德维杰夫：《公元一千纪末至两千纪初的阿穆尔河沿岸地区（女真时代）》，新西伯利亚：科学出版社1986年版，第180页。

第五章 阿穆尔河（黑龙江）下游古城

尔河、乌尔米河向西北、比金河向南的河滩高地和河岸台地之上。古城遗址的筑城学特征则得以确定，并收集到有价值的实物材料，同时也进行了其他研究工作。上述研究驳斥了业已出现在发表中的观点——"众所周知，在早期铁器时代的阿穆尔河沿岸地区并未发现古代城址"[1]，以及认为中世纪古城中"在阿穆尔河下游仅有一座锡卡奇—阿梁古城"[2]。

---

[1] М. А. 斯托亚金：《阿穆尔地区的中世纪早期古城》，载 Д. П. 沃尔科夫等主编《亚洲东部的传统文化》第7辑，布拉戈维申斯克（海兰泡），2014年，第196页。
[2] М. А. 斯托亚金：《阿穆尔地区的中世纪早期古城》，载 Д. П. 沃尔科夫等主编《亚洲东部的传统文化》第7辑，布拉戈维申斯克（海兰泡），2014年，第199页。

译后记

2019年末，王禹浪教授与笔者等合著的《黑龙江流域古代民族筑城研究》付梓面世，① 这部46万字的书稿对黑龙江流域右岸的早期夫余王城、三江平原汉魏古城群、渤海古城、辽金古城的分布特点及其筑城文化进行了详尽的梳理和研究，基本建构起了黑龙江干流右岸、嫩江、松花江、牡丹江、乌苏里江、乌裕尔河等流域古代民族筑城的时空体系，并为上述区域古代族群与政区的研究提供了丰富的实物材料。业师王禹浪教授一直致力于东北地区古代民族筑城与文明研究，四十年来其足迹踏遍中国东北乃至俄罗斯远东地区，出版和发表了多部有关黑龙江流域古代民族筑城的著作和数以百篇的论文。然而，由于获得俄罗斯远东地区，特别是黑龙江流域左岸之地的古城资料存在一定难度，于是，在王禹浪教授的策划下，诞生了由俄罗斯阿穆尔国立大学扎比亚科·安德烈·帕夫洛维奇教授、俄罗斯阿穆尔州历史文化遗产保护中心原主任扎伊采夫·尼古拉·尼古拉耶维奇研究员、俄罗斯科学院西伯利亚分院麦德维杰夫·维塔利·叶戈罗维奇教授②合作撰著的《俄罗斯阿尔穆河（黑龙江）左岸地区古城址研究》一书。这部著作为我们较为完整地呈现了俄罗斯境内黑龙江流域上游、中游左岸和下游两岸古城址的文化面貌和族属信息。以上两部由

---

① 王禹浪、谢春河、王俊铮、王天姿：《黑龙江流域古代民族筑城研究》，中国社会科学出版社2019年版。
② 根据现行俄罗斯人名通行译法，"Медведев"一般译为梅德维杰夫，但我国前辈学人以往在对这位俄罗斯著名考古学家研究成果进行译介时，均译作麦德维杰夫。因此，麦德维杰夫是我国学术界对该俄罗斯考古学家的习用译名。本书沿用此译名。

译后记

中俄两国学者共同完成的著作，方为一部完整的黑龙江流域古代民族筑城史。

2017年的仲春时节，广袤的东北原野还沉浸在冰雪未消的春寒料峭之中，我的恩师王禹浪教授在大连大学中国东北史研究中心即将荣退之际，从滨城大连启程，一路向北，穿越松嫩平原和巍巍小兴安岭的山地，又一次回归了他的故乡和学术热土——黑龙江畔，正式入职黑河学院远东研究院。这所伫望于4300多千米中俄边境线上中国一侧唯一的高等学府，因王禹浪教授的入职而迎来了历史学科和开展对俄合作交流的新气象。黑河学院和那个四月的东北边疆一样，共同迎来了学术的春天。

早在王禹浪教授正式入职黑河学院前，黑河学院便以"柔性引进"的方式特聘王禹浪教授为兼职教授。在此期间，王禹浪教授在黑河学院原党委书记曹百瑛教授、贯昌福校长、丛喜权副校长的大力支持下，与历史学院学科带头人谢春河教授等诸位同人精诚合作，创立了中俄历史文化与社会发展研究中心（后重新整合为黑河学院远东研究院）。经过近五年的不懈努力，黑河学院历史学科和对外交流得到了飞速发展，获批了多项全国社科基金课题项目，先后主办了五届"黑龙江流域文明暨俄罗斯远东历史文化与社会发展论坛""首届黑河地区古代文明与城史纪元学术研讨会""北方丝绸之路与东北亚民族学术研讨会""首届丝绸之路视域下的东北与西北高端论坛"等多场高水准的学术研讨会，主持开展了"黑河市自然与文明千里行"科考活动和黑河地区古代文明探源工程，同时积极开展对外合作交流，与国内众多科研院所和高校，以及日本、俄罗斯、蒙古国建立了合作关系，不断以高屋建瓴的战略眼光整合资源、推陈出新，赢得了各界广泛的赞誉。恩师有诗作云："最喜晴空飞瑞雪，兴安巍巍碧云间。啜水奔腾千里路，松嫩拓出万倾原。"王禹浪教授在花甲之年以"暮年壮心"之志，在遥远的北疆学府开创了"苟日新，日日新，又日新"的学术天地。

本书的撰著与出版，源于我的中俄两位业师王禹浪教授与扎比亚科·安德烈教授的学术友谊。20世纪90年代，时任哈尔滨市社科院地方史研究所所长的王禹浪研究员，在哈尔滨接待了扎比亚科·安德烈先生。一晃20余年后，当扎比亚科·安德烈教授和他的中国博士研究生王健霖正在进行中国东北地区的岩画研究之时，受安德烈教授的委派，王健霖博士专程前往大连大学，与王禹浪教授取得了联系。2013年4月，扎比亚科·安德烈教授受邀首次访问了大连大学中国东北史研究中心，与王禹浪教授正式启动了全新的学术合作和交流，他们也因共同的志趣和相近的研究领域而建立了深厚的友谊。2013—2023年这十年间，两位教授几乎每年晤面或参加彼此主办的学术研讨会。在此期间，我的师兄王健霖博士、张如阳博士都为两位教授的学术联络和成果译介付出了辛勤的劳动。在王禹浪教授的介绍和极力引荐下，2014年10月，在大连召开的第三届中国东北史学术研讨会上，我与扎比亚科·安德烈教授首次谋面确立了未来的学习计划。2017年8月，我前往俄罗斯阿穆尔国立大学留学深造，师从安德烈教授，并于2019年10月正式攻读博士学位，义不容辞地接过了沟通两位教授学术交流与合作的接力棒，继续为搭建中俄学界互联互通的桥梁添砖加瓦。

2017年春，王禹浪教授提议，由中俄两国学者共同推进黑龙江流域古代民族筑城研究，得到了扎比亚科·安德烈教授的积极回应。同年12月，在王禹浪教授的策划下，扎比亚科·安德烈教授主持的课题"俄罗斯阿穆尔河（黑龙江）左岸地区古城址研究"（项目编号18YDZKBJC01）正式获批为2018年度黑河学院"俄罗斯远东智库"重点课题项目，项目组成员有俄罗斯科学院西伯利亚分院研究员、著名俄罗斯考古学家麦德维杰夫·维塔利教授，俄罗斯阿穆尔州文化遗产保护中心原主任、资深考古领队扎伊采夫·尼古拉研究员，阿穆尔国立大学俄罗斯博士研究生波波夫·阿列克谢，以及中国博士研究生王俊铮、张如阳。由此，本书的撰写正式被提上了研究日程。与此同时，中俄学者在俄罗斯阿穆尔州地区的联合田野考古调查也渐次开展起来。

田野考古调查的时间主要为2018年5月和2019年6月，我作为扎比亚科·安德烈教授的研究生，先后多次参与俄方学术团队

译后记

（主要成员为扎比亚科·安德烈、扎伊采夫·尼古拉、波波夫·阿列克谢）的田野考察，学习和体会俄罗斯学者的田野工作习惯和学术思维，并尽可能地通过俄语与他们进行交流。那段时光，与俄罗斯学者朝夕共处，乘坐着浓郁苏联风的瓦兹吉普车，穿行在阿穆尔州外兴安岭南麓、结雅河下游两岸的平原低地与山冈丘峦之间。在田野考察中，除了专业测绘、制图、航拍、试掘和遗物采集外，或依偎在古老的土筑城垣旁，或席地而坐在碧波荡漾的湖沼江汉边，共饮伏特加，同食列巴和香肠。连续两年的田野考古调查，我们先后调查了帽子山古城、格罗杰科沃古城、七湖古城、奇格里古城、乌杰斯古城、布里亚德奇诺古城、新彼得罗夫卡古城、大克尼亚泽夫卡古城等，其族属涉及室韦、靺鞨、女真、达斡尔等黑龙江流域世居族群。其间，2018年5月，受扎比亚科·安德烈教授邀请，黑河学院远东研究院名誉院长王禹浪教授与院长谢春河教授赴布拉戈维申斯克（海兰泡），参与了中俄学者共同考察活动，并获得了新的重大发现。在七湖古城遗址和布里亚德奇诺古城遗址，分别采集到了中世纪晚期中国磁州窑系瓷器残片和青铜时代的花岗岩磨砺石器。这些新的发现，对于研究黑龙江流域古代文明史以及确定黑龙江流域文化圈均具有重要意义。这次田野调查是中俄两国学者首次联合系统考察结雅河流域的古代民族筑城遗迹和墓葬遗址，是深入落实黑河市政府与黑河学院联合开展的"黑河市自然与文明千里行"境外调查、拓展视野的一次成功尝试，同时也实现了黑河学院与俄罗斯学术界文化交流与合作的新突破。这些调查使扎比亚科·安德烈教授掌握了大量最新的一手田野材料，为本书的撰著提供了丰富的研究讯息。每一阶段的田野调查结束后，扎比亚科·安德烈教授都会很快形成研究报告，并将最新的田野考察的发现与王禹浪教授进行交流，我也会在第一时间将俄文翻译为中文，并反复斟校。

2018年3月，为了更好地完成黑龙江流域古代民族筑城研究，王禹浪教授特意申报了国家社科基金项目，即"隋唐时期黑水靺鞨及相关历史地理问题研究"，并于当年9月正式获批（项目编号：

18BZS122），扎比亚科·安德烈教授和我有幸作为正式成员，参与到王禹浪教授主持的这一课题项目中。同时，"俄罗斯阿穆尔河（黑龙江）左岸地区古城址研究"项目也被列入其中。

本书第一章"阿穆尔河（黑龙江）左岸地区早期铁器时代考古学文化与民族史述略"、第二章"阿穆尔河（黑龙江）左岸古城址研究史"为绪论，全面系统阐述了黑龙江左岸早期铁器时代和中世纪民族与文化的发展历程，以及俄罗斯学界对这一地区城址的记录、考察、发掘和研究的历程。其后主体部分以黑龙江上游、中游、下游三段的自然地理分界展开。扎比亚科·安德烈、扎伊采夫·尼古拉负责黑龙江上游和中游左岸的古城址研究，麦德维杰夫·维塔利负责黑龙江下游及乌苏里江流域的古城址研究。除了上文所提及的近十座经过实地调查的古城外，还有许多我们未亲自实地调查的古城址。这些古城址绝大多数经过苏联阿穆尔州著名地方志学家诺维科夫—达翰尔斯基和俄罗斯考古学家扎伊采夫·尼古拉研究员领导的阿穆尔州历史文化遗产保护中心考古工作者的调查和著录，近年来该中心主任沃尔科夫·杰尼斯研究员又对若干重要古城进行了复查和局部发掘，获得了一些新成果，本书所涉该类古城信息主要源自以上材料。麦德维杰夫·维塔利教授的研究则主要基于多年亲临考古一线所获得的发掘、研究成果的积累和阐释，其中相当一部分丰富的一手材料为首次公开。

本书涉及大量复杂而专业的筑城学、考古学、民族学、人类学、地理学术语，许多俄语词汇和学术语言习惯与汉语并不能通过直译寻求对应，如具有浓厚中国考古学特色的瓮城（瓮门）、马面、角楼、灰坑、泥质陶、附加堆纹、瓦当、烧土等词汇，在俄语中都有其特有的表达方式。这就需要在相关专业知识的背景下进行一定程度的转译，并组织为一种中国学术界习见的专业表达方式，当然，这种转译完全是建立在严格尊重作者原意的前提下进行适度"信达雅"的"微调"。在本书的撰写和翻译过程中，安德烈教授与我常常在办公室或电话中交流探讨，不断为我答疑解惑。这一过程，对我的俄语听力、口语、笔译、术语学的学习以及考古学的专业研究都有莫大的助

译后记

益。同时，我还参考了王德厚、裘石、杨振福、林树山、姚凤、宋玉彬、车霁虹、梁会丽等前辈师长的俄文学术译文规范，这些译文大多收录在北方文物杂志社出版的多期《东北亚考古资料译文集》以及胡凡、盖莉萍编著的《俄罗斯学界的靺鞨女真研究》一书中。[1] 1978年由黑龙江省哲学社会科学研究所研究室编译的《阿穆尔州地志博物馆与方志学论丛（选辑）》收录了阿穆尔州地志学家 Г. С. 诺维科夫—达斡尔斯基撰著的《阿穆尔州考古图资料》等考古学研究成果[2]，也对我帮助甚大。

在本书的创作和翻译过程中，得到了中俄两国许多师友的帮助。王禹浪教授始终高度关注着书稿的进度，从策划到对译稿的审校和修改，提出了诸多真知灼见，并积极与黑河学院、中国社会科学出版社的领导沟通。中国社会科学院中国边疆研究所范恩实研究员拨冗为本书撰写了专家评审意见。感谢所有为本书提供了帮助的中国朋友和俄罗斯朋友——您们和这部书稿都是中俄友谊的见证！

需向学界同人陈情的是，本人虽竭尽心力进行专业翻译的摸索和学习，反复对译稿进行修改，但囿于学术水平有限，难免存在不妥和谬误，这些不当之处均由本人负责，恳请前辈师友不吝指教。

译者　王俊铮
2020年10月初稿于陕西宝鸡
2023年12月定稿于俄罗斯阿穆尔州

---

[1] 胡凡、盖莉萍编著：《俄罗斯学界的靺鞨女真研究》，黑龙江人民出版社2015年版。
[2] Г. С. 诺维科夫—达斡尔斯基等：《阿穆尔州地志博物馆与方志学论丛（选辑）》，黑龙江省哲学社会科学研究所研究室译，黑龙江人民出版社1978年版。

Древние и средневековые городища Приамурья

Авторы: Забияко А. П., Зайцев Н. Н., Медведев В. Е.
Переводчик: Ван Цзюньчжэн
Корректор: Ван Юйлан

Пекин
Нздательство «Чжунго Щэхуэй Кэсюе Чубаньщэ»
2024

Глвава 1

Краткий очерк археологических культур и этнической истории левобережья Амура в раннем железном веке и средневековье

А. П. Забияко

Городища – это археологические памятники, которые представляют собой укреплённые поселения. Обычно такие поселения окружены рвами, обнесены валами; нередко на валах возводились стены. Как правило, внутри стен находились общественные и жилые дома, а также хозяйственные постройки. Иногда внутри стен нет следов проживания людей, что объясняется, очевидно, особыми функциями таких городищ. Некоторые городища возникали и функционировали как ритуальные центры, святилища. Примеры таких построек хорошо известны из исследований городищ Восточной Европы.

На ранних этапах истории подобных городищам типов поселений не было, что было обусловлено состоянием экономической деятельности, социальных отношений и практикой ведения военных действий. В течение длительного периода исторического развития в силу кочевого и полукочевого образа жизни, малочисленности коллективов, отсутствия острых социальных и этнических противоречий люди не нуждались в укреплённых поселениях. Переход к производящему хозяйству и оседлому образу жизни, рост народонаселения, усложнение социальной структуры, отношений внутри сообществ и между сообществами (племенными, раннегосударственными, этническими) – эти и другие факторы создали социальные условия для появление укреплённых поселений. Городища возникают в результате возрастания в общественной жизни организованного вооружённого насилия со стороны определённых социальных или этнических групп. Рост вооружённого насилия сопровождался возрастанием потребности в обороне от него.

В бассейне реки Амур появление первых городищ относится к раннему железному веку, к польцевской археологической культуре (*Илл. 1 – 1. Керамика польцевской культуры. Из книги История Амурской области, 2008, с. 69*).

Памятники польцевской культуры, расположенные на Амуре от Малого Хингана до устья, были обнаружены А. П. Окладниковым ещё в 1935 г. Своё название культура получила по названию небольшой возвышенности, рёлки, которую местные жители назвали Польце. Это место находится близ с. Кукелево на Среднем Амуре. Отрядом А. П. Окладникова, в котором работали молодые археологи А. П. Деревянко и Б. С. Сапунов, на рёлке в 1962 г. было открыто древнее поселение. А. П. Деревянко в дальнейшем сыграл большую роль в изучении памятников этой культуры. Согласно А. П. Деревянко, польцевская культура в своём развитии прошла три этапа – желтояровский этап (Ⅶ – Ⅵ вв. до н. э.), польцевский этап (Ⅵ – Ⅱ – Ⅰ вв. до н. э.) и кукелевский этап (Ⅰ – Ⅳ вв. н. э.). Население *польцевской культуры* жило преимущественно оседло, занимаясь земледелием, свиноводством, а также рыболовством и охотой.

Значительную роль в образе жизни носителей этой культуры играли военные действия.

Согласно устоявшемуся подходу, носители *польцевской культуры* были потомками населения *урильской культуры*. К примеру, в книге «Далёкое прошлое Приморья и Приамурья» на основе находок некоторых самобытных вещей (например, модели детской колыбели) говорится о предположении А. П. Окладникова, что этногенез носителей *польцевской культуры* связан с тунгусо-маньчжурской группой, мигрировавшей по Амуру из Прибайкалья[1]. Позднее А. П. Деревянко в своих публикациях

---

[1] Окладников А. П., Деревянко А. П. Далекое прошлое Приморья и Приамурья. Владивосток, 1973. С. 292 – 298.

Глвава 1 Краткий очерк археологических культур и этнической истории левобережья Амура в раннем железном веке и средневековье

обосновал принадлежность носителей *урильской культуры* и их потомков – носителей *польцевской культуры* к палеоазиатской общности, высказав мысль о том, что они, возможно, являются представителями известного по китайским письменным источникам народа *илоу*①. Некоторые китайские исследователи относят *польцевскую*, *урильскую и янковскую культуры* и племена *илоу* к предкам тунгусо-маньчжурских народов②.

Этническая общность, создавшая *польцевскую культуру*, около Ⅲ в. до н. э. начинает расширять границы своего существования за пределы своей прародины в Приморье и на Японские острова③. На Японских островах польцевское население, возможно, приняло участие в формировании археологической культуры *яёй*. Польцевская культура, очевидно, оказала влияние на культуры *гунтулин* и *фэнлинь* которые развивалась в Северо-Восточном Китае. В Приморье, в особенности в бассейне реки Уссури, обнаружены многочисленные памятники *польцевской культуры*, включая городища – Рудановское и Новогордеевское, Глазовка-городище и другие④. Появление этих укреплённых поселений объясняется тем, что мигрировавшие на юг Приморья *польцевские* племена встречались здесь с недружественным местным населением (носителями *кроуновской культуры*), в результате чего возникали военные конфликты.

Вверх по Амуру дальше хребтов Малого Хингана миграции *польцевского* населения почти не продвинулись. На Зейско-Буреинской равнине и на

---

① Деревянко А. П. Ранний железный век Приамурья. Новосибирск, 1973; Деревянко А. П. Приамурье I тысячелетия до нашей эры. Новосибирск, 1976.

② Сунь Цзиньцзи. Древние народы Приморья и Приамурья в китайских письменных источниках // Древняя и средневековая история Восточной Азии. К 1300-летию образования государства Бохай. Владивосток, 2001. С. 52 – 53.

③ См., например: Хон Хён У. Керамика польцевской культуры на востоке Азии (Ⅴ в. до н. э. – Ⅳ в. н. э.): автореф. дисс. уч. степ. канд. ист. наук: спец. 07. 00. 06. Новосибирск, 2008.

④ Деревянко А. П. Ранний железный век Приамурья. Новосибирск, 1973. С. 270 – 271; Деревянко А. П., Медведев В. Е. К проблеме преобразования культур позднейшей фазы древности на юге Приморья (по материалам исследования поселения Булочка) // Археология, этнография и антропология Евразии. № 3 (35). 2008. С. 14 – 35.

Верхнем Амуре следы *польцевской* военной или культурной экспансии малочисленны. Возможно, миграциям препятствовало сильное сопротивление местного населения или похолодание климата в конце I тыс. до н. э., побуждавшее польцевцев продвигаться на юг, в приморские земли.

На территории Среднего и Верхнего Амура в начале I тыс. н. э. существовала *михайловская археологическая культура*. Она была широко распространена, прежде всего, в поймах рек, пригодных для земледелия, которое было основным занятием населения (Михайловское и Костьерское городища, Озеро Долгое, другие памятники). Следы михайловской культуры обнаружены также в таёжной зоне (Букинский Ключ на Бурее и другие), где представители этой культуры занимались охотой, рыболовством и собиранием дикоросов. Время существования *михайловской культуры* – III – VIII вв. (возможно, отдельные группы сохранились до X в.).

Своё название *михайловская культура* получила в результате раскопок в 1967 – 1968 гг. Е. И Деревянко городища, которое находится близ с. Михайловка. Это городище было отнесено Е. И. Деревянко к мохэской археологической культуре. Позднее О. В. Дьякова, не возражая по поводу отнесения городища как памятника мохэской культуры, на основе изучения особенностей керамики выделила *михайловскую культуру* в особую группу. В конце 80-х – 90-х гг. С. П. Нестеров, сопоставив археологические материалы михайловской культуры, ряда других памятников Приамурья и письменные сведения о локализации северной группы шивэй, обосновал идею принадлежности носителей *михайловской культуры к бэй шивэй*[①]. Согласно такой интерпретации, в середине I тыс. н. э. на Верхнем и Среднем Амуре (до Малого Хингана) преобладающим населением были пришедшие сюда с запада монголоязычные (протомонгольские) этнические группы (Илл. 1 – 2. Керамика

---

① История Амурской области с древнейших времён до начала XX века / Под ред. А. П. Деревянко, А. П. Забияко. Благовещенск, 2008. С. 77. См. также: Нестеров С. П. Северные шивэй в Приамурье // Традиционная культура востока Азии. Археология и культурная антропология / Под ред. А. П. Забияко. Благовещенск, 1995. С. 105 – 122.

Глвава 1 Краткий очерк археологических культур и этнической истории левобережья Амура в раннем железном веке и средневековье

михайловской культуры. Из книги История Амурской области, 2008, с. 82).

В настоящее время позиция С. П. Нестерова по поводу понимания этнического субстрата *михайловской культуры* получила признание, но остаётся дискуссионной[1]. Другая точка зрения на этногенез михайловской общности представлена ныне, прежде всего, в публикациях Д. П. Болотина, который полагает, что *михайловская культура* явилась результатом синтеза *талаканской* и поздней *польцевской культур*. Согласно Д. П. Болотину, представители «многочисленного урило-польцевского населения» были тунгусоязычными. Поэтому, полагает Д. П. Болотин, носителями михайловской культуры относились к тунгусам[2].

Очевидно, что проблема этнической принадлежности носителей *михайловской культуры* далека от окончательного решения. Археологические раскопки пока не позволили обнаружить костные станки представителей *михайловской культуры*. Без антропологических данных сложно судить об этнических основах археологической культуры. Следует иметь также в виду, что неоднозначность трактовки этногенеза михайловской группы обусловлена неоднородностью той этнической общности, которая по китайским источникам именуется *шивэй*. Названием *шивэй* обозначался конгломерат этнических групп, обитавших по преимуществу на землях Маньчжурии, восточной части Монголии и Забайкалья. Многие локальные группы шивэй относились к монголоязычным этносам; на территории Приамурья к ним принадлежали *бэй шивэй – северные шивэй, бо шивэй*, другие[3]. Они вели

---

[1] Шеломихин О. А. Этнокультурная динамика Западного Приамурья в раннем железном веке и раннем средневековье (по материалам памятников Букинский Ключ – 1 и Безумка) // Традиционная культура востока Азии. Сборник статей. Вып. 6 / Под ред. А. П. Забияко. Благовещенск, 2010. С. 146.

[2] История Амурской области с древнейших времён до начала XX века / Под ред. А. П. Деревянко, А. П. Забияко. Благовещенск, 2008. С. 88 – 91; Болотин Д. П. Мохэские традиции в Западном Приамурье // Традиционная культура востока Азии. Сборник статей. Вып. 6 / Под ред. А. П. Забияко. Благовещенск, 2010. С. 158 – 159.

[3] Деревянко Е. И. Племена Приамурья. I тысячелетие нашей эры (Очерки этнической истории и культуры). Новосибирск, 1981; Ларичев В. Е. Народы Дальнего Востока в древности и средние века и их роль в культурной и политической истории Восточной Азии // Дальний Восток и соседние территории в средние века: история и культура востока Азии. Новосибирск, 1980.

происхождение от протомонгольской общности, именуемой в китайских летописях I тыс. до н. э. *дунху* (кит. *восточные варвары*)①. Не все шивэй, однако, были причастны к протомонгольским племенам. Некоторые группы шивэй относились к тунгусо-маньчжурской общности (*да шивэй*, *хуантоу шивэй*, т. д.). Различались не только языки разных локальных общностей шивэй. Различались этногенез, антропологические и хозяйственно-культурные типы этих групп: одни были преимущественно оседлые земледельцы и скотоводы, другие вели полукочевой образ жизни таёжных охотников.

Племена *михайловской культуры* на территории к северо-западу от Малого Хингана противостояли в первые века I тыс. н. э. племенам *польцевской культуры*. Конфликты между этими этническими группами обусловили появление на юге Зейско-Буреинской равнины укреплённых поселений.

Во второй половине I тыс. н. э. у населения *михайловской культуры* появились на Среднем Амуре новые соперники.

Около VII в. на берега Верхнего и Среднего Амура продвигаются тунгусоязычные группы населения. С северо-запада, из Забайкалья и юга Якутии перемещаются *да шивэй*, а с юга и юго-востока движутся *хэйшуй мохэ* и родственные им прототунгусские группы②.

Согласно позиции С. П. Нестерова, *хэйшуй мохэ* в начальный период своей истории обитали в районах среднего и нижнего течения р. Сунгари и р. Уссури. Оставленные ими следы жизнедеятельности археологически определяются как *найфельдская группа мохэской археологической культуры*, локальным вариантом которой была *благословеннинская группа археологических памятников*. Наиболее ранние памятники *найфельдской группы хэйшуй мохэ*

---

① Материалы по истории древних кочевых народов группы дунху / Введение, пер. и ком. В. С. Таскина. М. ,1984. Из последних публикаций см. ,например: Дашибалов Э. Б. Древние и ранние монголоязычные народы и их связи с населением Маньчжурии и Корейского полуострова: автореф. дисс. уч. степ. канд. ист. наук: спец. 07. 00. 03. Улан-Удэ, 2011; Дашибалов Э. Б. Контакты и взаимоотношения древних монголоязычных народов с предками тунгусо-маньчжурских и корейских народов // Вестник Бурятского университета. 2015. № 8. С. 137 – 144.

② Нестеров С. П. Народы Приамурья в эпоху раннего средневековья. Новосибирск, 1998. С. 14 – 20.

Глвава 1 Краткий очерк археологических культур и этнической истории левобережья Амура в раннем железном веке и средневековье

расположены в Приамурье восточнее Малого Хингана по обоим берегам Амура и датируются IV – VI вв. *Найфельдская группа хэйшуй мохэ* в Сунгарийско-Уссурийском регионе была основной этнической общностью. На рубеже VII – VIII вв. часть найфельдской группы перемещается из Сунгарийско-Уссурийского района на берега Среднего Амура в Зейско-Буреинский район. Причины их переселения были обусловлены военными конфликтами с государством Бохай. Маршрут миграции пролегал через бассейн верховий реки Нонни, где есть удобные проходы между горными системами Ильхури-Алинь и Малым Хинганом. Новые места обитания *хэйшуй мохэ* на левобережье Среднего Амура отмечены археологическими памятниками-могильниками Ново-петровский, Шапка, поселение на горе Шапке и другими[1]. Следует заметить, что локализация С. П. Нестеровым носителей *найфельдской группы хэйшуй мохэ* восточнее Малого Хингана по обоим берегам Амура и его притоков частично не согласуется с другими археологическими данными.

В период VIII – IX вв. к востоку от Малого Хингана на левобережье Амура, согласно исследованиям В. Е. Медведева, уже существовали поселения ранних чжурчжэней, что фиксируется археологическими памятниками этой общности. Культура ранних амурских чжурчжэней во многом отлична от мохэской. Например, материалы Корсаковского могильника показывают, что уже в VII – VIII вв. чжурчжэньская культура обладала присущими ей элементами[2]. Уже в VI в. в китайских источниках наряду с мохэ упоминаются чжурчжэни. В. Е. Медведев полагает, что модель этнической истории, согласно которой вначале возникла общность мохэ (уцзи), а затем она эволюционировала в чжурчжэней, – «неполная трактовка этнокультурной

---

[1] Нестеров С. П. Народы Приамурья в эпоху раннего средневековья. Новосибирск, 1998. С. 53 – 70; Нестеров С. П. Народы Приамурья в эпоху раннего Средневековья // Албазинской острог: История, археология, антропология народов Приамурья. Отв. ред. А. П. Забияко, А. Н. Черкасов. Новосибирск, Изд-во ИАЭТ СО РАН, 2019. С. 9 – 23.

[2] Медведев В. Е. Корсаковский могильник: хронология и материалы. Новосибирск, 1991. С. 31, рис. 3.

ситуации» в Приамурье①.

Очевидно, история *мохэ* в Приамурье требует дальнейших археологических, текстологических, лингвистических и антропологических исследований, которые позволят уточнить знания об этногенезе мохэской общности и этнокультурной эволюции локальных групп мохэ.

Хорошо известно, что крупным объединением *мохэ* были *сумо мохэ*. В Приморье племена *сумо мохэ* сыграли ведущую роль в создании государства Бохай, границы которого они стремились расширить. Около VIII в. часть *сумо мохэ* переместилась на Средний и Верхний Амур. Археологические данные, например, могильника на горе Шапка, свидетельствуют о начавшихся военных конфликтах между *хэйшуй мохэ* и *сумо мохэ*. В итоге *хэйшуй мохэ* и *сумо мохэ* пришли к территориальному равновесию, и на их стыке появилось смешанное население②.

Сумо мохэ заняли территории бассейна р. Зеи и Верхнего Амура, где они оказались в близком соседстве с поселениями *бэй шивэй*, населением *михайловской археологической культуры*. Свидетельством пребывания *сумо мохэ* на Среднем и Верхнем Амуре является *троицкая группа археологических памятников*③ (Илл. 1 – 3. Троицкий могильник. Погребальный инвентарь. Из книги История Амурской области, 2008, с. 102.). «Появление троицких традиций на Амуре связано с миграцией бохайского (сумо мохэ) населения из верхнего бассейна Сунгари, или южной Маньчжурии. Однако собственно троицкими традициями мигранты в момент своего прихода ещё не обладали, так как на территории, откуда началась миграция, троицкой группы памятников нет, а есть похожие, культурно близкие объекты. Троицкая группа сформировалась в Западном Приамурье как результат

---

① Медведев В. Е. Корсаковский могильник: хронология и материалы. Новосибирск, 1991. С. 35.

② Нестеров С. П. Народы Приамурья в эпоху раннего средневековья. Новосибирск, 1998. С. 94.

③ Деревянко Е. И. Мохэские памятники на Среднем Амуре. Новосибирск, 1975; Деревянко Е. И. Троицкий могильник. Новосибирск, 1977.

Глвава 1 Краткий очерк археологических культур и этнической истории левобережья Амура в раннем железном веке и средневековье

взаимодействия мигрантов и аборигенного населения михайловской культуры»[1].

Очевидно, что население, проживавшее в границах *троицкой группы мохэ*, как, впрочем, и всей мохэской общности, не было однородным как с точки зрения этнокультурных особенностей, так по своим антропологическим признакам. Краниологические исследования В. П. Алексеева, обследовавшего 60 черепов Троицкого могильника, показали, что троицкие мохэ были монголоидами, принадлежащими к байкальскому типу (расе). Свойственная мохэ комбинация признаков является в той или иной степени исходной для формирования антропологического состава всех тунгусо-маньчжурских народов бассейна Амура, они близки также признакам многих восточносибирских палеоазиатов[2].

Одним из итогов археологических исследований Троицкого могильника в начале XXI в. стала работа по извлечению из древних костных остатков митохондриальной ДНК (мтДНК). Анализ ДНК привёл к важному выводу: «Представленность в небольшой выборке древнего материала восточноевразийских, западноевразийских гаплогрупп и африканской гаплогруппы L позволяет предположить, что генофонд популяции человека культуры мохэ характеризовался исключительной гетерогенностью генетического материала»[3]. Своеобразие антропологических особенностей *троицких мохэ* может иметь объяснение в сложном процессе этногенеза, в котором участвовали разные этнические группы, представители разных популяций, причём не только те, что

---

[1] История Амурской области с древнейших времён до начала XX века / Под ред. А. П. Деревянко, А. П. Забияко. Благовещенск, 2008. С. 94 – 95.

[2] Алексеев В. П. Материалы по краниологии мохэ // Палеоантропология Сибири. М., 1980. С. 106 – 129; Алексеев В. П. Историческая антропология и этногенез. М., 1989. С. 419.

[3] Алкин С. В., Чикишева Т. А., Губина М. А., Куликов И. В. Археология, антропология и палеогенетика Троицкого могильника (культура мохэ: первые результаты комплексного анализа // Проблемы биологической и культурной адаптации человеческих популяций. Т. 1. Археология. Адаптационные стратегии древнего населения Северной Евразии: сырье и приемы обработки. СПб., 2008. С. 202 – 207.

принадлежали к байкальскому типу монголоидов.

Около XI в. на левобережье Верхнего и Среднего Амура завершается период истории, связанный с гегемонией тунгусских этнических групп, известных нам под наименованиями *хэйшуй мохэ* и *сумо мохэ*. Исчезают следы жизнедеятельности *найфельдской культуры* и *троицкого комплекса археологических памятников*. Здесь начинается новая эпоха истории.

В XI веке в Приамурье происходит переход от раннего к развитому средневековью. Этот переход в российских исследованиях принято связывать с возникновением на исторической сцене крупной этнической общности, которая в китайских летописях именуется *чжурчжэнями* (*нючжэнями, нюйчжэнями*). Китайская историографическая традиция почти единодушно соглашается с тем, что название *чжурчжэни*, возникающее приблизительно в X в., прилагалось вначале к одной из групп *мохэ*, а затем закрепилось в качестве общего наименования этой этнической общности. Однако, как сказано выше, есть сведения, в т. ч. в китайских источниках, об упоминании чжурчжэней в VI в.[①] Спорным остаётся вопрос о том, какая именно мохэская общность (племя) первой стала называться *чжурчжэнями*. Многие склоняются к тому, что это были *хэйшуй мохэ*[②]. Отдельные китайские исследователи допускают, что происхождение *чжурчжэней* связано с *дунху*; некоторые полагают, что предки *чжурчжэней, маньчжуров* — это или мигранты с Корейского полуострова, или аборигены, которые проживали в бассейнах р. Уссури и р. Сунгари[③]. Большинство российских исследователей согласны с тем, что *чжурчжэни* продолжают линию развития *мохэской общности*. Наиболее

[①] Воробьев М. В. Чжурчжэни и государство Цзинь (X – 1234 гг.). Исторический очерк). Москва, 1975. С. 30, 360; Медведев В. Е. Курганы Приамурья. Новосибирск, 1998. С. 35.

[②] См., например: Сюй Мэншэнь. Саньчао бэймэн хуйбянь (Собрание документов о дипломатических отношениях с имперей Цзинь при трёх императорах династии Сун). Шанхай, 1987. Фотолитографическое издание, Т. 3. С. 11 – 12.

[③] См., например: Го Кэсин. Хэйлунцзян сянтулу (Выдержки краеведческих публикаций провинции Хэйлунцзян). Харбин, 1987. С. 10, 227.

Глвава 1　Краткий очерк археологических культур и этнической истории левобережья Амура в раннем железном веке и средневековье

вероятно, что появление и дальнейших рост собственно чжурчжэньского ядра локализован на Амуре, Сунгари и в низовьях Уссури – там, где исторически обитали *хэйшуй мохэ*.

Начало этнокультурным изменениям в Восточном Приамурье (на Нижнем Амуре), очевидно, было положено переселением *бохайцев*, которое проходило по р. Уссури. Возможно, эта переселенческая волна оставила *корсаковский* вариант культуры *амурских чжурчжэней*, который локализовался в основном от устья Уссури далее вниз по Амуру[1].

Бохайская волна переселения населения с территории Маньчжурии в X в. оказала огромное влияние на этнокультурную ситуацию в Восточном Приамурье. Во-первых, она усилила образовавшуюся здесь ранее родственную *бохайскую* диаспору. Во-вторых, видимо, ускорила процесс вхождения *хэйшуй мохэ* в новую этническую общность – *чжурчжэней*, так как именно с этой волной в Приамурье проникает и окончательно закрепляется данный новый этноним. По крайней мере, исследованные памятники конца X – XII вв. (Корсаковский, Надеждинский, Дубовской и др. могильники; городище Джари, поселения Сикачи-Алян – III, Петропавловка, в устье р. Тунгуски и др.[2]) демонстрируют отсутствие лепных сосудов *найфельдского* типа и широкое распространение керамики, близкой к культуре бохайских *сумо мохэ*, хотя традиция изготовления *найфельдского* типа сосудов в отдельных случаях, возможно, доживает вплоть до XII в.[3]

На верхнем и среднем Амуре (в западной части Приамурья) мохэские мигранты вступили в контакт с бэй шивэй. В границах современной Амурской области известно значительное число исторических памятников,

---

[1] Медведев В. Е. Корсаковский могильник: хронология и материалы. Новосибирск, 1991. С. 31.

[2] Медведев В. Е. Приамурье в конце I-начале II тысячелетия. Чжурчжэньская эпоха. Новосибирск, 1986. 208 с.

[3] Дьякова О. В., Шавкунов Э. В. Новый памятник железного века на Нижнем Амуре-городище Сикачи-Алян // Советская археология. 1975. № 3. С. 158 – 159.

· 153 ·

сохранивших наследие чжурчжэньского прошлого. Одним из наиболее заметных следствий чжурчжэньской военной активности являются укреплённые городища, крепости. В 2003 г. на р. Архаре среди наскальных изображений, выполненных охрой, был обнаружен текст, написанный чёрной краской①. В ходе дальнейших исследований было установлено, что текст написан чжурчжэньским письмом. Он датирован 1127 г., его автор, чиновник государства Цзинь, указал в тексте своё имя – Шин Тэрин (чжурчжэньский язык – ʃin-tərin, в китайской транскрипции Шэньтэлинь 申忒鄰). Ближайшим к устью Архары крупным чжурчжэньским городищем являлась крепость на горе Шапка. Эта надпись проливает новый свет на границы расселения, историю миграций чжурчжэней эпохи империи Цзинь, распространение их культуры на сопредельных территориях Восточной и Северо-Восточной Азии.

Большинство антропологов и археологов твёрдо относят чжурчжэней к тунгусской общности. При этом, однако, очевидно, что невозможно реконструировать некий изначальный «чистый» тунгусский антропологический тип. С. М. Широкогоров отмечал, что тунгусы с антропологической точки зрения не являются гомогенной целостностью, а представляют собой соединение нескольких разных типов, в которое интегрированы к тому же палеоазиатские, монгольские, китайские (ханьские) и некоторые другие компоненты. Тем не менее, они образуют отдельный антропологический тип②. Основные антропологические признаки чжурчжэней достаточно надёжно реконструируются на основании хорошо изученных характеристик маньчжуров, которые являются органичным продолжением этнической истории чжурчжэней. Н. Н. Чебоксаров указывал, что маньчжуры принадлежат к дальневосточной (восточноазиатской) расе тихоокеанских монголоидов; маньчжуры представляют внутри этой расы резко брахикефальный (узкоголовый) монголоидный тип с относительно узким

---

① Забияко А. П., Кобызов Р. А. Петроглифы Архары: история изучения и проблема интерпретации // Миграционные процессы на Дальнем Востоке (с древнейших времен до начала XX века). Благовещенск, 2004. С. 130 – 136.

② Shirokodoroff S. M. Anthropology of Northern China. Shanghai, 1923, pp. 104 – 107.

Глвава 1 Краткий очерк археологических культур и этнической истории левобережья Амура в раннем железном веке и средневековье

лицом①.

Уже в X – начале XI в. чжурчжэни Приамурья создали свою высокоразвитую культуру (амурских чжурчжэней). *Чжурчжэни* развили хозяйственно-культурный тип, бытовавший у *мохэ*. Образ жизни *чжурчжэней* сочетал в разных природных обстоятельствах и в традициях локальных групп оседлое проживание и кочёвку с использованием переносных жилищ, повозок. *Чжурчжэни* пахали землю, выращивая злаковые растения, занимались скотоводством, разводили крупный рогатый скот, свиней, лошадей и мелких домашних животных. На берегах водоёмов они ловили рыбу, а в лесах и на равнинах охотились на зверя, птицу. Одним из любимых занятий и развлечений чжурчжэней была охота с использованием ловчих птиц соколиной породы (сапсанов, кречетов). Высокого развития у них достигли ремёсла, обработка металлов, гончарство.

На берегах Амура чжурчжэни оставили многочисленные свидетельства своей жизнедеятельности – поселения, городища, крепости, могильники, храмы, клады②.

В X – начале XII вв. значительная часть *мохэ-чжурчжэней* попала в зависимость от *киданей*, протомонгольской общности, которая создала на востоке Азии мощную обширную империю Ляо (907 – 1125 гг.) и разгромила мохэское государство Бохай в 926 г. К концу XI в. *чжурчжэни* начали формировать антикиданьскую коалицию. В 1125 г. вождь Агуда из рода *ваньянь* объединил *чжурчжэньские* племена и, вытеснив *киданей* с территории Маньчжурии, создал государство Цзинь со столицей Цзиньшанцзин близ современного Харбина. Вплоть до начала XIII в. империя Цзинь (Золотая империя) была могущественным государством, обладавшим развитой придворной культурой и религией, письменностью. В ходе тяжелейшего противостояния экспансии монголов под предводительством

---

① Чебоксаров Н. Н. Этническая антропология Китая (расовая морфология современного населения). М., 1982. С. 129 – 133.

② Медведев В. Е. Приамурье в конце I-начале II тысячелетия (Чжурчжэньская эпоха). Новосибирск: Наука, 1986.

Чингисхана и его преемников (войны 1211 – 1215, 1231 – 1234 гг.) *чжурчжэньское* государство пало, а демографические, социальные и культурные основы общества были надолго подорваны.

В более поздние времена, несмотря на крупные потрясения, которые пережили *чжурчжэни* в Маньчжурии, они сохранили своё присутствие на Амуре. В русских текстах XVII в. они упоминаются под названием *дючеры*, *джучеры* и т. п.

Большого внимания заслуживают письменные сведения о тождественности этнонимов «нюйчен» («чжурчжэнь») и «дючер». Прямые потомки амурских чжурчжэней, которых русские казаки XVII в. именовали дючерами и частично, возможно, натками, сыграли как этнический субстрат одну из ведущих ролей в формировании главным образом нанайцев, а также ульчей и других современных тунгусоязычных народностей Приамурья[①].

В Приамурье к середине XVII в. проживало около 10, 5 тыс. *дючеров*, которые образовывали четыре локальные группы: верхнеамурских, нижнеамурских, сунгарийских и уссурийских *дючеров*[②]. *Дючеры* расселялись от устья Зеи далее по Амуру ниже устья Уссури приблизительно на 150 км. Локальную группу *дючеров* составляли упоминаемые русскими казаками *гогули* (верхнеамурские дючеры), которые жили небольшими поселениями (улусами) на берегах Амура выше впадения в него Сунгари и далее вверх приблизительно до устья Зеи и немногим выше по течению этой реки. Возможно, ближайшие предки *гогулей* входили в этническую общность *троицких мохэ*.[③] Всего поселений *гогулей* было около 120 примерно по 10 домов в каждом.

Улусы *дючеров* входили в более крупные объединения, родовые

---

① Медведев В. Е. Культура амурских чжурчжэней: конец X – XI вв. (по материалам грунтовых могильников). Новосибирск: 1977. С. 159.

② Долгих Б. О. Родовой и племенной состав народов Сибири в XVII веке. М., 1960. С. 611.

③ История Амурской области с древнейших времён до начала XX века / Под ред. А. П. Деревянко, А. П. Забияко. Благовещенск, 2008. С. 119.

Глвава 1 Краткий очерк археологических культур и этнической истории левобережья Амура в раннем железном веке и средневековье

союзы, возглавляемые начальниками, которые в русских текстах XVII в. названы *князцами*. У *гогулей-дючеров* одним из таких князцов был князец Тоенча, под властью которого находилось около 400 человек[①].

Дючеры в основном сохраняли унаследованные от *чжурчжэней* Приамурья традиционные виды хозяйства – землепашество и скотоводство. В качестве тягловой силы они использовали преимущественно быков. Широкое хождение в хозяйстве имела керамическая посуда, восходящая к *бохайскому* и *чжурчжэньскому* гончарству.

После середины XVII в. в ходе исторических изменений *дючеры* на берегах Амура постепенно исчезли. Значительная часть их была переселена в глубь Маньчжурии маньчжурскими правителями Китая. Часть дючеров приняла участие в формировании этнических и племенных групп Амура, прежде всего тургусоязычных нанайцев и ульчей[②].

Около XII – XIII вв. на берегах Среднего Амура появляется крупная этническая общность – *дауры*. Большинство исследователей связывает появление *дауров* на Амуре с миграциями, вызванными образованием и распадом киданьской империи Ляо, чжурчжэньской империи Цзинь, консолидацией и военной активностью *монголов*, объединившихся под предводительством Чингисхана. Этногенез *дауров* остаётся до сих пор дискуссионной проблемой[③]. На основании, прежде всего, письменных источников и этнографических сведений, некоторые исследователи связывали их происхождение с тунгусской общностью, другие относили их

[①] Отписка служилого человека Терентия Ермолина, об оставлении им в Тунгирском зимовье пороха и свинца, посланных к приказному человеку Ерофею Хабарову, и о плавании по реке Амур, 1652 в августе // Дополнения к актам историческим. Том 3. СПб., 1848. С. 358.

[②] Долгих Б. О. Этнический состав и расселение народов Амура в XVII в. по русским источникам // Сб. статей по истории Дальнего Востока. М., 1958. С. 125, 130, 133.

[③] Шренк Л. Н. Об инородцах Амурского края. Том первый. СПб., 1883. С. 161 – 163; Аниховский С. Э., Болотин Д. П., Забияко А. П., Пан Т. А. «Маньчжурский клин»: история, народы, религии / Под общ. ред. А. П. Забияко. Благовещенск, 2005. С. 163 – 181; Цыбенов Б. Д. История и культура дауров Китая. Историко-этнографические очерки: монография. Улан-Удэ, 2012. С. 10 – 43; Хао Цинюнь. Китайские учёные о происхождении дауров // Традиционная культура востока Азии. Под ред. Д. П. Болотина, А. П. Забияко. Благовещенск, Изд-во АмГУ, 1999. С. 207 – 210.

к одной из ветвей *монголов*, третьи отдавали приоритет родству *дауров* и *киданей*[①].

В настоящее время достоверно установлено, что *дауры* в прошлом были монголоязычным этносом, свой родной язык они сохранили доныне. Данные физической антропологии указывают, согласно С. М. Широкогорову, на принадлежность *дауров* к типу «дельта», который наиболее типичен для *монголов* и *маньчжуров* Северного Китая; в рамках этого типа *дауры* по своим физическим признакам близки *маньчжурам*[②]. Уточняя эти данные, Н. Н. Чебоксаров отмечал сходство *дауров* с северными *китайцами* и *маньчжурами*, «с которыми они издавна были связаны географически, хозяйственно и культурно»[③]. Результаты проведённых китайскими учёными генетических исследований вскрыли родство *дауров* и *киданей*[④]. В исторической памяти современных *дауров*, согласно сведениям китайских этнографов, доминирует представление об их происхождении от *киданей*, основателей династии Ляо[⑤].

Генетические исследования существенно укрепили позиции концепции родства *дауров* и *киданей*. Кидани – протомонгольский этнос, создавший империю Ляо (907 – 1125 гг.), которая охватывала значительную часть Приамурья. Очевидно, что в границах империи происходило движение

---

① Обзор концепций полно представлен в книге: Цыбенов Б. Д. История и культура дауров Китая. Историко-этнографические очерки: монография. Улан-Удэ, 2012. В современной зарубежной литературе позиция родства дауров и киданей представлена в книге авторитетного английского антрополога Кэролин Хэмфри и её соавтора: Humphrey C., Onon U. Shamans and Elders: Experience, Knowledge and Power among the Daur Mongols. Oxford, 1996.

② Shirokodoroff S. M. Anthropology of Northern China. Shanghai, 1923. P. 102 – 103.

③ Чебоксаров Н. Н. Этническая антропология Китая (расовая морфология современного населения). М., 1982. C. 129.

④ DNA Match Solves Ancient Mystery. URL: http://china.org.cn/english/2001/Aug/16896.htm.

⑤ The Daur ethnic minority. URL: http://www.china.org.cn/e-groups/shaoshu/shao-2-daur.htm. Сведения электронного источника подтверждает китайский фольклорист и этнограф У Ган, даур по происхождению, фиксировавший в своих полевых сборах, в семейных мемoратах дауров следы памяти родства дауров и киданей (личный архив А. П. Забияко, запись 2016 г.).

Глвава 1 Краткий очерк археологических культур и этнической истории левобережья Амура в раннем железном веке и средневековье

киданьского населения во время военных походов и иных предприятий, часть вовлечённых в миграционные потоки людей оседала на завоёванных территориях для её освоения и контроля над подданными. Резкое возвышение империи Цзинь и разгром *киданей* дали новые импульсы движению населения. Известно, что в ходе консолидации монгольских племён под властью Чингисхана часть *киданей* влилась в его армию, приняла участие в походах и управлении под контрольными территориями. Возможно, именно этими обстоятельствами обусловлена позиция некоторых исследователей, которые полагали, что *дауры* – это потомки монгольских поселенцев, пришедших в Приамурье в ходе военных действий Чингисхана и его преемников.

Важно, что вплоть до X в. на берегах Амура сохранялись локальные группы *северных шивэй* (*бэй шивэй*), составлявших основной этнический субстрат *михайловской культуры*[1]. *Северные шивэй* были близки *киданям*, вместе с которыми вели происхождение от протомонгольской общности *дунху*, чьи восточные границы в древности лежали на склонах хребта Большого Хингана. Во второй половине I тыс. н. э. население *михайловской культуры* сыграло большую роль в этногенезе троицкой группы *мохэ*. Оно было частично ассимилировано пришлой тунгусской общностью *сумо мохэ* и стало одним из компонентов этнического конгломерата, получившего наименование *троицких мохэ*. Для метисированного населения Приамурья X – XIII вв. *кидани* и другие переселявшиеся с верховьев Амура, из Забайкалья монголоязычные общности не были чуждыми в культурном отношении этногруппами.

Во второй половине I – начале II тысячелетия территория Верхнего и Среднего Амура, его притоков – Аргуни, Шилки, Зеи, Буреи, Сунгари, других рек, представляла собой огромную этнокультурную агломерацию –

---

[1] Нестеров С. П. Северные шивэй в Приамурье // Традиционная культура востока Азии. Археология и культурная антропология / Под ред. А. П. Забияко. Благовещенск, 1995. С. 105 – 122.

своего рода «лоскутное одеяло» этнических культур. В этой системе этногрупп, взаимосвязанных разделением труда и обменом его результатами, брачными контактами, договорными обязательствами и т. д., этнические культуры не только граничили друг с другом, но и в большей или меньшей степени налагались друг на друга. На это в своё время справедливо указывал Е. И. Кычанов[①].

В «плавильном котле» этнокультурной агломерации амурских народов соединялись в неоднородное целое части, образовавшие в итоге *дауров* как этническую общность. Эти части, с одной стороны, были укоренены в автохтонных культурах, а с другой стороны, являлись привнесёнными от соседей. *Дауры*, генетически восходящие к *киданям*, говорившие на наречии монгольского языка, сплавившие в своей культуре шивэйские, собственно монгольские, мохэские, чжурчжэньские, тюркские, китайские и культурные традиции, представляли народ, отразивший в своём этногенезе и образе жизни сложный характер этнических процессов в условиях крупных исторических потрясений. Т. е, есть основания полагать, что этногенез *дауров* в своей завершающей стадии происходил в Приамурье в XII – XIII веках.

К середине XVII в. *дауры* занимали огромную территорию, раскинувшуюся на западе вдоль берегов Шилки, Аргуни и далее простирающуюся по Амуру и его притокам вплоть до впадения в него р. Зея. На карте Николаса Витсена (1687 г.) область их расселения обозначена преимущественно по левобережью Верхнего Амура и названа *Даурией*. Берега Зеи *дауры* плотно заселяли на сотни километров вверх вплоть до устья р. Умлекан. По Амуру ниже впадения Зеи поселения *дауров* соседствовали с улусами *дючеров* (*гогулей*) до устья Буреи, где проходил восточный рубеж даурской земли. Крупный анклав *дауров* в районе на Большого Хингана в долине р. Нонни (Нэньцзян). За пределами бассейна Амура часть *дауров* занимала земли по р. Витим. Таким образом, территория расселения *дауров* охватывала значительную часть Забайкалья,

---

① Кычанов Е. И. Монголы в VI – первой половине XII в. // Дальний Восток и соседние территории в средние века: история и культура востока Азии. Новосибирск, 1980. С. 139.

Глвава 1 Краткий очерк археологических культур и этнической истории левобережья Амура в раннем железном веке и средневековье

Внутренней Монголии и Приамурья. С *даурами* соседствовали, порой смешиваясь, попавшие под их влияние небольшие *тунгусские* группы, которых называли *одаурившимися тунгусами*.

Дауры имели поселения неукреплённого и укреплённого типа, городки. Русские в XVII в. называли даурские селения словом *улус*, иногда это слово подразумевало не только обжитое место, но и род, родовое объединение.

Многочисленные укреплённые городки, острожки имели глубокие рвы и валы, нередко – бревенчатые башни и стены, а также особые тайные ходы для доступа к воде в случае осады. Укреплённые городки использовались зачастую лишь в ходе военных действий для обороны от неприятеля, а в мирное время основная часть населения жила в селениях, занимаясь сельскохозяйственным трудом.

В качестве домов *даурам* служили как рубленные из дерева дома или глинобитные постройки с двускатной крышей, так и лёгкие жилища. Среди домашней утвари у *дауров* преобладала металлическая посуда в отличие от *дючеров*, предпочитавших глиняную.

В основе даурского хозяйства лежало земледелие и скотоводство. На полях, которые *дауры* пахали преимущественно на лошадях, они выращивали зерновые культуры – пшеницу, рожь, ячмень, овёс, просо и гречиху, а также коноплю для получения масла, овощи (огурцы, чеснок, бобы, др.) и другие культуры (яблоки, груши, орехи, др.)[①]. Большую часть поголовья домашних животных составляли свиньи, лошади и крупный рогатый скот.

Дауры занимались не только хлебопашеством и скотоводством, но и вели торговлю с *тунгусами*, обменивая хлеб на мех соболей, и с *китайскими* купцами, продавая соболь и шкуры и покупая шёлковые ткани и другие товары.

Основу социальной организации *дауров* составляли родовые группы

---

① Акты о плавании письменного головы Василья Пояркова из Якутского острога в Охотское море, 1646 после 12 июня // Дополнения к актам историческим. Том 3. СПб., 1848. С. 55.

· 161 ·

(*хала*), которые объединялись в более крупные общности – родовые союзы, над которыми главенствовали родовые вожди, князцы. Судя по письменным свидетельствам русских первопроходцев, в середине XVII в. одним из наиболее влиятельных *даурских* князцов был Лавкай, обладавший большой властью на территории Шилки и Верхнего Амура①. Там же часть родовых групп возглавляли князцы статусом ниже – Гильдега, Албаза, Шилгеней и другие, в большинстве они были родственники Лавкая. Далее вниз по Амуру шли улусы князцов Дасаула, Тыгичея, Гуйгудара, Олгемзы, Бонбулая, Чурончи, Кокорея, Турончи, Толги, Бомбогора и другой даурской знати. Вверх по Зее располагались улусы князцов Балдачи, Бебры, Доптыула, Колпы, Досии и других.

В первой половине XVII в. часть *даурских* князцов признала главенство *маньчжуров* и начала платить маньчжурским властям дань. В 1634 г. князец Балдачи, правивший улусами в нижнем течении Зеи, прибыл к маньчжурскому двору и заключил даннические отношения. Другая часть знати не признавала политическое верховенство *маньчжуров* и даже выступала против *маньчжуров* с оружием в руках. Так, в конце 30-х гг. против *маньчжуров* поднялся большой род князца Бомбогора, чья ставка находилась, скорее всего, на территории амурского Корсаковского кривуна②. На стороне Бомбогора выступили многие *даурские* князцы. Согласно донесениям *маньчжурских* военачальников, участвовавших в походе против *дауров*, только в сражении под городком Дочэнь (ниже Яксы-Албазина) против *маньчжуров* сражались 6 тыс. *дауров*③. В начале 40-х гг. это выступление было жестоко подавлено,

---

① Отписка Василия Юрьева Якутским воеводам Василию Пушкину и Кириллу Супоневу, о посылке из Тунгирского зимовья на Шилку реку служивых людей для разведывания о Тунгусах и Даурах, 1649 марта 12 // Дополнения к актам историческим. Том 3. СПб., 1848. С. 173 – 174; Отписка Якутского воеводы Дмитрия Францбекова, о походе Ерофея Хабарова на реку Амур, 1650 мая 26 // Дополнения к актам историческим. Том 3. СПб., 1848. С. 258 – 261.

② Цыбенов Б. Д. История и культура дауров Китая. Историко-этнографические очерки: монография. Улан-Удэ, 2012. С. 52, 66.

③ Мелихов Г. В. Маньчжуры на Северо-Востоке (XVII в.). М., 1974. С. 69 – 70.

Глвава 1 Краткий очерк археологических культур и этнической истории левобережья Амура в раннем железном веке и средневековье

Бомбогор был схвачен и казнён.

Согласно русским письменным источникам середины XVII в. численность *дауров* в это время составляла около 10 тыс. человек①. По-видимому, в начале XVII в. их было намного больше. Значительный урон был нанесён *даурам маньчжурами*, которые в конце XVI – начале XVII вв. создали государство Цин и начали расширять своё влияние среди окружающих народов, подчиняя их территории и население. В ходе военных походов против соседних народов *маньчжуры* нередко уводили большие группы местного населения в маньчжурские земли. Это пленное население должно было работать в маньчжурских хозяйствах и при необходимости пополнять состав маньчжурских восьмизнамённых войск②. Так, только в ходе одного похода 1639 – 1640 гг. против Бомбогора были захвачены и уведены тысячи *дауров*. Маньчжурская хроника «Да Цин Тайцзу Гао хуанди шилу» включает донесение Абахаю: «Прежде мы, подданные, доносили, что было захвачено в плен 2254 человека; позднее с земель к западу от селения Эсули и к востоку от селения Эрту захвачено в плен ещё 900 человек, всего захвачено 3154 мужчины, 2713 женщин, 1819 малых детей, всего 6956 человек, 424 лошади, 704 коровы и быка…»③.

Приход *русских* ещё более ухудшил демографическую и экономическую ситуацию в среде *дауров* Верхнего и Среднего Амура, большинство даурских улусов были разрушены.

В 1654 г. маньчжурские власти для того, чтобы вывести из-под удара дауров, которых они считали своими подданными, начали уводить население с берегов Амура вглубь Маньчжурии, на р. Нонни и в другие районы. Вдобавок этими мерами маньчжуры лишали русские отряды возможности захвата пленников под выкуп, а также пополнения хлебных и

---

① Долгих Б. О. Родовой и племенной состав народов Сибири в XVII веке. М., 1960. С. 611.

② Мелихов Г. В. Маньчжуры на Северо-Востоке (XVII в.). М., 1974. С. 54.

③ Мелихов Г. В. Маньчжуры на Северо-Востоке (XVII в.). М.: Наука, 1974. С. 71.

мясных ресурсов. Большинство даурского и дючерского населения подчинилось приказу и ушло. Часть этого населения была приписана к маньчжурам, попав в категорию «новых маньчжуров» (*ичэ-маньчжу*), включена в маньчжурскую военную систему «восьми знамён».

Возвращаться на старые земли даурскому земледельческому населению было запрещено и после вытеснения русских. Тем не менее, очень малая часть всё же постепенно вернулась на Средний Амур (преимущественно на правый берег). В основном это население проживало вокруг военных поселений, расположенных вдоль Амура на протяжении нескольких десятков километров ниже устья Зеи. Свободный доступ на Амур был открыт только для даурских купцов, вывозивших из амурской тайги соболиные меха и другие товары, выменянные у охотников-тунгусов.

Задолго до XVII в. в таёжных районах, на склонах хребтов Яблоневого, Станового, Большого и Малого Хингана, Джагды, Буреинского обитала большая этническая группа – *тунгусы*. В одном из первых донесений в Москву об Амуре сообщалось, что по р. Шилка и р. Амазар «многое множество Тунгусов», а также вниз по притокам Амура тоже «Тунгусов же много живет»[①].

О происхождении этнонима *тунгус* высказывались различные предположения. Так, Д. И. Орлов, русский морской офицер и исследователь, одним из первых прояснял в 50-е гг. XIX в. наименование и местоположение *тунгусов*: «Названия Тунгусы и Орончены означают одних и тех же бродячих инородцев, с тою только разницею, что на пространстве от г. Баргузина к востоку до р. Витима и вообще по всему левому берегу этой реки, равно как и по бассейнам рр. Верхней Ангары и Кичеры, их называют Тунгусами, а бродящих за Витимом по рр. Олёкме, Тунгиру, Нюкже, Ольдою и по берегам Амура называют Оронченами. Первое название происходит от испорченного в русском произношении

---

① Отписка Якутского воеводы Дмитрия Францбекова, о походе Ерофея Хабарова на реку Амур, 1650 мая 26 // Дополнения к актам историческим. Том 3. СПб., 1848. С. 260.

Глвава 1 Краткий очерк археологических культур и этнической истории левобережья Амура в раннем железном веке и средневековье

слова Кунгу, означающего короткую шубу из оленьих шкур, сшитую шерстью вверх, которую обыкновенно носят эти инородцы осенью, зимой, весной, иногда же и летом; а второе название дано им от слова Орон (олень), единственного их домашнего животного, на котором они ездят, перевозят тяжести…»[1]. Согласно другим точкам зрения, данный этноним древнего центрально-азиатского происхождения, он восходит к *дунху от монгольского тунг* – «лесные», либо к якутскому *тонгуос* – «люди с мёрзлыми губами», т. е. говорящие на непонятном языке[2].

Тунгусами русские называли неоднородную по этническому составу общность, которую на Верхнем и Среднем Амуре позже стали называть *эвенками*. Этноним *эвенки* происходит от одного из названий народа – *эвэнк*. Происхождение данного термина полностью не выяснено. Некоторые исследователи (В. А. Туголуков) считали этноним *эвенк* производным от китайского термина *увань*, которым в китайских хрониках VII в. обозначались оленеводы, населявшие северо-восточное побережье озера Байкал. Другие учёные (например, М. Г. Туров) полагали, что понятие «эвенк» происходит от широко распространённой в тунгусо-маньчжурских языках лексемы «*эвунки*» (*поперёк*) и производного от этой лексемы слова «*эвункин*» («*поперечноглазый*», *косой*)[3]. Этноним *эвенк* вошёл в широкий оборот сравнительно недавно, в 30-е гг. XX в.

В современной трактовке ситуация выглядит так: «Понятие "тунгусы" может иметь несколько значений. С приставками "северные" и "южные" оно обозначает две группы родственных по происхождению и культуре народов. Первая представлена эвенками и эвенами (ламутами), а вторая –

---

[1] Орлов. Амурские орочоны // Вестник Императорского русского географического общества. СПб., 1857. Книга IV, Часть 21. № 6. С. 193.

[2] Подробнее об этом см.: Народы Сибири. Этнографические очерки / Под ред. М. Г. Левина, Л. М. Потапова. М.; Л., 1956. С. 702.

[3] Туров М. Г. Эвенки. Основные проблемы этногенеза и этнической истории. Иркутск, 2008. С. 162. См. также: Забияко А. П., Аниховский С. Э., Воронкова Е. А., Забияко А. А., Кобызов Р. А. Эвенки Приамурья: оленная тропа истории и культуры / Под ред. А. П. Забияко. Благовещенск, 2012. С. 9.

· 165 ·

тунгусоязычными народами Приамурья и о. Сахалина, чжурченями и маньчжурами»①.

Происхождение тунгусо-маньчжурской общности до сих пор остаётся дискуссионной проблемой. Этногенез тунгусо-маньчжурской общности разные исследователи соотносили с Алтаем, Прибайкальем, Забайкальем, Приамурьем, средним течением Хуанхэ, некоторыми другими регионами северо-восточной части Евразии. Малоизученной остаётся проблема взаимосвязи древнейших *тунгусов* (*пратунгусов*) и *тунгусов* этнографического времени.

Часть *тунгусов* вела кочевой образ жизни в условиях горно-таёжной местности. Для перекочёвок использовались одомашненные олени, которые также служили *тунгусам* источником шкур, мяса и молока. Оленных верхнеамурских тунгусов именовали *орочонами*. Это слово имеет маньчжурские источники происхождения – именно *маньчжуры* первоначально использовали слово *орончон* для обозначения *оленных тунгусов* (от *орон* – олень, *орончон* – оленный).

Другая часть *тунгусов* держалась полуоседлого образа жизни, связанного с коневодством. Эта группа «*конных тунгусов*» принадлежала, прежде всего, к роду *Манагир* (*Манегир*), от названия рода произошло слово *манегры*, которым позднее именовали всех *конных эвенков*. Большую роль в хозяйстве *оленных* и *конных тунгусов*, обитавших в горно-таёжной местности, играли охота (прежде всего, на соболя) и рыболовство. Некоторые родовые группы переходили к земледелию – таких называли «*пашенными тунгусами*». Распространение коневодства и земледелия среди *тунгусов* было обусловлено влиянием их соседей – *дючеров* и *дауров*. На Среднем Амуре, по р. Зее русские в XVII в. встретили немало «*одаурившихся тунгусов*». Известны наименования некоторых родовых групп *пашенных тунгусов* – Баягир, Шемагир, Ежегун, Дулган, которые вели хозяйство на

---

① Туров М. Г. Проблемы исторической прародины северных тунгусов и этногенеза эвенков // Известия Иркутского государственного университета. Серия «Геоархеология. Этнология. Антропология». 2013. № 1 (2). С. 245.

Глвава 1 Краткий очерк археологических культур и этнической истории левобережья Амура в раннем железном веке и средневековье

берегах Зеи и Селемджи. Всего на Амуре и его притоках обитало около 3 тыс. групп, которые относились к *тунгусам*.

До начала XVII в. родовые группы *тунгусов* в Приамурье очень мало были связаны какими-либо подданническими отношениями с соседними народами и государствами.

Владимирская археологическая культура. История средневековых народов и культур Верхнего и Среднего Амура отражена не только в письменных источниках. Она представлена в материалах *владимировской археологической культуры*, которая датируется временем (XIII-XIV – XVII вв.)[1]. Эта культура была определена и описана в 90-е гг. XX в., прежде всего, Б. С. Сапуновым и Д. П. Болотиным. Раскопки археологических памятников показали, что носителями *владимировской культуры* были *дауры* и совместно проживающие с ними *тунгусы*, оставшиеся на Верхнем Амуре и Зее после миграции сюда *дауров*.

Основное представление о *владимировской культуре* дали археологические материалы из раскопок могильников. Могилы некрополей грунтовые. Могильные ямы четырёхугольной или овальной в плане формы. Внутри могильные конструкции представлены рамами-обкладками из стоящих на ребре досок. В могилах умерших хоронили несколькими способами: преобладало трупоположение, вторичный способ применялся реже, захоронения пепла сожжённого тела встречаются очень редко.

Бытовые предметы представлены посудой, ножами, серпом, кресалами, ножницами, оселками. Немногочисленные находки посуды делятся на круговую керамическую и металлическую. Предметы вооружения составляют наконечники копий и стрел, топоры, фрагменты лука, колчанные крюки, латные пластины. От одежды известны пуговицы, которые дают некоторое представление о её фасоне-халате или куртке, которые запахивались на правую сторону и подпоясывались ремнём с

---

[1] Болотин Д. П. и др. К вопросу об этнической истории Приамурья эпохи средневековья (по археологическим данным) // Записки Амурского областного краеведческого музея и общества краеведов. Благовещенск, 1992. Вып. 7. С. 28 – 29.

пряжкой, украшенным бляшками из железа и бронзы. Среди украшений преобладают стеклянные бусы и бронзовые пронизки. Серьги носили в ушах и в носу. Они были в форме вопросительного знака с бусинами на нижнем отростке. Часто встречаются раковины каури. Пальцы рук украшались бронзовыми и железными кольцам, ноги – железными браслетами[①].

В этнокультурном плане *владимировская культура* стала результатом смешения *даурского* и *дючерского (тунгусского)* населения Западного Приамурья. В этой культуре *даурские* и *тунгусские* элементы синкретически совместились в этнокультурную целостность[②].

Таким образом, на протяжении средневековья формирование этнической структуры населения Приамурья определяли миграции групп, имевших разное происхождение. На территории региона шёл процесс смешения, метисации этнических групп, который существенно влиял на антропологические характеристики населения и развитие культур.

---

① Болотин Д. П. Этнокультурная ситуация на Верхнем Амуре в эпоху позднего средневековья (XIII – XVII века): автореф. дис. на соиск. уч. ст. канд. ист. наук. Новосибирск, 1995. С. 7 – 9.

② Болотин Д. П. Тунгусские и монгольские элементы во владимировской археологической культуре // Археология Северной Пасифики. Владивосток, 1996. С. 85 – 92.

Глава 2

История изучения городищ

А. П. Забияко

Первые исторические свидетельства о существовании укреплённых поседений на Амуре содержатся в донесениях русских первопроходцев середины XVII в. В этих документах описано местонахождение некоторых «острожков» местных народов, устройство укреплений (валов, рвов, стен) и жилищ. Особая ценность этих свидетельств заключается в указаниях на принадлежность укрепленных поселений даурским или дючерским «князцам», что позволяет дать этническую характеристику этим городищам.

В середине XIX в. городища левобережья Амура становятся объектом научного внимания со стороны русских образованных людей и учёных. В 1854 г. был организован первый сплав по Амуру русских судов с р. Шилки в устье Амура. Эти суда везли продовольствие и вооружение для обороны Петропавловска-Камчатского от нападений англичан. Участник сплава, дойдя до развалин Албазинского острога, сделали остановку, вышли, осмотрели остатки укрепленного поселения, собрали первые коллекции предметов старины-наконечники стрел, ядра, пули. В 1855 г. известный учёный Р. А. Маак составил план и описание Албазинского городища, а также изучил и описал находившиеся рядом следы укреплённого военного лагеря маньчжуров, который относился к 80-м годам XVII в. В 60-х годах в ходе своих экспедиций географ, геолог и археолог И. А. Лопатин обращал внимание на городища. Он изучил городища, располагавшиеся по

俄罗斯阿穆尔河（黑龙江）左岸地区古城址研究

Амуру выше г. Благовещенска в районе сел Марково, Михайловка, Бибиково; он также одним из первых указал на Новопетровское городище и городище Шапка.

Развитие археологических исследований вышло на новый уровень после создания в 1891 г. Благовещенского городского музея. В 90-е годы в археологическое изучение Приамурья включился А. Я. Гуров. Летом 1902 г. он вместе с Г. Ф. Белоусовым провёл археологические раскопки на городище Шапка. Были найдены костяные и железные наконечники стрел, глиняный кувшин с узким дном и некоторые другие предметы. Позднее А. Я. Гуровым были найдены и описаны многие другие археологические памятники, включая городища. По заданию музея им была создана первая археологическая карта, на которую были нанесены городища и другие памятники. На эту карту были нанесены расположенное недалеко от с. Чесноково городище Шапочка, городища Куприяновское, Калининское, Новопетровское. В начале XX в. на Среднем Амуре некоторые городища (например, Шапка) были изучены В. Е. Гонсовичем.

В 30 – 50 годы на Верхнем и Среднем Амуре памятники археологии исследовал Г. С. Новиков-Даурский, который ввёл в научный оборот сведения о многих городищах. В 1935 г. большую роль в развитии археологических исследований Приамурья сыграла экспедиция А. П. Окладникова. На Нижнем Амуре им были обнаружены несколько поселений и городищ. Позднее, во второй половине XX – начале XXI в. большой вклад в изучение городищ Нижнего Амура был внесён учениками и последователями А. П. Окладникова, прежде всего В. Е. Медведевым, а также Э. В. Шавкуновым, О. В. Дьяковой, В. А. Краминцевым и другими. На Верхнем и Среднем Амуре изучением городищ занимались Е. И. Деревянко, А. П. Деревянко, Б. С. Сапунов, Н. Н. Зайцев, Д. П. Болотин, С. П. Нестеров, Д. П. Волков, А. Л. Шумкова и другие археологи.

В результате археологических исследований на левобережье Верхнего и Среднего Амура, на берегах Нижнего Амура российскими археологами

Глава 2 История изучения городищ

открыто и исследовано около 150 городищ. Основная часть городищ датирована и соотнесена с археологическими культурами и народами региона. Наиболее ранние городища открыты и исследованы в Нижнем Приамурье. В группу наиболее ранних городищ входит более 14 памятников, которые относится к *польцевской культуре* раннего железного века. Остальные принадлежат средневековому времени.

Б. С. Сапуновым и Н. Н. Зайцевым была разработана классификация городищ Верхнего и Среднего Амура, которая включает четыре типа городищ.

1. Малые равнинные.

2. Большие равнинные.

3. Малые мысовые (горные).

4. Большие мысовые (горные)[1].

Малые равнинные. Эти городища представляют собой небольшие площадки почти правильной прямоугольной формы с длиной стороны от 20 до 60 м. Они защищены системой земляных валов и рвов; обычно имеется от 1 до 4-х валов и рвов. Городища имеют переходы, позволяющие переходить с вала на вал. Вход в городище, как правило, один. Вход мог быть прямым, Г-образным, и реже Z-образным, с внешней стороны почти всегда прикрыт небольшим земляным валом. Городища этого типа имеют четко выраженные угловые башни, выступающие к внешней стороне. Угловые башни выше валов. Располагаются городища этого типа вблизи больших и малых речных протоков на небольшом удалении от берега. У больших водных протоков, от основного русла, они прикрывались островом. Для возведения городища выбиралось сухое, но не самое высокое место, прикрытое хотя бы с одной из сторон сырой низиной, болотом или водной преградой

---

[1] Сапунов Б. С., Зайцев Н. Н. Средневековые городища Амурской области // Проблемы этнокультурной истории Дальнего Востока и сопредельных территорий / Благовещ. гос. пед. ин-т. -Благовещенск, 1993. С. 112.

(озеро).

К числу малых равнинных городищ принадлежат *городища «даурского типа»*. Они были названы так Г. С. Новиковым-Даурским. Городища «даурского типа» представляют собой прямоугольную площадку, 400 – 1200 м^2, огражденную 2 – 3 валами и рвами. Высота валов в настоящее время не превышает 50 – 70 см, ширина у основания 1,5 – 2 м. Ширина рвов 1 – 2 м, глубина от 50 см до 1,5 м. По углам имеются основания башен высотой 20 – 50 см. Входы могут быть прямыми, Г-образными или Z-образными, ширина входа – 1,5 – 2 м. Вход обычно располагается с южной стороны, реже с восточной стороны. Городища «даурского типа» обязательно имеют угловые башни, среди которых северо-западная башня больше других. Эти городища располагаются вблизи больших водных потоков на расстоянии до 200 м от берега, на невысоких рёлках. Г. С. Новиков-Даурский хотя и пользовался понятием «даурский» тип, считал, что эти городища не связаны с даурами как народом. Он предполагал, что они могли быть усадьбами богатых китайцев. Существует мнение, что эти городища использовалась в ритуальных целях. Рядом с такими городищами нередко находятся могильники.

Большие равнинные городища. Такие городища имеют прямоугольную или трапециевидную форму. Защитные сооружения на городищах такого типа состоят из одного вала и рва значительных размеров. Башни у многих городищ располагаются по углам. Самые крупные городища такого типа имеют не только угловые, но и фронтальные башни, расположенными на расстоянии 50 – 100 м одна от другой. Их внутренняя площадь больших равнинных может быть перегорожена валами, образуя изолированные друг от друга площади, вход в которые, у части городищ, возможен только с внешней стороны. На поверхности городищ этого типа исследователи отмечают следы наземных жилищ, которые образуют улицы. В некоторых городищах встречаются остатки каменного покрытия улиц.

Количество входов в городище – от 1 до 4. Входы, как правило, закрыты с внешней стороны земляными валами. Располагаются городища этого типа на берегу реки или протоки, на невысокой релке. Одна из сторон, как правило, прикрыта труднодоступным участком местности (болото, сырая низина). Площадь городищ может достигать значительных размеров и составлять от 2,5 до 15 – 20 га.

Малые мысовые (горные) городища. Городища такого типа располагались на возвышенности (небольшой горе), которая обычно представляет собой мыс-участок, выступающий в пойму реки или озера. Обычно склоны мыса имеют значительную высоту и крутизну, что защищало расположенное на нем поселение от внезапного нападения. Внутренняя площадь городища была защищена валом и рвом. Поверхность городищ, как правило, ровная, имеющая незначительный уклон в сторону поймы. Площадь городища защищалась одним валом и рвом. Вход в городище, как правило один. Защита входов отсутствует. Башни на городищах такого типа не возводились. Поверхность городища заполнена ямами-западинами древних жилищ. Нередко следы жилищ (западины) встречаются за пределами городищ.

Большие мысовые (горные) городища. Большие мысовые (горные) городища сходны с малыми по своим основным конструктивным особенностям, но выделяются большими размерами. Иногда при строительстве таких городищ на валу возводились угловые и фронтальные башни. Для обороны ворот тоже строились башни. Вход в городище такого типа обычно один.

В настоящее время известно о существовании на территории Верхнего и Среднего Амура около 60 малых равнинных городищ, 14 больших равнинных городищ, 6 малых мысовых (горных) городищ, 8 больших мысовых (горных) городищ.

Глава 3

Городища левого берега Верхнего Амура

А. П. Забияко   Н. Н. Зайцев

3.1 Введение (общий обзор)

Верхний Амур от слияния Шилки и Аргуни до устья Зеи имеет длину 883 км. Первые описания городищ, расположенных на левом берегу Верхнего Амура, известны из письменных источников – главным образом из донесений русских первопроходцев середины-второй половины XVII в.

В 40-е годы XVII в. русским, согласно упоминаниям русских первопроходцев, было известно о существовании верхнего участка реки Амур под названиями Шилка, Шилкар, наличии там дауров, даурских князей, поселений. Согласно более поздним русским источникам XVII в., сообщениям русских первопроходцев и другим, многие даурские укреплённые городки, острожки имели глубокие рвы и валы, нередко бревенчатые башни и стены, а также особые тайные ходы для доступа к воде в случае осады. Так, укреплённое поселение князей Гуйгудара, Олгемзы и Лотодия (Гуйгударов городок) представляло собой три рядом стоящие крепости, разделённые стенами. Города имели валы, стены, башни, вокруг внешних стен были выкопаны два ряда рвов глубиной более 2 м. Ворота отсутствовали, вместо них имелись проложенные под стенами специальные проходы – «подлазы» [Отписка Якутскому воеводе, 1848, 360]. Согласно сведениям Полякова, город князя Толги имел такую фортификацию: «А тот Толгина город крепок был выше меры в две стены рублен в целом древе, а промежу стенами был сыбан хрящ. И кругом города было копано три рва, по три сажени глубины, а широта по четыре сажени» [Изветная челобитная, 1995, 37]. Крепость, следовательно, имела бревенчатую стену из двух рядов брёвен, внутрь которой засыпан грунт, три рва глубиной более 6 м и шириной более 8 м (1 сажень = 2,13 м). Из источников известно, что некоторые городки имели на валах до 5 башен. Укреплённые городки использовались зачастую лишь в ходе военных действий для обороны от неприятеля, а в мирное время основная часть населения жила в селениях, занимаясь сельскохозяйственным трудом.

Изучение археологических памятников Верхнего Амура во второй половине XIX – начала XXI вв. даёт основания для вывода, что помимо даурских на этой территории были укреплённые поселения других этнических групп. Исследователи предпринимали с разной степенью успешности попытки приложить сведения о тех или иных острогах Верхнего и Среднего Амура из письменных источников XVII в. к выявленным археологическим объектам – городищам. Один из последних вариантов корреляции письменных сведений об острогах и археологических данных о городищах представлен в публикации О. В. Дьяковой, Н. Н. Зайцева, В. В. Шевченко [2019, 87–98]. Следует признать, однако, что отсутствие материалов археологических раскопок по большинству памятников этой территории не позволяет окончательно определить точную этническую принадлежность известных городищ.

Всего по письменным источникам XVII в., описаниям Г. С. Новикова-Даурского, обследованиям Б. С. Сапунова, Н. Н. Зайцева и по ряду других сведений известно о существовании более 30 укреплённых поселений на Верхнем Амуре. Перечислим основные зафиксированные в публикациях городища в порядке их расположения вниз по течению Амура:

1) Лакаев первый городок (городок даурского князя Лавкая).

2) Лавкаев второй городов (городок зятя даурского князя Лавкая).

3) Чапин городок (городок даурского князя Лавкая).

4) Албазин городок, Якса (городок даурского князя Албазы).

5) Атуев городок (городок даурского князя Атуя).

6) Десаулов городок (городок даурского князя Десаула).

7) Гуйгударов городок (городок даурского князя Гуйгудара).

8) Черняевское городище – находится рядом с с. Черняево на берегу (малое мысовое городище), 1 вал, 1 ров. Возможно, относится к культуре троицкой группы мохэ [Болотин, Литовченко, Зайцев, 1995, 243].

9) Ермаковское городища – находится рядом с с. Ермаково на берегу Амура, с трёхсторон окружено 1 валом и 1 рвом, размеры не установлены.

10) Первое городище на Самодоне – находится в северной части полуострова Самодон, рядом с деревней Корсаково, площадь 35 х 35 м, 1 вал высотой 0,5 м, 1 ров глубиной 0,6 м.

11) Второе городище на Самодоне (Кучумовка) – находится в южной части полуострова Самодон, рядом с деревней Корсаково, площадь не установлена, сохранились остатки укреплений.

12) Городище Озеро Большое – находится на берегу озера Большое, 15 х 18 м, 3 вала, 3 рва, 4 башни.

13) Буссевское городище – находится в с. Буссе, 40 х 40 м, 1 вал и 1 ров.

14) Городище Бибиково – находится в 2 км к югу от с. Бибиково, 40 х 35 м, 2 вала высотой 1 м, 3 рва глубиной 1 м, 2 башни высотой 1,5 м. (Илл. 3 – 1. Бибиковское городище. План. Г. С. Новиков-Даурский.).

15) Городище Бибиково-1 – находится в 2 км к югу от с. Бибиково на правом берегу реки Большой Курым близ впадения её в Амур. Согласно исследованиям В. И. Болдина, объект представляет собой селище, которое с севера ограждено 2 – мя параллельными валами и рвами с остатками жилищных западин (диаметр 4 – 6 м, глубина – до 1,5 м); с северо-запада поселение прикрывает болото, с южной стороны его граница проходит по руслу ручья, а с востока оно защищено рекой Большой Курым. Т. о.,

Глава 3 Городища левого берега Верхнего Амура

вероятно, поселение относилось к типу укреплённых поселений, городищ, сочетавших искусственные сооружения (валы и рвы) с труднопреодолимыми участками рельефа местности. В заложенной на территории селища разведочной траншее были обнаружены многочисленные фрагменты керамики ручной работы и два сосуда. Основная часть керамики и сосуды относятся к « керамике мохэского облика » . (Илл. 3 – 2. Городище Бибиково-1. Керамические сосуды. Болдин, 1999, 178) . Рядом с селищем Бибиково-1 открыто также селище Бибиково-2, где обнаружена лепная керамика, сходная с керамикой Бибиково-1. Археологические данные указывают на то, что поселения относятся к мохэской культуре с датировкой IX – начало XI в. [Болдин, 1999, 177 – 179] . Особенности планировки поселения Бибиково-1 согласуются с мохэской традицией строительства городищ, которая сочетала возведение искусственных сооружений и использование труднопреодолимых участков рельефа (рек, болот, крутых берегов, т. д.) . Такая традиция выявлена также в планировке мохэских городищ Приморья [Пискарева, 2019, 139] .

16) Первое Сергеевское городище – находится в с. Сергеевка, 50 х 50 м.

17) Второе Сергеевское городище – находится в с. Сергеевка, 65 х 65 м.

18) Третье Сергеевское городище – находится в с. Сергеевка, размеры не установлены, остатки 2 валов, 3 рвов, 2 башен.

19) Четвёртое Сергеевское городище – находится в с. Сергеевка, размеры не установлены, остатки 2 валов, 2 рвов, 2 башен. Согласно исследованиям Е. И. Деревянко, это городище относится к культуре мохэ [Деревянко, 1975, 26] .

20) Первое Ново-Покровское городище-находится в с. Ново-Покровка, около 100 х 100 м, валы и рвы почти не сохранились.

21) Второе Ново-Покровское городище – находится в 500 м на юг от с. Ново-Покровка, 100 х 100 м, 3 вала, 3 рва, башни высотой 3 м.

22) Третье Ново-Покровское городище – находится в 2 км на юго-

· 177 ·

восток от с. Ново-Покровка, 40 х 40 м, 2 вала, 2 рва, проход в городище имеет форму зигзага.

23）Четвёртое Ново-Покровское городище – находится рядом с Третьим в 2 км на юго-восток от с. Ново-Покровка, 40 х 40 м, 2 вала, 2 рва, проход в городище имеет форму зигзага.

24）Пятое Ново-Покровское городище – находится в 500 м на восток от Третьего и Четвёртого городищ, 40 х 40 м, 2 вала, 2 рва, проход в городище имеет форму зигзага.

25）Шестое Ново-Покровское городище – находится в 4 км на юг от с. Ново-Покровка, 23 х 20 м, 2 вала, 2 рва, сохранились остатки башен.

26）Седьмое Ново-Покровское городище – находится в 5 м на юг от с. Ново-Покровка, размеры не установлены, 1 вал, 1 ров. Южнее городища расположен Большой Миловановский могильник (могильник Липовый Бугор) площадью 600 х 50 м, где начитывается около 2 тысяч могильных западин размером 2 х 2 м глубиной до 0,5 м. Особенности погребального обряда и инвентаря указывают на культуру троицкой группы мохэ с датировкой VIII – X вв.

27）Ново-Покровское городище на утёсе – находится в 5 км к востоку от с. Ново-Покровка на левом берегу реки Дипкос на высоком обрыве (высота 40 м), 1 вал, 1 ров.

28）Первое Миловановское городище – находится в 5 км на юг от с. Ново-Покровка, 80 х 54 м, 2 вала, 2 рва, внутри разделено рвом, 4 башни высотой более 2 м, 2 входа.

29）Второе Миловановское городище – находится рядом с с. Михайловка, 40 х 40 м, 1 вал высотой 2 м, 2 рва глубиной 2 м, внутри разделено рвом, 2 башни высотой 1 м.

30）Михайловское городище – находится в 4 км на запад от с. Михайловки, 25 х 25 м, 2 вала высотой около 1 м, 2 рва глубиной до 1,5 м, 4 башни высотой около 1 м.

31）Городище Кучугуры – находится в 1,5 км к западу от с. Марково. По мнению Г. С. Новикова-Даурского, это городище-остатки

Банбулаева городка (городка даурского князя Банбулая), о котором сообщал русский первопроходец.

32) Кукуевское городище - находится в 3, 5 км к юго-западу от с. Кукуй, в пади Степаниха на высоком берегу Амура (малое мысовое городище), ограждено 1 валом высотой 1 м, 1 рвом. В 1961 г. в пади Степаниха было обнаружено достаточно большое поселение и были проведены археологические раскопки под руководством Н. Н. Забелиной, в результате которых изучены жилища, относящиеся к культуре троицкой группы мохэ.

33) Игнатьевское городище - находится в 4 км на запад от с. Игнатьевское, 60 х 65 м, 2 вала, 2 рва, 4 башни высотой около 1,5 м.

Среди городищ Верхнего Амура городище Кучугуры является одним из наиболее изученных и известных памятников.

3.2 Кучугуры

Кучугуры - городище равнинного типа, расположенное на берегу р. Амур в 1,5 км к западу от с. Марково вдоль дороги на с. Михайловка (Благовещенский район). От берега реки до вала городища около 40 м. Окружающая местность представляет собой надпойменную террасу с небольшими участками леса, где растут преимущественно берёза, липа, осина, ива, дуб, орешник. В настоящее время значительная часть внешней и внутренней территории городища распахана; вспашкой разрушено большинство фортификационных сооружений, кроме участка вала.

Впервые городище было зафиксировано в 1868 г. И. А. Лопатиным. В 1928 - 1929 гг. обследовано Г. С. Новиковым-Даурским, который произвёл замеры фортификационных сооружений, составил описание основных фортификационных сооружений и планы городища. В 1972 г. на городище работали археологи Сектора средневековых государств ИИАЭ ДВ ДВО РАН под руководством В. И. Болдина. На территории городища был собран археологический материал, на основании которого городище было датировано даурским временем [Болдин, 1972, 4; Зайцев, Шумкова, Волков, 2008, 203]. В 2012 г. городище было обследовано сотрудниками Центра по сохранению историко-культурного наследия Амурской области под руководством Н. Н. Зайцева. В ходе работ было изучено техническое состояние объекта и зафиксирован стратиграфический разрез вала.

Городище Кучугуры по планировке и особенностям фортификации не имеет аналогов на левобережье Верхнего и Среднего Амура.

В описаниях Г. С. Новикова-Даурского 1928 г. отмечается, что большая часть внешней и внутренней территории городища распахана. Однако исследователю удалось произвести основные замеры и составить достаточно подробное описание: «Городище представляет правильный четырёхугольник, ограниченный земляным валом, доходящим-местами – до 3 метров высоты с внутренней стороны, и-канавой – с внешней стороны вала. Вал имеет по углам выступы-площадки около 125 квадратных шагов каждая, с взвозами с внутренней стороны, такие же выступы имеются по всем четырём сторонам вала по два выступа с каждой стороны на одинаковых расстояниях от углов и друг от друга. Со всех сторон городища имеются ворота, защищённые траверсами …» [Новиков-Даурский, 1930, 28]. К описанию приложены общий план городища и план восточных ворот (Илл. 3 – 3. Кучугуры. Общий план. Новиков-Даурский, 1930, 28; Илл. 3 – 4. Кучугуры. План восточных ворот. Новиков-Даурский, 1930, 28). В описании Новикова-Даурского отмечено, что на поверхности городища «сохранились жилищные ямы различных форм и размеров». В более поздней публикации Новиков-Даурский сообщает, что вал имеет вид почти правильного квадрата со сторонами до 500 м, стороны (валы) ориентированы по сторонам света, на валах имеются земляные насыпные выступы с площадками наверху, которые напоминают основания башен [Новиков-Даурский, 1953, 10].

Таким образом, по сведениям Г. С. Новикова-Даурского, длина валов составляет около 500 м (на плане-около 665 м), высота валов – до 3 м с внутренней стороны, со всех внешних сторон имеются рвы, а также имеются 4 угловых «башни» и 8 «башен» на стенах (по две на каждой) , 4 входа укреплены Г-образными захабами. Согласно данным обследования 2012 г. , в настоящее время сохранились только западный вал длиной 428 м и ров длиной 452 м. Высота вала 0,9 – 1,2 м, ширина у основания до 7 м, по гребню – 1 – 1,5 м. Глубина рва 50 – 80 см. , ширина 1,5 – 1,6 м.

Г. С. Новиковым-Даурским зафиксировано, что местные жители при распашке внутренней территории городища находили глиняные черепки, обломки каменных и железных предметов, «чугунные картечи» (пушечные ядра) и « статуйки ». Фрагменты керамики, которые Новиков-Даурский собрал внутри городища, он отнёс к керамике « главным образом маньчжурского типа» [Новиков-Даурский, 1930, 32] .

Более поздние обследования городища зафиксировали практически полностью разрушенные вспашкой фортификационные сооружения.

Датировка и этническая принадлежность городища имеют в трактовке исследователей очень существенные расхождения. Эти расхождения встречаются уже у Г. С. Новикова-Даурского. В публикациях 1930 и 1953 годов он указывает, что Кучугуры – «несомненный памятник дауров», который связан в своём происхождении с улусом даурского князя Бамбулая; по мнению Новикова-Даурского это « остатки Бамбулаева городка», упоминаемого в отписках русских первопроходцев [Новиков-Даурский, 1953, 10] . В 1961 г. Г. С. Новиков-Даурский указывал, что городище принадлежало маньчжурам – это « новый богдайский город », который, согласно русским письменным источникам, находился в 1 дни пути от устья Зеи и был разрушен в 1686 г. казаками под предводительством А. Бейтона [Новиков-Даурский, 1961, 34 – 35] . В более поздних публикациях утвердилось мнение, что Кучугуры-чжурчжэньская крепость [см. , например, Болотин, Деревянко, 2008, 108] .

В одной из последних публикаций на тему городищ Приамурья О. В. Дьякова и В. В. Шевченко выдвинули нетривиальную мысль о том, что Кучугуры и другие подобные этому городищу «квадратные большие укрепления со сложными фортификационными сооружениями являлись военно-административными центрами монголов, контролировавших территорию и собиравших дань»［Дьякова, Шевченко, 2016, 29 – 30］. Следует заметить, что эта мысль не имеет аргументов в виде эмпирических археологических данных, которые указывают на принадлежность таких городищ как Кучугуры монголам.

Стоит обратить внимание на плодотворную идею, которая содержалась в докладе участника обследования Кучугур в 2012 г. М. А. Миронова «Городище «Кучугуры»: некоторые гипотезы и перспективы изучения», представленном на научно-практической конференции «Восток Азии: проблемы изучения и сохранения историко-культурного наследия региона» (Благовещенск, 2013 г.). М. А. Миронов, опираясь на материалы археологических исследований Н. Н. Крадина в Монголии, отмечал близкое сходство планировки городища Кучугуры и планировки некоторых киданьских городищ.

Сходство действительно существует. Коллективная монография, посвящённая средневековым городам Дальнего Востока, включает написанную Н. Н. Крадиным и А. Л. Ивлиевым главу «Города империи Ляо»［Города средневековых империй, 2018, 181 – 202］. В этой главе авторы описывают помимо прочего особенности фортификации и планиграфии киданьских городищ. Н. Н. Крадин и А. Л. Ивлиев выделяют важные для нашей темы признаки большинства киданьских городищ: прямоугольные формы планировки, ориентация валов по сторонам света, использование рек как естественного прикрытия для одной или двух сторон городища, строительство угловых и фронтальных башен, упорядоченное расположение фронтальных башен. Специфической чертой фортификации и планировки киданьских городищ является, по мнению авторов, расположение ворот и устройство оборонительных сооружений перед ними: чаще всего ворота находились в центральных частях всех четырёх стен; большинство ворот были защищены Г – или П-образным земляным

Глава 3 Городища левого берега Верхнего Амура

валом с боковым проходом. Такие защитные сооружения иногда использовались на Дальнем Востоке и раньше – при строительстве когурёских, ханьских и бохайских городищ, однако именно в эпоху Ляо они широко распространяются и становятся массовыми в Монголии и Северо-Восточном Китае. Этот способ защиты ворот позднее широко используется при сооружении чжурчжэньских городищ [Города средневековых империй, 2018, 181 – 185]. Примечательно, что описанные в монографии городища монголов XIII – XIV вв. существенно отличаются от киданьских и чжурчжэньских. (Илл. 3 – 5. План киданьского городища Улан-хэрэм в Монголии. Источник: Средневековые города империй, 2018, 186.).

Сходство городища Кучугуры и киданьских городищ предрасполагает к трём наиболее вероятным выводам: 1) городище Кучугуры построено киданями или подвластным киданям населением Верхнего Амура в качестве одной из пограничных крепостей империи Ляо; 2) городище соорудили чжурчжэни или подвластное чжурчжэням население Верхнего Амура, руководствуясь традициями киданьского градостроительства; 3) городище построили дауры в ранний период своей истории на Амуре, когда они ещё сохраняли восходящие к Ляо и Цзинь традиции фортификации и планировки городищ. Все три вывода исключают монгольскую принадлежность Кучугур и предполагают, что городище возникло в X – XIV вв. Укрепления и территория городища использовались разными группами населения вплоть до XVII в.

Глава 4

Городища левого берега Среднего Амура и бассейна Зеи

А. П. Забияко Н. Н. Зайцев

4.1 Введение (общий обзор)

Средний Амур от слияния Амура и Зеи до устья Уссури имеет длину 975 км. Река Зея от истоков до впадения в Амур имеет длину 1242 км.

Первые описания городищ, расположенных на левом берегу Среднего Амура и в бассейне Зеи, известны из русских письменных источников середины – второй половины XVII в. Самым ранним источником являются сообщения о походе русских первопроходцев. В сообщениях 1646 г., участники похода указывают на наличие на реках Зее и Амуре многочисленных укреплённых городков (острожков) дауров. Как известно, отряд Пояркова спускался вниз по Зее, чтобы попасть в Амур. Одним из первых на Зее они встретили острог даурских князей Досии и Колпы, который находился в устье Селемджи. Этот острог, Молдыкидич, имел валы. Под валами были выкопаны ходы – «подлазы», через которые защитники могли перемещаться на внешнюю сторону. Во время вооружённого столкновения русского отряда численностью около 50 человек с даурами через эти «подлазы» даурские «многие люди на вылазку выходили». За стенами острога защитникам-даурам «с поля» оказала поддержку конница. В результате таких действий дауры «бой великий учинили», легковооружённый русский отряд понёс значительные потери и

Глава 4 Городища левого берега Среднего Амура и бассейна Зеи

вынужден был отступить. В дальнейшем русский отряд не предпринимал попыток штурма даурских острожков. Очевидно, для немногочисленных и не очень хорошо вооружённых отрядов такие укреплённые поселения и тактика их обороны представляли серьёзную угрозу.

Ценные сведения содержатся в сообщениях русских первопроходцев 17 века, например, при описании укреплённого поселения даурского князя Толги, которое находилось в устье Зеи (см. Введение 3.1). В XX – начале XXI в. письменные источники о городищах пополнились материалами археологических исследований, которые проводили на территории левобережья Среднего Амура и бассейна Зеи В. И. Болдин, Д. П. Болотин, Д. П. Волков, Е. В. Гонсович, А. Я. Гуров, А. П. Деревянко, Е. И. Деревянко, Н. Н. Зайцев, А. Л. Ивлиев, В. Е. Медведев, М. А. Миронов, С. П. Нестеров, Г. С. Новиков-Даурский, Б. С. Сапунов, А. П. Окладников, О. Б. Шеломи-хин, С. М. Широкогоров, А. Л. Шумкова и ряд других учёных.

Всего на левом берегу Среднего Амура и в бассейне Зеи находится более 60 городищ, относящихся к разным археологическим культурам, этническим группам и историческим периодам. Перечислим основные городища, известные по письменным источникам и археологическим исследованиям, отражённым в научных публикациях. Городища указаны в порядке их расположения от верхней части р. Зея и её притоков далее до Среднего Амура и его притоков.

1) Гоголевка – находится на левом берегу р. Зея напротив с. Гоголевка (ныне не существует) в 1,5 км выше по течению, располагается на вершине сопки, имеет форму дуги, 1 вал высотой до 0,6 м, 1 ров глубиной до 0,4 м; 19 жилищных западин округлой формы диаметром до 3,5 м; отнесено Е. И. Деревянко к троицкой группе памятников мохэской археологической культуры.

2) Молдыкидыч – находился на Зее в устье р. Селемджи, первый из упоминаемых в сообщении русского первопроходца 17 века острог, который принадлежал даурским князьям Досию и Колпе, 1 ряд валов.

3）Практичи-1 – находится на расстоянии 1 км от с. Практичи ниже по течению на правом берегу протоки реки Зея（протока Старая Зея）, внутренняя площадь 19 х 15 м, внешняя площадь 40 х 35 м, 2 ряда валов высотой 0，9 м, шириной 1 м, 3 ряда рвов шириной 1 – 1,5 м, глубиной 0,7 м.

4）Практичи-2 – находится в с. Практичи на берегу Зеи, 60 х 60 м, 2 ряда валов высотой 1，5 м, 1 ров глубиной 1 м. Ряд исследователей （Г. С. Новиков-Даурский，О. В. Дьякова，другие）считают, что Практичи-1 и Практичи-2 являются даурскими городищами.

5）Практичи-3 – находится на острове, который расположен напротив с. Практичи.

6）Мазановское – находится на берегу Зеи в 1 км выше по течению от с. Мазаново, общая площадь 1500 кв. м, 1 вал, 1 ров, городище «даурского типа»；Г. С. Новиков-Даурский, О. В. Дьякова предлагают относить городище к позднему средневековью и считать его даурским,

7）Кишкинское-1 – находилось на левом берегу в устье р. Кишка, впадающей в Зею, в с. Новокиевка, по сообщениям Г. С. Новикова-Даурского, полностью разрушено в 1941 г.

8）Кишкинское-2 – находилось на левом берегу в устье р. Кишка недалеко от первого городища, точное местоположение и размеры Г. С. Новиковым-Даурским не указаны, 1 вал, 1 ров; полностью разрушено в 1940 г.

9）Кишкинское-3 – находилось на левом берегу в устье р. Кишка недалеко от первого и второго городища, точное местоположение и размеры Г. С. Новиковым-Даурским не указаны, 1 вал, 1 ров; полностью разрушено в 1940 г.

10）Гусихинское – находится в 4 км от с. Практичи ниже по течению на правом берегу Зеи, в устье р. Гусиха, 1 вал, 1 ров.

11）Новоникольское – находится рядом с с. Новоникольское на берегу Зеи, точное местоположение и размеры Г. С. Новиковым-Даурским не указаны.

Глава 4   Городища левого берега Среднего Амура и бассейна Зеи

12) Желтоярово – находится на берегу Зеи рядом с с. Желтоярово, точное местоположение и размеры Г. С. Новиковым-Даурским не указаны.

13) Новгородское-1 – находится на левом берегу протоки р. Зея (протока Сазанка) в 5 км на северо-восток от с. Новгородка, имеет прямоугольную форму, общая площадь 500 кв. м, 4 ряда валов, 4 ряда рвов.

14) Новгородское-2 – находится в 160 м к югу от городища Новгородское-1, имеет округлую форму, общая площадь 500 кв. м, 5 рядов валов, 5 рядов рвов.

15) Ключики – находится в окрестностях с. Ключики.

16) Большая Сазанка-село – находится на северной окраине с. Большая Сазанка, на территории села находится также второе городище. Городища почти полностью разрушены в результате хозяйственной деятельности, однако в 2005 г. на территории первого городища было выявлено захоронение и собран археологический материал, позволивший отнести его к позднему средневековью.

17) Большая Сазанка-1 (Сазанковское-1) – находится на левом берегу р. Зея в 6 км ниже с. Большая Сазанка, имеет прямоугольную форму, общая площадь городища с защитными сооружениями около 10000 кв. м., 3 ряда валов, 3 ряда рвов. Ряд исследователей (Е. И. Деревянко, А. Л. Шумкова, другие) относят городище Сазанка-1 к раннему средневековью и культуре мохэ, некоторые исследователи (О. В. Дьякова, другие) допускают, что оно принадлежит позднему средневековью и является даурским.

18) Большая Сазанка-2 (Сазанковское-2) – находится в 160 м к югу от городища Сазанковское-1, имеет округлую форму, с трёх сторон имеет 4 вала и 4 рва, в одной стороны имеет 5 рядов валов и 5 рядов рвов.

19) Воронжа – находится в 3 – 4 км к юго-западу от с. Воронжа на мысе ручья Маньчжурка, имеет подпрямоугольную форму, размеры 25x19 м, внутренняя площадь 475 кв. м, общая площадь 3600 кв. м, 3 ряда валов, 3 ряда рвов, 4 башни, выступающие за линию рвов на 3,5 м;

большинство исследователей относят его к даурским городищам позднего средневековья, городище «даурского типа». (Илл. 4 – 1. Воронжа. План городища. [История Амурской области, 2008, 130])

20) Ноеновское (Крещеновское) – находится рядом с деревней Крещеновка (Серышевский район) на берегу Нойоновского залива на реке Томь, подробная информация в публикациях отсутствует.

21) Светиловское – находится в с. Светиловка, размеры Н. С. Новиков-Даурский не указывает, отмечает только, что оно «небольшое», судя по плану А. А. Глущенско 1928 г., городище располагалось на возвышенности, имело прямоугольную форму, с трёх сторон его окружали 4 ряда валов, а с северо-восточной части его защищал крутой обрыв и пойма реки Томь (Илл. 4 – 2. Светиловское. План 1928 г., Зайцев, Шумкова, Волков, 2008, 206.)

22) Белоусовское – находится на правом берегу р. Томь в 35 км от устья, рядом с с. Белоусовка.

23) Костьерское – находится на берегу р. Томь на высоком (около 30 м) мысе, имеет прямоугольную форму, с трёх сторон городище защищено крутыми склонами сопки, с северной стороны городище укреплено валом и рвом, на территории выявлено 9 жилищных западин; С. П. Нестеров относит городище к михайловской культуре, периоду раннего средневековья. (Илл. 4 – 3. Костьерское. План. Болотин, 1995, 243).

24) Воскресеновское – находится на вершине сопки на правом берегу р. Томь, в 120 км от устья реки, левого притока Зеи, в 16 – 17 км выше по течению от с. Воскресеновка (Серышевский район), подробная информация в публикациях отсутствует.

25) Амаранка-1 – находится на правом берегу р. Большой Горбыль на мысе, имеет в плане округлую форму, два ряда валов высотой в среднем 0,8 м, 1 ров глубиной около 1 м; Д. П. Волков относит городище к михайловской культуре, периоду раннего средневековья.

26) Амаранка-2 – находится в 12 км от городища Амаранка-1 на

правом берегу ручья Топтушка, который впадает в реку Малый Горбыль, 3 ряда валов высотой в среднем 3 м, 2 ряда рвов глубиной 2,5 м по отношению к вершине валов; Д. П. Волков относит городище к михайловской культуре, периоду раннего средневековья.

27) Натальинское – находится в 5 км к югу от с. Натальино в 100 – 120 м от берега Зеи, размеры 100 х 100 м, 2 ряда валов, 3 ряда рвов; городище «даурского типа».

28) Великонязевка-2 – находится в южной части с. Великокнязевка, размеры около 100 х 100 м, почти полностью разрушено в результате хозяйственной деятельности; городище «даурского типа».

29) Великокнязевское (Великокнязевка-3) – находится в южной части с. Великокнязевка на расстоянии около 300 м к северу от Великокнязевка-2, размеры 60 х 70, 4 ряда валов, 4 ряда рвов; городище «даурского типа».

30) Новоандреевское-1 – находится в центре с. Новоандреевка, размеры 70 х 80 м, 1 вал, 2 ряда рвов, городище «даурского типа».

31) Новоандреевское-2 – находится в 2-х км к северо-западу от с. Новоандреевка, 1 вал, 1 ров, частично уничтожено хозяйственной деятельностью, городище «даурского типа».

32) Комиссаровское-1 – находится рядом с с. Комиссаровка, общая площадь 100 х 100 м, городище «даурского типа».

33) Комиссаровское-2 – находится рядом, к западу от городища Комиссаровка-1, общая площадь 100 х 100 м, городище «даурского типа».

34) Прядчино – находится в 3,5 км к северо-востоку от с. Прядчино на берегу Зеи, имеет прямоугольную форму, 2 ряда основных валов, длина внешних валов в среднем 35 м, длина внутренних валов в среднем 25 м, высота в среднем 1,2 – 1,4 м, два ряда рвов, глубина до 0,3 м, городище «даурского типа».

35) Троицкое – находится на левом берегу р. Белой в 3 км от устья реки, левого притока Зеи, имеет прямоугольную форму, общая площадь 45 х 100 м, 1 вал, 1 ров, 4 башни на углах, ворота в южной части;

Г. С. Новиков-Даурский, О. В. Дьякова относят его к даурским городищам, Е. И. Деревянко на основе археологического материала （керамика и другое）связывает городище с троицкой группой памятников мохэской археологической культуры. В 7 км выше по течению р. Белой находится Троицкий могильник - опорный памятник изучения троицких мохэ.

36）Новопетровка, городище-1 - находится в 1,5 км к северо-западу от с. Новопетровка（Благовещенский район）на высоком берегу искусственного водохранилища, сохранились остатки 1 вала и 1 рва.

37）Семиозерское - находится в 1 км к северу от с. Семиозерка, на восточном берегу озера Городище, имеет подпрямоугольную форму размером 110 x 85 м, 4 ряда валов высотой до 1,5 м, 3 ряда рвов глубиной до 1,4 м, 14 башен, во внутренней части городища имеются 50 западин подпрямоугольной формы; часть исследователей относит городище к троицкой группе памятников мохэской археологической культуры, к раннему средневековью, другая часть полагает, что оно функционировало в составе археологических культур развитого средневековья; О. В. Дьякова относит его к даурским городищам.

38）Среднебелое-1 - находится на левом берегу р. Белая в 30 км от устья реки, левого притока Зеи, имеет квадратную форму, общая площадь 4600 кв. м, внутренняя площадь 1700 кв. м, 3 ряда валов（в юго - и северо-западной части внешний вал разрушен）, высота вала по отношению к дну рва - 1,5 - 1,8 м, два ряда рвов глубиной около 0,8 м, шириной от 0,8 до 3,5 м, вход 1 шириной до 9 м; внутри городища зафиксированы 15 округлых западин диаметром 5 - 8 м; Д. П. Волковым городище отнесено к михайловской культуре и датировано временем около VIII в.（Илл. 4 - 4. Среднебелое-1. План. Волков, 2016, 254）.

39）Петропавловское - находится рядом с с. Петропавловка, подробное описание отсутствует, в текстах Г. С. Новикова-Даурского упоминается 1 вал и глубокие рвы.

40）Богородское - находится рядом с с. Богородское, подробное

Глава 4   Городища левого берега Среднего Амура и бассейна Зеи

описание отсутствует.

41) Утёсное – находится в 15 км от города Благовещенска выше по течению реки Зея на расстоянии 0,5 км, на высоком берегу озера Утёсное, имеет трапециевидную форму, общая площадь 763 x 406 м, 1 вал высотой до 5 м, 1 ров глубиной около 0,5 м, угловые и фронтальные башни, 2 ворот; Б. С. Сапуновым и Н. Н. Зайцевым отнесено к укреплённым поселениям чжурчжэней, датировано срединой XIII в.

42) Чигиринское – в северо-восточной части г. Благовещенска в устье реки Чигири, расстояние до устья Зеи 6,2 км, имеет форму трапеции, 1 вал высотой 1,8 м, 1 ров; согласно Г. С. Новикову-Даурскому, Б. С. Сапунову, построено чжурчжэнями, относится к X – XII вв.

43) Гродековское – находится на берегу Амура на расстоянии около 25 км ниже по течению от устья Зеи, имеет форму четырёхугольника, длина городища вдоль берега реки – 1 км, ширина – до 250 м. Общий периметр городища около 3 км, система внутренних и внешних валов, внешних валов до 4 рядов высотой до 5 – 6 м, система рвов глубиной до 1,5 м, башни высотой до 9 м, два входа; основано мохэ на рубеже VIII – IX веков, проблема его более поздней принадлежности остаётся предметом дискуссии-одна группа исследователей считает, что оно принадлежало дючерам, другая группа полагает, что оно принадлежало даурам; возможно, это городище в середине XVII в. являлось укреплённым поселением (острогом) даурского князя Толги (Толгин городок).

44) Коврижeнское-1 – находится в 4 км к северо-востоку от с. Коврижка на возвышенности, городище «даурского типа».

45) Коврижeнское-2 – находится в 200 м от городища Коврижeнское-1 на возвышенности, городище «даурского типа».

46) Арсентьевское – находится на берегу р. Завитая в окрестностях с. Арсентьевка, городище, согласно Г. С. Новикову-Даурскому, занимает значительную территорию.

47) Михайловское – находится в 27 км от с. Михайловка на правом берегу реки Завитой, имеет округлую форму, 1 вал высотой 0,7 м, 1 ров

глубиной 0,6 м, внутри городища выявлено более 300 жилищных западин; Е. И. Деревянко отнесено к укреплённым поселениям мохэ, IV - VIII вв., С. П. Нестеров связал его с михайловской культурой и отнёс к поселениям бэй-шивэй с датировкой V - VII вв.

48）Михайловское-2 - находится на расстоянии около 1 км от Михайловского городища, 1 вал, 2 ряда рвов, Д. П. Волковым отнесено к укреплённым поселениям мохэ.

49）Орловское - находится близ с. Орловка на полуострове восточного берега озера Хомутино на возвышенности, имеет прямоугольную форму, общая площадь 67 x 55 м, один вал высотой 0,5 м, 1 ров глубиной 0,3 м, на территории городища выявлены 20 западин диаметром от 2,5 до 4 м, глубиной до 0,8 м; отнесено О. В. Дьяковой к укреплённым поселениям дауров, датировано периодом развитого средневековья, XIII - XVI вв. (Илл. 4 - 5. Орловка. План. История Амурской области, 2008, 131).

50）Новопетровское - находится на северо-восточной окраине с. Новопетровка, имеет форму неправильного прямоугольника, общий периметр около 2 км, 1 внешний вал высотой до 6 м, внутренние валы высотой до 0,5 м, 1 ров глубиной до 1,5 м, башни; основано чжурчжэнями в период Цзинь.

51）Топкоча - находится на левом берегу р. Топкоча между с. Новопетровка и с. Дим, расстояние до Амура - 2 км; подробная информация отсутствует.

52）Шапочка - находится в 9 км к югу от с. Чесноково на высоком берегу Амура, имеет прямоугольную форму, ориентировано по сторонам света, северный вал 400 м, восточный - 120 м, высота валов до 1 м, выявлены многочисленные жилищные западины, в ходе проведённых на территории городища В. И. Болдиным археологических исследований обнаружены жилища с канами, керамические и галечные грузила, другие артефакты, а также лепная и станковая керамика, лепная керамика имеет мохэский облик; установлено, что постройка жилища была сопряжена с ритуальным жертвоприношением свиней (в фундаменте найдены уложенные в определённом порядке три черепа свиньи и фрагменты скелетов). В. И. Болдиным отнесено к мохэским укреплённым поселениям, датировано IX - XII вв. [Болдин, 1999, 181 - 182], в уточнённом варианте начальный период функционирования городища отнесен к троицкой группе памятников мохэской археологической культуры с радиоуглеродными датами 604 - 762 гг. [История Амурской области, 2008, 94].

53) Гора Шапка - находится в 3,5 км к северо-западу от пос. Поярково на возвышенности на расстоянии 1,5 км от берега Амура, вал длиной более 1,5 км и высотой до 3 м, ров глубиной до 2 м, на территории городища имеются многочисленные жилищные западины, следы дополнительных фортификационных сооружений и хозяйственной деятельности; возвышенность использовалось поселение с эпохи неолита, в XI - XIII веках являлось укрепленным поселением чжурчжэней.

54) Малосимичинское - находится на левом берегу в устье р. Малые Симичи, правого притока р. Бурея, имеет прямоугольную форму, 1 вал, 1 ров, на территории городища выявлены 64 западин; С. П. Нестеровым отнесено к михайловской культуре.

55) Иришкино - находится в ниже по течению р. Бурея от Малосимичинского городища, имеет овальную форму, 1 вал, 1 ров; С. П. Нестеровым отнесено к михайловской культуре.

56) Архаринское-1 - находится между с. Михайловка и Аркадиево-Семёновка, отнесено к укреплённым поселениям мохэ.

57) Архаринское-2 - находится между с. Михайловка и Аркадиево-Семёновка, отнесено к укреплённым поселениям мохэ.

58) Архаринское-3 - находится между с. Михайловка и Аркадиево-Семёновка, отнесено к укреплённым поселениям мохэ.

59) Хинганское (Чесночиха) - находится на возвышенности (мысе) на берегу р. Чесночиха, имеет квадратную форму, общая площадь 150 x 150 м, 2 ряда валов высотой 1 м, 2 ряда рвов глубиной до 1,5 м, внутри

городища выявлены 46 жилищных западин округлой формы, диаметром от 6 до 12 м, глубиной до 0,7 м.; Д. П. Волковым отнесено к троицкой группе памятников мохэской археологической культуры, раннему средневековью.

60) Ключ Сохатиный – находится на вершине мыса, выступающего в долину реки Малая Грязная, имеет прямоугольную форму, общая площадь 500 × 200 м, система валов и рвов, на территории городища выявлены более 100 западин округлой формы размером до 15 × 15м и глубиной от 0,5 до 1,5м; Д. П. Волковым отнесено к троицкой группе памятников мохэской археологической культуры, раннему средневековью.

61) Утюг – находитсяв правобережной части р. Биры, в 3 – 4 км к северо-западу от с. Желтый Яр, имеет подпрямоугольную форму, общая площадь 4500 кв. м, валы высотой до 1 м, рвы до 0,5 глубины, на территории городища имеется несколько западин; В. Е. Медведевым городище отнесено к укреплённым поселениям чжурчжэней.

4.2 Большая Сазанка

Городище Большая Сазанка находится в 6 км от с. Большая Сазанка Серышевского района ниже по течению р. Зея. Расстояние от городища до устья р. Зея около 110 км. Городище расположено на левом берегу р. Зеи в 40 м от берега реки на небольшой возвышенности. В этом месте береговая линия обрывистая, высота берега 4 – 5 м над современным уровнем воды. Окружающая городище территория представляет собой равнинное пространство, заросшее преимущественно травой и кустарниками.

Впервые городище было обследовано Г. С. Новиковым-Даурским [Новиков Даурский, 1961, 57 – 58]. Сведения об этом городище содержатся в публикациях Е. И. Деревянко [Деревянко, 1975, 104]. Исследование городища было продолжено под руководством Н. Н. Зайцева сотрудниками Центра по сохранению историко-культурного наследия Амурской области в начале XXI в. В 2004 – 2005 годах совместно с археологами Института истории, археологии и этнографии ДВО РАН А. Л. Шумковой и С. А. Сакмаровым были проведены топографическая съёмка и другие виды обследования памятника. В 2018 г. специалистами Центра по сохранению историко-культурного наследия Амурской области произведены мониторинг памятника и видео-, фотофиксация при помощи дрона.

Городище подпрямоугольной формы, ориентированной по сторонам света. Восточная часть городища примыкает к берегу. С трех сторон, кроме прибрежной, городище защищено основным валом и тремя дополнительными рядами валов и рвов. Внешний вал оконтуривает городище с небольшими разрывами. Длина валов по каждой из сторон различна.

Площадь внутренней части 5250 кв. м. Общая площадь городища с защитными сооружениями около 10000 кв. м.

В северной части городища основной вал имеет длину 70 м, первый внешний вал – 75 м, второй внешний вал – 80 м, третий внешний вал – 60 м. В южной части городища основной вал имеет длину 75 м, первый внешний вал – 80 м, второй внешний вал – 90 м, третий внешний вал – 45 м. В западной части городища основной вал имеет длину 65 м, первый внешний вал – 75 м, второй внешний вал – 90 м, третий внешний вал – 55 м. В восточной части городища вал имеет длину 70 м. (Илл. 4 – 6. Городище Большая Сазанка. План городища. [Зайцев, Шумкова, 2008])

Внутренний вал плавно обтекает внутреннюю часть городища заканчиваясь у берегового обрыва. Первый и второй валы проходят параллельно основному валу и заканчиваются у берегового обрыва.

Третий вал (внешний) на городище с трех сторон сохранился фрагментарно.

Высота валов от 0,5 до 1,1 м по отношению к современной поверхности городища. Ширина – 1 – 2,4 м.

На вершинах всех валов, кроме внешнего, отмечены прогибы

шириной от 1 до 2 м, уровень которых снижен в среднем на 0,5 м. Эти прогибы вала, возможно, являются проходами или остатками сооружений. Валы расположены ступенями, понижаясь к внешней стороне.

Грунт для возведения валов брался при строительстве рвов. Ширина рвов 4 – 6 м, глубина от 0,2 до 1,5 м.

Вход в городище один, он расположен у юго-восточного угла городища. Вход фиксируется разрывом вала. Ширина входа 5 – 6 м. Между вторым и третьим валами расположена овально вытянутая яма диаметром 1,5 м, глубиной 0,5 м.

С северной стороны городища находится длинная канава шириной 4 – 5 м. Начало канавы находится в 80 м от внешнего вала. Канава тянется с севера на юго-восток и заканчивается овальным котлованом вблизи северо-восточного угла городища. Котлован соприкасается со вторым валом и рвом. Размер котлована 20 х 10 м, глубина 2 м.

В 2005 г. в ходе изучения городища были обнаружены захоронения, впущенные в фортификационные сооружения. Возможно, городище или какая-то его часть использовались в ритуальных целях. Возможно, эти захоронения относятся в позднему времени и не имеют прямого отношения к функционированию городища.

Г. С. Новиков-Даурский в своих публикациях упоминал о многочисленных западинах – следах жилищ, об обожженных камнях внутри городища. В настоящее время из-за распашки земли в сельскохозяйственных целях эти признаки жилого пространства фиксируются слабо. Он указывал также на большое количество западин за пределами городища, которые располагались значительное расстояние вдоль берега р. Зея.

В публикациях Г. С. Новикова-Даурского содержатся сведения о наличии рядом ещё одного городища. Оно находилось примерно в 160 м южнее. Это городище имело прямоугольную форму, в его центре располагалась круглая площадь. Валы и рвы вчетыре ряда ограждали его с трёх сторон. С четвёртой стороны (юго-восточной) валы и рвы были расположены в пять рядов. На внутреннем юго-восточном валу находились два «холма» – очевидно, башни [Новиков-Даурский, 1955, 30]. Вплоть до настоящего времени это второе городище не изучено и почти утрачено для исследования из-за хозяйственной деятельности современного населения.

Некоторые исследователи, Е. И. Деревянко, А. Л. Шумкова, другие, относят оба городища к раннему средневековью и культуре мохэ. С другой стороны, следует учитывать, что на поверхности пашни исследователями в разное время собрана коллекция темно-серой и черной керамики, относящаяся к позднему средневековью. М. А. Стоякин обращает внимание на сложную фортификацию городищ, наличие башен, что может свидетельствовать в пользу более позднего, послемохэского времени функционирования городищ [Стоякин, 2014, 186]. Нельзя исключать, что в период после исчезновения мохэ территория городища и прилегающие земли продолжали использоваться другими группами населения, расселявшимися в бассейне р. Зея. Городища могли переходить из одного исторического периода в другой, подвергаться реконструкции, усложняющей фортификацию укреплённого поселения.

4.3 Великокнязевка

Великокнязевское городище находится в южной части села Великокнязевка Белогорского района. Городище расположено на рёлке, возвышающейся над поймой реки Зея. Расстояние до основного русла реки Зея – 1,7 км к западу, ниже релки находятся заливы, протоки и старицы Зеи. Прилегающая к городищу с востока, севера и юга местность представляет собой равнину с небольшими повышениями в виде невысоких релок и участками леса (берёза, ива, осина, дуб монгольский – Quercus mongolica, другие породы деревьев и кустарников).

Городище было исследовано в 80 – 90-е годы Б. С. Сапуновым и

Н. Н. Зайцевым; материалы частично опубликованы [Зайцев, Шумкова, 2008, 129 – 130]. В 2018 г. обследовано Н. Н. Зайцевым, А. П. Забияко, А. Е. Поповым, Ван Цзюньчжэном.

Городище имеет в плане прямоугольную форму. Размеры его, с учетом оборонительных сооружений 60 х 70 м, площадь внутренней части – около 600 кв. м, периметр – 128 м. (Илл. 4 – 7. Городище Великокняз-евка. План.).

Городище укреплено 4-мя валами и рвами. По углам городища сохранились основания башен, которые выступают к напольной стороне на 6 м (северо-восточная и юго-западная) и 7 – 8 м (северо-восточная и юго-восточная). Наиболее высокой является юго-восточное основание башни, возвышающееся на 0,5 м над остальными.

Внутренняя часть городища возвышается над гребнями валов на 0,5 – 0,8 м. Вероятно, внутренняя часть городища была отсыпана искусственно. На поверхности городища находится несколько небольших западин, возможно, они являются остатками жилищ или следами поздней хозяйственной деятельности.

Валы имеют высоту: 1-й (внутренний) – от 0,5 до 1,5 м; 2-й от 0,5 до 1,1 м; 3-й от 0,3 до 0,7 м; 4-й от 0,3 до 0,6 м. Ширина валов от 0,2 до 9 м. Склоны валов в настоящее время имеют крутизну от 300 до 500.

Ширина рвов: 1-й от 0,3 до 6 м; 2-й 2 – 3 м; 3-й от 2 до 7 м; 4-й от 0,2 до 0,4 м. Глубина рвов от 0,3 до 1,5 м.

Таким образом, ширина фортификационных сооружений составляет 20 – 22 м. Скорее всего, вход в городище находился с восточной стороны. Возникшие в силу природных процессов и хозяйственной деятельности сильные разрушения в западной части площади городища не позволяют надёжно реконструировать общий план городища и особенности его фортификации.

Археологический материал на площади памятника не выявлен. На прилегающей территории на расстоянии около 50 м от северо-восточного рва в 2018 г. найден подпятный камень.

Глава 4　Городища левого берега Среднего Амура и бассейна Зеи

В непосредственной близости от городища находятся грунтовый могильник (250 м к юго-востоку) и селище (70 м к северо-западу), которые относятся к периоду позднего средневековья. Очевидно, городище относится к этой же эпохе.

4.4　Семиозёрка

Городище Семиозерка находится в 1 км к северу от с. Семиозерка, Ивановский район, на восточном берегу озера Городище. Озеро Городище – древняя протока р. Зея. Рядом протекает уже почти высохшая речка Малая Белая. Река Зея находится в 6,5 км на запад. От городища до устья Зеи около 50 км. От озера до русла р. Зея расстилается низкая пойма, местами заболоченная, с многочисленными небольшими озёрами. Местность вокруг городища на многие километры к северу, востоку и югу представляет собой равнину с отдельными участками леса, в котором преобладают берёза, осина, ива.

О существовании городища было известно с 20-х годов XX в. На его территории и рядом производились местными жителями хозяйственные работы и любительские раскопки. По сведениям Г. С. Новикова-Даурского, в результате местные жители находили медные чайники и другие древние предметы, однако эти предметы не сохранились. В 1952 г. Г. С. Новиков-Даурский обследовал городище, провёл сбор подъёмного материала, составил план и описание городища. В осыпи берегового вала им были найдены железная пластина, несколько фрагментов керамики, зубы свиньи и медведя. Г. С. Новиков-Даурский полагал, что это городище является острогом даурского князя Балдачи, мимо которого В. И. Поярков проплыл в 1644 г., а затем упомянул его в отписке [Новиков-Даурский, 1961, 24 – 26].

В 1991 г. городище было изучено Б. С. Сапуновым и Н. Н. Зайцевым [Сапунов, Зайцев, 1993]. В 2005 г. памятник обследован сотрудниками Центра по сохранению историко-культурного наследия Амурской области и

Института истории, археологии и этнографии ДВО РАН (Н. Н. Зайцев, Д. П. Волков, А. Л. Шумкова, С. А. Сакмаров). Важным результатом этой работы было уточнение фортификационных особенностей городища, инструментальная съёмка и новый план городища. В 2018 г. на памятнике работала международная исследовательская группа под руководством Н. Н. Зайцева (Н. Н. Зайцев, А. П. Забияко, А. Е. Попов, Ван Юйлан, Ван Цзюньчжэн, Се Чуньхэ). (Илл. 4 – 8. Городище Семиозёрка. План. Инструментальная съемка С. А. Сакмарова, А. Л. Шумковой. 2005 г.)

Городище имеет 14 фронтальных и угловых башен на внутреннем валу, выступающих во внешнюю сторону городища.

Городище подпрямоугольной формы размером 110 x 85 м, ориентировано длинной осью в направлении северо-запад – юго-восток. С трех сторон оно ограждено основным валом и рвом, а также тремя дополнительными рядами валов и рвов. Всего, т. о., городище укреплено четырьмя валами.

Северо-западная сторона, прилегающая к береговому обрыву, защищена одним валом. Высота берега здесь достигает 6 – 7 м.

Основной вал (внутренний) оконтуривает внутреннюю поверхность городища. В плане вал проходит волнистой линией и представлен дугообразными участками длиной 15 – 30 м, отогнутыми концами во внешнюю сторону городища. В местах соединения дугообразных участков расположены стеновые башни, как бы вынесенные за пределы вала. Дополнительные валы и рвы плавно обтекают городище, повторяя контур внутреннего вала и расположенных на нем башен.

Основной вал – самый высокий и возвышается над внутренней поверхностью городища на 0,9 – 1,5 м. Над днищем внутреннего рва он возвышается на 1,7 – 2 м. Ширина вала в его основании в среднем около 5 м. Ширина верхней части вала около 1 м. Внешние, дополнительные валы имеют меньшую высоту. Их ширина в верхней части почти нигде не превышает 1 м, а в основании 4,5 – 5 м. Высота внешних валов практически одинакова и составляет 0,9 – 1,25 м.

Глава 4   Городища левого берега Среднего Амура и бассейна Зеи

Между валами прокопаны рвы. Их ширина в верхней части 2 – 3 м, глубина до 1,4 м.

Между дополнительными валами существуют переходы. На валах они выражены небольшими прогибами (глубиной около 0,5 м) в верхней части валов, а во рвах проходы заметны в виде невысоких (до 0,5 м) насыпей.

Городище имеет 14 башенных выступов – 4 угловых и 10 фронтальных. В плане они имеют подтреугольную форму. Длина угловых башен 7 – 10 м, ширина до 3 м. Фронтальные башни на городище разделяются по размерам на малые, имеющие размеры 3 х 2,5 м, и большие – 6 х 2,5 м. На поверхности некоторых оснований башен заметны ямки диаметром около 1 м, глубиной 0,2 м – возможно, они являются следами укреплений.

Вход в городище расположен вблизи северного угла городища. Он находится между двумя башнями и представляет собой разрыв основного (внутреннего) вала с дополнительными земляными укреплениями в виде валов и рвов, прикрывающих вход с боков и частично с фронта.

Условно вход можно разделить на три секции. Первая и третья секции собственно проходы, протяженностью 10 м, с обваловкой высотой 0,3 – 0,4 м. Средняя секция представлена обвалованной площадкой подпрямоугольной формы 18 х 10 м, ориентированной длинной осью по линии входа; высота обваловки 0,5 м.

Внутренняя поверхность городища ровная, с незначительным уклоном к юго-востоку.

Во внутренней части городища имеются западины подпрямоугольной формы, размером от 4,5 х 5 м до 5 х 5 м, глубиной до 0,4 м. В центральной части западин виден невысокий (до 0,2 м высоты) бугорок. Всего выявлено 50 западин. В основном они, очевидно, являются следами древних жилищ.

На поверхности памятника – в оползне вала, в выбросе грунта из ямы, вырытой внутри городище, Б. С. Сапуновым и Н. Н. Зайцевым были выявлены фрагменты мохэской керамики. На основании этих сборов городище было датировано периодом раннего средневековья и отнесено к мохэской археологической культуре. Ранее Е. И. Деревянко тоже связывала это городище с мохэской археологической культурой [Деревянко, 1975, 133 - 134].

Археологические исследования в окрестностях городища свидетельствуют о наличии на этой территории не только мохэского населения. Так, А. И. Ивлиев в 1977 г. обследовал местность рядом с озером Дюльдино, которое расположено в 5 км к юго-западу от городища. Здесь им был найден позднесредневековый могильник и артефакты, относящиеся к владимирской культуре (XIII - XVII вв.), а также фрагменты керамики и «отдельные предметы, предварительно датируемые различными эпохами от неолита до X - XII вв.»; в районе восточного берега озера им были обнаружены «фрагменты станковой керамики X - XII вв.» [Ивлиев, 1995, 58].

В 2018 г. в ходе зачистки оползня западного вала были найдены фрагменты керамики, относящиеся к разным историческим периодам, по большей части - к эпохе мохэ. Среди керамики преобладают фрагменты троицких мохэских сосудов с налепным валиком под венчиком и гладкими стенками, плоским дном. Встречаются рассеченные и гладкие налепные валики. В сборах лепная керамика соседствует со станковой. Ряд обнаруженных образцов керамики имеет признаки сходства с керамикой чжурчжэней. (Илл. 4 - 9. Городище Семиозерка. Фрагменты керамики.)

В непосредственной близости от южной границы городища был обнаружен фрагмент фарфоровой посуды с коричневой росписью. Такой фарфор производился в период династий Ляо и Цзинь (X - XIII вв.) в провинции Хэбэй Северного Китая в мастерских, общее название которых - Цычжоуяо. Цычжоуяо являлась самой большой неофициальной мастерской северного Китая. Фарфоры, которые обнаружены в северо-восточном Китае, например, Гангуаньяо провинции Ляонин (г. Ляоян), как и большинство фарфоров бассейна Хэйлунцзян в период Ляо и Цзинь, относятся к этой большой системе производства фарфора. (Илл. 4 – 10. Городище Семиозерка. Фрагмент фарфора; Илл. 4 – 11. Городище Семиозёрка. Образец фарфора Цычжоуяо из Северо-Восточного Китая.)

Т. о. , нельзя исключать, что городище, было построено троицкими мохэ в том месте, где ранее уже обитали другие группы населения. Позднее, когда троицкие мохэ сошли с исторической арены, чжурчжэни и другие этнические группы могли использовать древнее городище.

4.5 Практичи

В с. Практичи и его окрестностях находилось не менее трёх городищ, сведения о которых содержатся в публикациях. Однако в настоящее время сохранилось лишь одно из них.

Городище Практичи-1 находится на расстоянии 1 км от с. Практичи (Мазановский район) ниже по течению на правом берегу протоки реки Зея (протока Старая Зея) . Берег реки в этом месте высокий – около 7 м, круто спускающийся к воде. Окружающая территория представляет собой равнинную местность, заросшую густой травой, кустарниками. Значительная часть местности рядом с городищем распахана. Городище относится к городищам малого равнинного типа.

Городище было открыто местным жителем, краеведом К. Таскаевым, который сообщил о нем Г. С. Новикову-Даурскому. В августе 1951 г. Г. С. Новиков-Даурский обследовал городище и составил его план. В последующем городище было исследовано сотрудниками Центра по сохранению историко-культурного наследия Амурской области под руководством Н. Н. Зайцева.

Городище имеет прямоугольную форму. Фортификационные сооружения городища представляют собой два вала и три рва. Углы городища имеют округлую форму. Со стороны реки валы и рвы в настоящее время отсутствуют, очевидно, они были исчезли в результате разрушения берега реки. Вход в городище находился, видимо, в этой части городища （Илл. 4 – 12. Городище Практичи-1. План. Источник-История Амурской области, 2008, 132）.

Высота валов – 0,9 м., ширина – 1 м. Ширина рвов – 1 – 1,5 м, глубина – 0,7 м. Длина внешних валов около 40 м и около 35 м. Внутренняя площадь городища – 19 x 15 м.

При осмотре внутренней части городища Г. С. Новиков-Даурский наблюдал в центре неглубокую яму, возможно, жилищную западину. По сообщениям местных жителей, здесь находился большой камень с лункой – очевидно, подпятный камень. В настоящее время следы древних жилищ на поверхности не фиксируются.

Г. С. Новиков-Даурский отнес это городище к укреплённым поселениям дауров. Н. Н. Зайцев и ряд других современных исследователей допускают, что это городище относится к предшественникам дауров, населению раннего средневековья.

В 1951 г. Г. С. Новиков-Даурский на территории с. Практичи на высоком берегу выявил второе городище （Практичи-2）. Городище имело прямоугольную форму. Валы были ориентированы по сторонам света. Городище было укреплено двумя рядами валов. Каждый вал имел длину около 60 м （80 шагов）, высоту около 1,5 м. Между валами имелись рвы большой глубины – более 1 м от уровня местности. Вход находился со стороны реки. Башни отсутствовали. Укрепления и территория городища были сильно разрушены хозяйственной деятельностью местных жителей. В настоящее время это городище фактически полностью исчезло.

Местные жители сообщили Г. С. Новикову-Даурскому, что на острове прямо напротив второго городища находится третье городище （Практичи-3）. Второе и третье городище Г. С. Новиков-Даурский связывал с даурами. В настоящее время проверить это мнение не представляется возможным в силу отсутствия следов этих поселений.

4.6 Прядчино

Городище Прядчино находится на правом берегу протоки реки Зея в

97 км от устья реки, в 3,5 км к северо-востоку от с. Прядчино Благовещенского района. Городище расположено на первой речной террасе, высота берега здесь составляет около 4 м. От берега реки городище отделяет 110 м. Прилегающая к городищу местность представляет собой равнину с небольшими участками леса, местами покрытую озёрами и болотами.

В 90-е годы XX в. городище и прилегающая территория были объектом археологических исследований Б. С. Сапунова, Д. П. Болотина, Н. Н. Зайцева, С. П. Нестерова и ряда других специалистов. В ходе этих исследований были зафиксированы фортификационные особенности городища, составлен план, проложена траншея. Основные результаты этих исследований представлены главным образом в публикациях Д. П. Болотина [Болотин, Нестеров, Сапунов, 1998; Болотин, 2008, другие]. В 2018 г. городище обследовано группой в составе Н. Н. Зайцев, А. П. Забияко, А. Е. Попов, Ван Юйлан, Се Чуньхэ и Ван Цзюньчжэн.

Городище имеет в плане форму прямоугольника. В угловых частях находятся направленные вовне полукруглые выступы. (Илл. 4 - 13. Городище Прядчино. План. [Болотин, 2008, 114])

Городище укреплено двумя основными валами и несколькими вспомогательными, которые расположены с южной и восточной сторон, обращённых к реке. Длина внешних валов в среднем 35 м, длина внутренних валов в среднем 25 м. Расстояние между вершинами валов около 3,5 - 4 м. Высота валов 1,2 - 1,4 м, ширина в основании около 4 м, по вершине - около 1 м. В некоторых местах периметра сохранились остатки рвов, глубина которых составляет до 0,3 м.

Полукруглые угловые выступы выше валов, их высота достигает 1,8 м. Эти выступы представляет собой угловые башни.

Городище имеет один выход, расположенный в восточной стороне городища. Выход фиксируется разрывом в валах шириной около 4 м. С внешней стороны выход укреплён системой дополнительных валов, образующих зигзагообразную траекторию движению внутрь городища.

Прядчинское городище относится к городищам «даурского» типа, который выделил Г. С. Новиков-Даурский. Это не означает, конечно, что оно было создано именно даурами. На территории городища пока не обнаружены археологические артефакты. Проложенная в 1996 году с юга на север траншея длиной 20 м не содержала находок, которые позволяют точно датировать городище.

На расстоянии около 50 м к западу от городища находится могильник. Произведённые в 90-е годы XX в. раскопки этого могильника обнаружили его принадлежность ко времени около XIII – XV вв. и связь с владимировской археологической культурой. （Илл. 4 – 14. Городище Прядчино. Могильник. Тройное захоронение.［Болотин, 2008, 114］）.

Очевидно, городище и могильник сопряжены не только в пространстве, но и во времени.

4.7 Утёсное

Городище Утёсное находится в 15 км от города Благовещенска выше по течению реки Зея. В 5 км ниже по течению Зеи расположен поселок Белогорье. От городища до берега реки Зея – 0,5 км. По реке Зея вниз по течению до реки Амур – около 15 км. Городище расположено на крутом （до 12 – 15 м в высоту）берегу озера Утёсное. Это озеро раньше было руслом реки Зеи（протокой）.

Городище было давно известно местным жителям. В 80 – начале 90-х годов XX в. оно было впервые исследовано и введено в научный оборот Б. С. Сапуновым и Н. Н. Зайцевым. В процессе изучения были произведены замеры городища, составлен топографический план и проведены другие археологические работы［Сапунов, Зайцев, 1990］. В 2018 г. городище было исследовано международной группой под руководством Н. Н. Зайцева в составе с российской стороны – А. П. Забияко, А. Е. Попов, с китайской стороны – Ван Юйлан, Ван Цзюньчжэн, Се Чуньхэ. （Илл. 4 – 15. Городище Утёсное. Топографический план.）.

Глава 4 Городища левого берега Среднего Амура и бассейна Зеи

Городище расположено на стратегически важном участке нижнего течения р. Зеи. С вершины сопки, на которой находится городище, хорошо просматривается на многие километры вниз по течению русло реки Зея, а также вся окружающая местность в северном, восточном, юго-восточном направлениях. Из городища можно было издалека заметить плывущие по реке корабли или идущие вдоль берега воинские отряды.

Городище Утёсное относится к горному типу городищ. Городище сооружено на удобной для ведения обороны позиции. С трёх сторон городище окружают высокие сопки, а с четвёртой стороны (восточной) находится озеро. Территория городища занимает северо-восточный склон высокой сопки. Нижние северная и северо-восточная стороны городища располагаются вдоль крутого берега озера. Высота берега здесь достигает более 15 м. В некоторых местах, чтобы увеличить крутизну склона, склоны берега были частично срыты. В некоторых местах крутизна склона достигает 45^0. Южная и юго-восточные стороны городища окаймлены глубоким, частично заболоченным распадком (Волчья падь). Северная и северо-западные стороны городища находятся на вершине сопки.

Городище имеет трапециевидную форму. Валы огораживают участок на склоне сопки размером около 763 х 406 м. Общая длина вала 4341 м. Вал не имеет замкнутого периметра, он в плане С-образный, своими окончаниями примыкает к обрывистому берегу озера, вдоль которого вал отсутствует. Наиболее высокий участок вала – юго-восточный, его длина составляет 406 м, а высота разных участков вала достигает 5 м с внешней стороны и 3-х м с внутренней. По мере подъёма вверх по склону сопки высота вала понижается. Ширина вала здесь достигает в основании 8 м, а наверху 3 м. Северо-западный участок вала длиной 763 м имеет высоту от 0,5м., а вал северного участка высотой до 1,2 м.

В некоторых местах высота вала увеличена в результате того, что у подножия вала вынута земля и вырыты рвы. Рвы окружают городище с южной, юго-западной, западной и северной сторон. Глубина рва в настоящее время на некоторых участках составляет от 0,5 м, ширина до

1,2 м.

Вал в юго-восточной части городища прорезан двумя воротами, шириной около 4 м. Расположены они на расстоянии 100 и 250 м от юго-восточного угла городища. Проходы не имеют внешних защитных сооружений. На месте вторых ворот в обвале грунта видны деревянные конструкции, по-видимому, это остатки надвратных сооружений. В северной части городища тоже имеются двое ворот шириной около 4 м.

На юго-восточной стороне городища на валу построена мощная угловая башня. На этом валу заметны также основания фронтальных башен, которые имеют немного меньшие размеры, чем угловая.

Внутренняя площадь городища в последние десятилетия распахивалась. В распашке встречаются редкие фрагменты раннесредневековой керамики, которые, вероятно, связаны с жизнедеятельностью людей, обитавших здесь задолго до появления городища. По радиоуглеродному анализу образцов угля, взятого из остатков надвратных конструкций юго-восточного вала, городище датировано срединой XIII в. При исследовании внутренней территории следов жилищ или признаков какой-либо деятельности создателей городища не выявлено. Возможно, что это отчасти обусловлено распашкой местности. Однако есть основания полагать, что отсутствие признаков добротного домостроения, насыщенной хозяйственной жизни связано с тем, что городище, по замыслу создателей, предназначалось для использования исключительно в военное время и имело крайне немногочисленный гарнизон, который проживал в лёгких надземных жилищах. Войны, по-видимому, обошли стороной эту крепость.

Период существования и фортификационные особенности городища указывают, что оно было построено чжурчжэнями.

4.8 Чигиринское (Пионерлагерь)

Чигиринское городище (Пионерлагерь) расположено в северо-

Глава 4   Городища левого берега Среднего Амура и бассейна Зеи

восточной части г. Благовещенска в устье реки Чигири. Городище находится на крутом берегу рек Чигири и Зея, высота берега здесь достигает 7 – 8 м. В недавнем прошлом местность была покрыта лиственным лесом и густыми зарослями кустарника. Во второй половине XX – начале XXI в. почти вся площадь городища была застроена сооружениями детского лагеря отдыха, жилыми постройками. Часть городища, расположенная на краю берегов, была разрушена наводнениями р. Зея. В настоящее время сохранился только северный вал длиной 360 м.

В 1928 г. городище было обследовано Г. С. Новиковым-Даурским. В конце XX – начале XXI в. городище изучали Б. С. Сапунов, Н. Н. Зайцев, другие специалисты. В мае 2018 г. территория городища обследована международной экспедицией в составе А. П. Забияко, А. Е. Попова, Ван Юйлана, Ван Цзюньчжэна, Се Чуньхэ.

Согласно материалам Г. С. Новикова-Даурского и других исследователей, городище имело форму, близкую неравнобедренной (несимметричной) трапеции. Северная, северо-западная и западная стороны городища были огорожены рвом и валами. Южная и восточная части городища ограничены крутыми берегами рек. Возможно, эти стороны могли быть в прошлом укреплены валами, но из-за разрушения берега эти сооружения не сохранились.

Сохранившийся северный вал имеет в настоящее время длину 360 м, на востоке он упирается в обрыв берега, а в западной части он плавно изгибается и переходит в западный вал, который ныне не фиксируется. Согласно замерам 2018 г. , высота северного вала 180 см, ширина основания – 7 м, ширина верхней части – 2 м. Длина восточной части городища – 420 м, южной части – 330 м, западной – 225 м.

Г. С. Новиков-Даурский отмечал, что с внешней стороны валы городища укреплены глубоким рвом. Внутри городища им были зафиксированы западины округлой формы диаметром от 2 до 5 м, некоторые из которых являлись, очевидно, остатками жилищ. В качестве подъёмного материала были собраны фрагменты тонкостенной плохо обожжённой керамики, без орнамента, красновато-жёлтого цвета с внешней стороны, серого с внутренней стороны. По сообщениям местных жителей, при случайных вскрытиях земли были найдены «серьги монгольского образца» [Новиков-Даурский, 1955, 22].

Предположительно, городище было построено в X – XII вв. и связано в своём возникновении с чжурчжэнями.

4.9 Гродековское

Гродековское городище расположено на речной террасе около 25 км ниже по течению от впадения в Амур реки Зея. Высота берега в этом месте достигает 5 – 7 м. Берег местами покрыт высокой травой, густыми зарослями ивы, дуба, чёрной берёзы, кустарниками. Окружающий ландшафт представляет собой огромную равнину с редкими невысокими возвышенностями (рёлками), небольшими озёрами и заболоченными участками. В настоящее время большая часть территории городища и прилегающей равнины распахивается в хозяйственных целях. В 8 км от городища выше по течению Амура находится с. Гродеково.

Первым в русскоязычных письменных источниках упоминанием об укреплённом поселении в этом месте являются, по-видимому, сведения русских первопроходцев в 17 веке, датированные 1652 годом. В них упоминается «крепкий», большой «земляной» город с башнями даурских князей Турончи, Толги и его брата Омутея, который находится на расстоянии одного дня движения на лодках по Амуру от устья Зеи. Город Турончи и Толги и есть, очевидно, Гродековское городище в том виде, в котором оно существовало в 1652 г. Отряд русских захватил крепость даурских князей (Толгин городок), прожил там несколько дней, а затем в начале сентября по приказу Хабарова город был сожжен [Дополнения к актам историческим, 1848, 363 – 364].

Следующим историческим документом является отписка Игнатия

Глава 4 Городища левого берега Среднего Амура и бассейна Зеи

Милованова, отправленная нерчинскому воеводе и датированная 22 марта 1682 г. «А с усть Зии по Амуру вниз ехать на коне половина дни все лугами и старыми пашнями до того города, а город земляной, иноземцы его зовут Аютун, а величеством тот город подле Амура реки десятин на пять, а от Амура поперег с десятину, а внутрь того города малой город, все четыре стены по десятине, а с поля стена три сажени высота, а и в низком месте высота две сажени печатных, а как городовые стены ведены, и то де написано в чертеже, а около города старых пашень гораздо менше, и ниже города перевоз есть, перевозятца Даурские люди, которые ездят на Силинбу для ясачного сбору и торговать и промышлять; а перевоз есть ниже города, половина дни ехать на коне, тут есть лодки и баты всегда; а с перевозу ехать до Даурских жилых людей шесть дней, по сказке Даурских людей; а про тот город спрашивал де он Игнатей у Даурских людей, и они де Даурские люди ему Игнатью сказывали, кто де тут жил и владел и какие люди жили, и они де про тех людей не знают, и памятухов нет, и где те люди делись и они де про то не ведают» [Дополнения к актам историческим, 1848, 369 – 370]. Описание города Аютун хорошо согласуется с расположением и устройством Гродековского городища (см. ниже).

В 1929 г. городище осматривал научный сотрудник И. Е. Овсянкин, позднее сообщивший о нём Г. С. Новикову-Даурскому, который оставил в своих публикациях краткие сведения о городище («городище у села Весёлого»). В 1993 г. Б. С. Сапунов и Д. П. Болотин начали систематическое изучение этого памятника. В 2000 г. специалисты Благовещенского государственного педагогического университета осуществили археологические работы в месте нахождения западных ворот городища. Позднее городище было объектом изучения сотрудников Центра по сохранению историко-культурного наследия Амурской области под руководством Н. Н. Зайцева [Зайцев, Шумкова, 2008, 139]. В 2019 г. обследование и видео- и фотофиксация памятника с использованием дрона была осуществлена А. П. Забияко и А. Е. Попова. Основной вклад в изучение и введение в научный оборот сведений о городище внесён трудами

俄罗斯阿穆尔河（黑龙江）左岸地区古城址研究

Д. П. Болотина [Болотин, Литовченко, Зайцев, 1995; Болотин, Шеломихин, 2012].

Городище имеет форму четырёхугольника, одна из длинных сторон которого имеет дугообразную форму. Длина городища вдоль берега реки – 1 км, ширина – до 250 м. Общий периметр городища составляет около 3 км. Это одно из самых больших по площади равнинных городищ левобережья Амура.

Городище представляет собой фортификационное сооружение, защищённое рядами валов – с восточной стороны их 4, высота этих валов достигает 5 – 6 м; рвы усилены системой рвов и башен. «Городище с трех сторон защищено мощным валом, с шириной у основания 8 – 10 м. Высота вала, проходящего вдоль реки, не превышает 2 м, при ширине у основания до 3 м. Валы таких же размеров делят городище перпендикулярно его длинной оси на три части (см. план). Центральная часть меньше северо-восточной и юго-западной частей, которые примерно одинаковы по площади» [Болотин, Шеломихин, 2012, 15]. На многих участках между валами прослеживаются рвы, образованные в результате выемки земли для отсыпки валов. В отдельных местах глубина рвов достигает 1,5 м.

«На юго-восточном валу находятся четыре основания башен – на местах примыкания «разделительных» валов к основному и северо-восточного вала к юго-восточному. Вдоль северо-западного вала центральная и северо-восточная части городища защищены вторым валом таких же размеров, как и береговой» [Болотин, Шеломихин, 2012, 15]. Башни городища до сих пор сохранили значительную высоту-некоторые возвышаются над землёй на 9 м.

Городище имеет два входа – один на юго-западной оконечности, второй в центральной части памятника. Входы образованы разрывом внешних валов. Вход вцентральной части зачищен башнями, расположенными на валах. Между валами находятся рвы, их глубина около 0,8 м.

Система внутренних (перегораживающих) валов делит городище на три основные части – юго-западную, центральную и северо-восточную. Юго-западная часть отделена от центральной части одним валом. Центральная часть отделена от северо-западной части двумя параллельными валами, на которых сохранились две башни. Эти два вала образуют внутри городища почти полностью закрытую со всех сторон прямоугольную площадку со сторонами 300 х 125 м. Возможно, эта конструкция дополнительно защищала изнутри центральный вход в городище (Илл. 4 – 16. Городище Гродековское. План. Автор Д. П. Болотин).

Раскопки 2000 года позволили внести определённую ясность в датировку памятника. Разрез вала выявил в культурном слое два строительных горизонта. Верхний, более поздний, связан, по мнению Д. П. Болотина и О. А. Шеломихина, с деятельностью во второй половине XVII в. и позже маньчжуров, укреплявших крепость для обороны территории от русских военных отрядов. Нижний, ранний, горизонт на 800 – 600 лет древнее. «К наиболее древним находкам относятся лепная мохэская керамика (троицкой локальной группы) и фрагменты станковых сосудов культуры амурских чжурчжэней. Данный материал указывает на рубеж I – II тысячелетий, как время создания поселения» [Болотин, Шеломихин, 2012, 16]. Т. о., примерное время основания городища приходится на рубеж VIII – IX веков, что дает основание для вывода о том, что «древний город был заложен племенами мохэ». «В дальнейшем мохэ сменили чжурчжэни, а в XIV веке в крепости стали жить дючеры. Дючерский Айгун существовал до 1654 года» [Болотин, Шеломихин, 2012, 15].

Заметим, что касающиеся дючеров выводы не согласуются с данными русских источников 1652 и 1682 годов. Ниже устья реки Зеи русские на расстоянии одного дня пути застали только улусы дауров и город даурских князей (Толгин городок). Название Айгун (Айтюн) засвидетельствовано только документом 1682 г., в начале 1650-х годов оно не существовало.

Г. С. Новиков-Даурский и некоторые другие исследователи считают, что на месте городища во второй половине XVII в. находился город Айгун

(Сахалян-ула-хотон), перенесённый в 1683 или 1684 г. на противоположный берег Амура. Основанием для такого мнения является то, что здесь до 1900 г. располагалась маньчжурская деревня «Джо Айхо» (Старый Айгун) [Новиков-Даурский, 1955, 13 - 14]. Следует заметить, что на распахиваемой поверхности городища в большом количестве встречаются фрагменты поздней керамики.

4.10 Новопетровское

Городище Новопетровское находится на север-восточной окраине с. Новопетровка Константиновского района. Городище расположено в пойме р. Амур в 2 км от основного русла на берегу ныне почти полностью пересохшей протоки Тихая. Прилегающая к городищу с восточной стороны протока Тихая представляет собой несколько узких озёр, а территория вокруг них – это равнинная заболоченная местность. К северу и западу от городища простирается огромная равнина, изредка покрытая небольшими участками леса и иногда затопленная неглубокими озёрами.

Местным русским жителям городище известно со второй половины XIX в. под названием «Китайский городок». Есть сведения, что жители с. Новопетровка в прежние времена неоднократно проводили земляные работы на территории городища в хозяйственных целях, находили большие глиняные сосуды и фрагменты керамики. В середине XIX века городище было изучено и описано И. А. Лопатиным. Им были произведены первые раскопки на территории городища и расположенном рядом могильнике и было найдено бронзовое зеркало 35 см в диаметре. В 1902 г. изучение городища было продолжено А. Я. Гуровым и Г. Ф. Белоусовым.

В 1910 г. городище исследовал Е. В. Гонсович. Он отмечал, что городище, обнесено с четырёх сторон земляным валом, высотою от одной до трех сажень (сажень, мера длины, 1 сажень = 213 см). «С южной стороны вал имеет 420 шагов, 1 ворота шириною 12 шагов и 3, в том

Глава 4 Городища левого берега Среднего Амура и бассейна Зеи

числе 2 боковые, земляные башни длиною в 12 шагов; с западной (стороны вал имеет длину) 950 шагов, 5 ворот, 7 башен, из которых 2 двойного размера. Внутри городища, от востока к западу, идёт внутренний вал, с 6 башнями, не считая 2 башен наружного вала, которые он соединяет; на расстоянии 100 шагов от восточного вала крепости внутренний вал имеет ворота, защищённые особым полукруглым валом, с 2 башнями по концам. Пройдя в ворота и сделав около 130 шагов, доходим до четырёхугольника, обнесённого невысоким валом, по всей вероятности, как и на «Шапке», месте жилища князя. На восточной стороне четырёхугольник имеет, на расстоянии 10 шагов от северной стороны, ворота шириною 5 шагов. Из этих ворот две дороги: одна к воротам внутреннего вала, а другая к воротам южного вала крепости. Как в четырёхугольнике, так и в самой крепости, и за внутренним валом [...] видны многочисленные следы ям – жилищ». Е. В. Гонсович связывал появление этого городища с легендой о трёх братьях – князьях, которые разделили между собой территорию вокруг горы Шапки. Новопетровская крепость была укреплённым поселением младшего из трёх князей [Гонсович, 1913, 508 – 509].

Г. С. Новиков-Даурский в 1939 г. и 1958 г. проводил осмотр городища. Он отнёс время его возникновения к эпохе Ляо и Цзинь [Новиков-Даурский, 1953, 8].

В 1989 – 1990 гг. изучение этого городища на новом уровне было начато Н. Н. Зайцевым и Б. С. Сапуновым [Зайцев, 1991]. Под руководством Н. Н. Зайцева в 2004 г. коллективом сотрудников Центра по сохранению историко-культурного наследия Амурской области и сотрудников Института истории, археологии и этнографии ДВО РАН (А. Л. Шумкова, С. А. Сакмаров) была проведена топографическая съемка и составлено описание всех сохранившихся элементов фортификационной системы и внутренней планиграфии городища. Это исследование и основанные на нем публикации являются в настоящее время наиболее полным описанием городища [Сакмаров, Зайцев, Шумкова, 2005;

Зайцев, Шумкова, 2008］. В 2019 г. городище было обследовано международной группой в составе А. П. Забияко, А. Е. Попова и Ван Цзюньчжэна.

Городище имеет форму неправильного прямоугольника, вытянутого с юга на север вдоль протоки Тихая. Основной вал имеет общую длину около 2000 м. （Илл. 4 - 17. Городище Новопетровка. Общий план городища; Илл. 4 - 18. Городище Новопетровка. Топографический план северной части городища. Сакмаров, Зайцев, Шумкова, 2005, 36.）

Северо-восточная часть вала имеет длину 345 м. Восточная часть вала проходит по берегу заболоченного участка местности. Высота вала достигает 5 м（от дна рва）, ширина у основания до 17 м, по верху – 1,5 - 3 м.

По углам вала сохранились основания башен трапециевидной формы, несколько выступающих за внешнюю сторону вала. Основания башен имеют размеры 12 - 14 x 6 - 7 м. Здесь же расположены примерно на равном удалении друг от друга основания фронтальных башен округлой формы. Эти башни меньших размеров, чем угловые. При зачистке основания одной из северных башен был обнаружен мощный слой глины, а также кладка из сырцового кирпича. Очевидно, при строительстве этих участков городища использовались технологии создания глинобитных сооружений.

Перед валом вдоль вала проходит ров глубиной от 1 до 1,5 м, шириной до 5 м. Ров у северо-восточной башни соединяется с руслом протоки Тихой.

Юго-восточная сторона городища проходит по берегу протока р. Амур. Здесь длина сохранившегося участка вала достигает 740 м, высота до 6 м. Вал сохранился фрагментарно, многие его участки уничтожены хозяйственной деятельностью. На фрагментах вала видны фронтальные башни примерно таких же размеров, как и на северной стороне городища. Расстояния между башнями около 100 м.

Южная сторона городища почти полностью уничтожена хозяйственной деятельностью. Сохранилось только около 100 м вала, примыкающего к юго-восточной угловой башне. В целом длина юго-восточной части вала достигала примерно 800 м. Высота этого участка вала до 2-х м.

Западная сторона городища тоже почти полностью разрушена. Высота сохранившихся участков вала не превышает 1,5 м. По верху вала проходит полевая дорога, ведущая к с. Дим.

Северная часть городища перегорожена зигзагообразным валом. Перегораживающий (внутренний) вал отличается от основного вала городища своими размерами и конструктивными особенностями. Высота вала не превышает 0,5 м. Ширина у основания 5 – 6 м. По своим конструктивным особенностям вал похож на защитные сооружения на семиозёрском городище. Перегораживающий вал состоит из двух и трёх валов. Валы разделены между собой неглубокими рвами. На внутреннем вале есть башни, в настоящее время фиксируются основания трёх башен. Перегораживающий вал имел один проход шириной около 2,5 м. Проход располагался между первой и второй башней.

На отгороженной внутренним валом северной части городища сохранились в большом количестве западины – остатки древних жилищ и хозяйственных построек (всего их более 30). Здесь же в юго-восточной части расположено сооружение прямоугольной формы со сторонами 55 х 35 м. Это – «внутренний город». Его границы выделены валами, высота которых около 0,3 м, ширина в основании 5 – 6 м, в верхней части ширина вала 1 м. По внешнему периметру вдоль валов проходит ров, ширина которого от 2 до 7 м, глубина до 0,3 м. Проход во «внутренний город» находится в юго-восточной части. Во «внутреннем городе» сохранились западины и обваловки – следы древних построек. (Илл. 4 – 19. Городище Новопетровка. План внутреннего города.).

В ходе исследований в разные периоды изучения городища были собраны коллекции керамики, в которой встречаются как фрагменты лепной керамики, так и станковой. Очевидно, что разные группы населения могли обитать на этом участке берега Амура на протяжении всего средневековья. Однако собственно городище как фортификационное сооружение возникло, скорее всего, в эпоху Цзинь и существовало как укреплённое поселение чжурчжэней. По своим конструктивным особенностям Новопетровское городище имеет признаки сходства с некоторыми другими равнинными чжурчжэньскими городищами Приамурья, Приморья и Северо-Восточного Китая.

4.11 Михайловское

Михайловское городище находится в 27 км от с. Михайловка Михайловского района на правом берегу реки Завитой. Городище расположено на склоне возвышенности (мыса), которая спускается к пойме реки. Городище относится к мысовому типу. Возвышенность, на которой находится городище, в настоящее время частично покрыта лиственным лесом и кустарником.

Городище открыто в 1966 г. школьниками и учителями Михайловской средней школы. В 1967 – 1968 гг. на территории городища были проведены археологические исследования под руководством Е. И. Деревянко. В ходе работы были произведены замеры городища, произведены раскопки 9 жилищ, составлены планы городища и жилищ.

Городище имеет округлую форму, вал и ров, два входа – восточный и южный. Согласно данным исследований 1967 – 1968 гг., высота вала – 0,7 м, глубина рва – до 0,6 м, однако в древности высота вала достигала 2 – 2,2 м. Городище не имеет башен и защитных сооружений входов. Внутри городища и вне его находятся жилищные западины. Внутри городища выявлено более 300 жилищных западин. Раскопками установлено, что жилища были уничтожены в результате пожара. После пожара городище как поселение не использовалось. (Илл. 4 – 20. Михайловское городище на реке Завитой. План. Деревянко, 1972, 209.)

Все 9 изученных жилища сходны по своим конструктивным особенностям. Жилища имели квадратную форму. Стены жилища углублены в землю на глубину от 40 до 100 см. Стены подземной части

Глава 4 Городища левого берега Среднего Амура и бассейна Зеи

жилища укреплены вертикально стоящими досками. Пол жилища покрыт толстым слоем глины. Надземная часть жилища представляли собой пирамиду, основу которой составляли из жерди и доски. Поверх деревянной основы укладывалась береста, а поверх бересты дёрн. В некоторых жилищах устроены подземные ниши, которые служили кладовками для хранения посуды, продуктов и других вещей. Каждое жилище имело входной коридор (тамбур). В центре жилища находился очаг. Строительство жилищ сопровождалось выполнением магического ритуала, в ходе которого под углы жилищ закладывались черепа и челюсти животных-свиней или косуль [Деревянко, 1991, 81 – 84; История Амурской области, 2008, 77 – 83; 140 – 141]. (Илл. 4 – 21. Михайловское городище. План жилища 1. Деревянко, 1991, 82; Илл. 4 – 22. Михайловское городище. План жилища 2. Деревянко, 1991, 83; Илл. 4 – 23. Михайловское городище. План жилища 5. Деревянко, 1975, 76; Илл. 4 – 24. Михайловское городище. Устройство и внешний вид жилищ. Реконструкция. История Амурской области, 2008, 80.)

В 2013 г. сотрудниками Института археологии и этнографии СО РАН, Центра по сохранению историко-культурного наследия Амурской области, на берегу оз. Осинового была выполнена реконструкция (имитация) типичного для Михайловского городища жилища. За основу реконструкции городища было взято исследованное Е. И. Деревянко жилище № 5. [Нестеров С. П., Мыльников В. П., Волков Д. П., Наумченко Б. В., 2014.].

В процессе раскопок были обнаружены многочисленные предметы быта населения городища: керамическая посуда разных типов, железные кельты, железные и костяные наконечники стрел, ножи, мотыги, тесла, шилья и другие предметы.

Е. И. Деревянко датировала городище в диапазоне IV – VIII вв., соотнеся его с племенами мохэ [Деревянко, 1975, 97]. Позднее, в 1993 г., были получены три датировки по C^{14} жилищ № 1, № 7, которые позволили установить калиброванные даты – 430 – 602 гг. н. э., 634 – 635 гг. н. э. , 603 – 645 гг. н. э. На основе новых данных С. П. Нестеров предложил датировать Михайловское городище V – VII вв. , рассматривать его как опорный археологический памятник для выделенной им михайловской культуры и относить к этнической общности бэй шивэй [Нестеров, 1998, 40 – 52].

На расстоянии около 1 км от Михайловского городища в 2018 г. Д. П. Волков обнаружил другое городище с валом, двумя рвами, жилищами, которое отнесено к городищам мохэ. Это городище получило предварительное название Михайловка-2.

4.12 Амаранка-1, Амаранка-2

Амаранка – село в Ромненском районе, расположенное при впадении реки Амаранка в реку Большой Горбыль. В окрестностях села Амаранка находится два городища.

Городище Амаранка-1 было открыто в 70-е годы XX в. Б. С. Сапуновым. В 2007 г. обследовано сотрудниками Центра по сохранению историко-культурного наследия Амурской области, руководитель экспедиции Д. П. Волков. Городище относится к типу малый мысовых городищ.

Городище находится на правом берегу р. Большой Горбыль на мысу, который выступает в пойму реки в юго-западном направлении. Высота мыса над современным уровнем воды около 4 м. В настоящее время поверхность мыса покрыта негустым лесом, состоящим преимущественно из лиственниц.

Городище имеет в плане округлую форму, два вала и ров. Башни или иные фортификационные сооружения отсутствуют. (Илл. 4 – 25. Амаранка-1. План. Источник – история Амурской области, 2008, 135.)

Ширина первого вала по гребню – 1, 2 м, высота – 0, 6 м. Ширина второго вала по гребню – 1 м, высота – 1 м. Между валами прокопан ров, его ширина в верхней части около 5 м, по дну – 1 м. На валах имеются

Глава 4 Городища левого берега Среднего Амура и бассейна Зеи

проходы – первый в юго-восточной части городища, второй в юго-западной части городища. Защитные сооружения, прикрывающие проходы, не выявлены. В местах, где находятся проходы, ров засыпан.

На территории городища прослеживаются ямы-западины округлой формы. Основная часть западин находится внутри городища. Западины диаметром от 6 до 8 м и глубиной 1,5 – 1,8 м представляют собой остатки жилищ с котлованами. Рядом с такими западинами находятся западины диаметром до 1,5 м – следы хозяйственных ям. С внешней стороны городища в восточной части вблизи вала находятся три западины-две большие и дна маленькая. Всего выявлена 61 западина.

В ходе шурфовки внутри городища был обнаружен керамический сосуд горшковидной формы. Сосуд ручной лепки, его стенки полностью покрыты ромбическим вафельным орнаментом [История Амурской области, 2008, 135]. (Илл. 4 – 26. Амаранка-1. Керамический сосуд.).

Городище Амаранка-2 было открыто в 2007 г. сотрудниками Центра по сохранению историко-культурного наследия Амурской области. Оно находится в 12 км от первого на правом берегу ручья Топтушка, который впадает в реку Малый Горбыль. Оно тоже относится к типу малых мысовых городищ, поскольку располагается на мысе, выступающем в пойму ручья Топтушка. Высота вершины мыса по отношению к пойме ручья 16 м. Склоны мыса крутые. На вершине мыса крутизна склона увеличена при помощи срезания части грунта для увеличения крутизны (эскрапирования). В настоящее время мыс покрыт лесом (лиственница, берёза, маньчжурских дуб).

Городище состоит из двух частей.

Первая (основная) часть городища имеет форму полукруга. Юго-восточная сторона этой части проходит по краю эскрапированной вершины мыса. Северо-западная сторона представляет собой систему валов и рвов. Вал имеют высоту 2 м по отношению к внутренней поверхности городища и ширину 2,5 м в основании. Между валами проходят два рва, их ширина около 3 м, глубина – 2,5 м по отношению в вершине вала. Третий вал находится с внешней стороны, его ширина – 2 м, глубина – около 1,5 м. Внутри этой части городища находится 20 западин диаметром 6 – 8 м, глубиной 1,5 м, которые расположены в 4 ряда. Эти западины – следы древних жилищ. Рядом с некоторыми западинами встречаются западины меньшего размера-диаметром 1 – 1,5 м, глубиной до 0,8 м. Всего насчитывается 16 таких западин.

Вторая часть городища имеет треугольную форму. Очевидно, она была позднее пристроена с запада к основной части. Эта часть укреплена валом и рвом. Внутри второй части находится 18 больших и 14 малых западин, сходных по размерам с западинами первой части. (Илл. 4 – 27. Амаранка-2. План. Источник – Волков, Кудрич, Савченко, 2007, 210.)

За пределами северной оконечности городища находится ещё 4 западины диаметром 1 м.

Обнаруженные в ходе шурфовки на этом городище фрагменты керамики сходны с артефактами, выявленными на городище Амаранка-1 [Волков, Кудрич, Савченко, 2007, 209 – 211].

Собранный на двух городищах археологический материал относится к михайловской культуре. На этом основании можно допустить, что городища построены носителями михайловской культуры в период раннего средневековья.

4.13 Шапка

Гора Шапка – одно из наиболее крупных городищ бассейна Амура. Городище построено на возвышенности (останце), горе, которая расположена на второй береговой террасе. Гора возвышается над уровнем Амура на 110 – 120 м. Над уровнем окружающей местности она поднята с юго-западной стороны на 23,4 м, с северо-восточной на 18 м. От берега Амура гору Шапка отделяет около 1,5 км. Площадь возвышенности около 45km^2. Особенностью горы является то, что она имеет две вершины – северо-западную (более высокую) и юго-восточную (менее высокую).

Северо-западный и западный стороны горы имеют довольно крутые склоны – около 60⁰. В 3 – 4 км от горы на юго-восток находится поселок Поярково.

Свое название возвышенность получила, согласно Е. В. Гонсовичу, от легенды «орочен». В далёком прошлом, о котором никто уже не помнит, кроме самых древних стариков, «глаза которых видят плохо, – так плохо, что они уже не могут отличить белку от соболя», «когда дауры были великим могущественным народом, никому не платили дани и имели лошадей», место, где сейчас находится гора, было совершенно ровным. Эта земля и прилегающая большая равнина принадлежали трём братьям-князьям. Пока два младших брата были малолетними, всеми землями правил старший брат. Когда младшие братья подросли, пришло время делить владения. Младшие братья отселились на окраины владений. Все братья стали укреплять свои поселения. «Старший брат, самый могучий из князей, гордый многочисленностью подвластных племен, собрал на равнину всех своих подданных и приказал каждому из них набрать в шапку земли и высыпать в указанное место. Так выросла гора Шапка и стоит до сего времени, гордо возвышаясь над окрестной равниной». Е. В. Гонсович приводит также стихотворение местногорусского жителя, казака Ивана Измайлова, в котором пересказывается маньчжурское переложение легенды: «Маньчжур повествует седое преданье, // Что встарь эту гору их предки создали // И землю для этого в шапках таскали» [Гонсович, 1913, 505 – 506].

С западной и юго-западной стороны горы Шапки находится большая сухая старица, в прошлом это была протока Амура. Вокруг горы на многие километры расстилается пройма Амура – равнина с небольшими озёрами, старицами, участками заболоченной местности. Окружающая территория покрыта высокой травой и кустарником, иногда встречаются отдельные деревья (дуб, берёза, осина, ива) и небольшие участки леса.

Городище стало объектом изучения ещё во второй половине XIX в. Первым в 60-е годы его осматривал И. А. Лопатин. В 1870 г. городище обследовал изучавший Приамурье и Приморье по заданию Русского географического общества известный русский китаевед П. И. Кафаров. В 1902 г. его изучали А. Я. Гуров и Г. Ф. Белоусов, в июне 1910 г - Е. В. Гонсович, в 1961 г. - Г. С. Новиков-Даурский. В октябре 1961 г. разведывательные работы на горе Шапке проводила Дальневосточная археологическая экспедиция под руководством А. П. Окладникова, в которой участвовали А. П. Деревянко и Б. С. Сапунов [Деревянко, 1986, 4 – 7; Деревянко, 1970, 10 – 27]. В 1972 г. исследования проводил археологический отряд Института истории, археологии и этнографии народов Дальнего Востока ДВО РАН под руководством В. И. Болдина. В процессе исследования были зафиксированы фортификационные особенности и участки жилищной застройки городища, проложена разведочная траншея для изучения жилищ, выполнен разрез вала [Болдин, 1999, 177 – 184].

Основной вклад в изучение городища был внесён археологическими раскопками под руководством Е. И. Деревянко в 1981 и 1983 годах [Деревянко, 1981; Деревянко, 1988;]. В процессе исследования была определена общая площадь археологического памятника, составлен топографический план городища, начаты планомерные раскопки. Эти исследования заложили основу для дальнейшего изучения памятника и прилегающих к нему территорий. В 1983 г. в 2-х км от городища были произведены раскопки могильника, которыми руководил С. П. Нестеров. В 2009 – 2011 годах раскопки были продолжены под руководством Н. Н. Зайцева, в них принимали участие С. П. Нестеров, Д. П. Волков, Е. В. Щербинский [Нестеров, 2011; Зайцев, 2011; Зайцев, 2012].

Исследованиями многих поколений учёных установлено, что на горе Шапке находится многослойный археологический памятник. В целом он сохранился в удовлетворительном состоянии. В 70-е годы XX в. у подножия горы были произведены технические работы, которые нарушили сохранность этой части памятника, но они не нанесли значительных повреждений общей площади археологического объекта.

Глава 4 Городища левого берега Среднего Амура и бассейна Зеи

Гора Шапка хранит следы нескольких исторических эпох. Городище является частью общей истории памятника.

Основная часть площади городища охватывает обе вершины горы и имеет в плане полукруглую форму. С севера к этой части примыкает отдельный вал, тоже имеющий форму полукруга. Таким образом общая площадь имеет форму окружности. (Илл. 4 – 28. Городище Шапка. Общий план. Раскопы 1981 и 1983. [Деревянко, 1991, 94]).

Наиболее полное описание планировки городища оставил Е. В. Гонсович. Он осматривал археологический памятник в его первозданном состоянии.

«*Южной* стороны отчетливо сохранились следы главных ворот крепости, из которых направо шла дорога на примыкавшую к горе равнину. Ворота крепости изнутри были обнесены особым земляным валом, в левой части своей подходившим вплотную к валу крепостному; от главной дороги у места, где оканчивается предворотный вал, шла другая дорога, имевшая каменный мост через протекавшую вблизи речку и проходившая прямо к Амуру. На этой же, южной стороне видны следы рва, идущего от речки к подошве горы и как бы скрывающегося в этой последней, что дает повод предполагать существование на горе подземного хода, имевшего целью прежде всего доступ к воде.

Западная сторона «Шапки» очень высокая и обрывистая, на ней также видны следы рва, идущего от подножия горы к водному бассейну, расположенному на равнине, на которую выходит дорога из южных ворот крепости.

Северная сторона является наиболее интересной в том отношении, что имеет второй вал, примыкающий к основной крепости полукругом и представляющий собой довольно солидное самостоятельное сооружение.

Восточная сторона «Шапки», сходная в общем с западной, разнится от нее лишь тем, что имеет на себе продолжение северного (наружного) вала, сливающегося на восточной стороне с верхним крепостным валом – приблизительно на середине протяжения последнего по этой стороне.

По верху крепости тянется земляной вал, имеющий до 1,5 верст [верста-мера длины; 1 верста = 1066,8 м] в окружности, высотой вал неодинаковый: от 1,5 сажен в южных воротах до 3-х сажен с лишком на севере [сажень-мера длины; 1 сажень = 213,36 см]. Здесь вал имеет вторые ворота, ведущие на обширную поляну, обнесенную вторым (наружным) валом.

Войдя в крепость через южные ворота, можно видеть ровную площадь довольно большого размера, служившую, может быть, местом народных собраний или упражнений войск. Направо от площади находится небольшой четырехугольник, обнесенный невысоким валом и сохранивший в себе следы ям – древних жилищ, здесь, надо полагать, находилась княжеская ставка. Налево от площадки, подымаясь в гору, по обеим сторонам которой тянутся правильные ряды валов, служивших, по-видимому, прикрытием для стрелков, за валами следы ям-жилищ. […]

От южных ворот проходит дорога через всю крепость к северным воротам внутреннего вала, за этими воротами лежит большая терраса, обнесенная полукруглым валом, вся покрытая ямами, очевидно, здесь находилось главное местожительство крепостного населения» [Гонсович, 1913, 507 – 508].

Е. В. Гонсович отмечает, что, согласно рассказам местных русских жителей, около 40 лет назад рядом с ямами (жилищами) находилось большое «отверстие», похожее на трубу, уходящую вниз на большую глубину. Возможно, это были остатки колодца. Однако уже во время его осмотра, отверстие найти не удалось.

Е. В. Гонсович составив подробное описание городища, полагал, что возвышенность посередине равнины имеет искусственное происхождение, она была насыпана людьми и обустроена как крепость. В этом он ошибался. Гора, конечно, имеет естественное происхождение, но люди действительно много потрудились на протяжении нескольких исторических периодов, чтобы укреплённое поселение приняло свой окончательный вид.

Глава 4 Городища левого берега Среднего Амура и бассейна Зеи

Как установлено позднейшими археологическими исследованиями, современнаясистема валов, их высота возникли в результате неоднократных реконструкций. В. И. Болдин по итогам работ 1972 г. писал: « Зачистка среза вала показала, что он неоднократно достраивался. Сначала вал был невысоким, с нижней насыпкой из тёмной земли, перекрытой довольно мощным слоем угля и жжёной обмазки. Несомненно, это следы сгоревшего деревянного частокола, обмазанного слоем глины. Выше располагался слой серого песка, над которым была прослойка тёмной земли с большим количеством угля, – следы сгоревших деревянных сооружений. Поверх этого слоя вал досыпан галечником» [Болдин, 1999, 183] .

Раскопки 2009 – 2011 годов подтвердили многократное достраивание валов. Для изучения процесса строительства был сделан разрез внешнего вала. Первоначально вал был отсыпан жёлтым суглинком вперемешку с частицами гумуса и дёрна. Затем на эту основу укладывались пласты дёрна, что препятствовало расползанию и размыванию конструкции. Высота слоя уложенного дёрна достигает 1,5 м. Позднее вал многократно подсыпался грунтом. В окончательном виде внешний (основной) вал опоясывает всю вершину горы, его высота в северной и южной частях достигает 3 м, ширина у основания 6 м, а ширина в верхней части – 1 – 2 м. С внутренней стороны вдоль вала проходит ров [Зайцев, 2011, 282 – 283] .

В южной, наиболее пологой части горы вал имеет разрыв длиной около 15 м. Очевидно, здесь находились южные ворота крепости. Через эти ворота проходила дорога, которая вела далее к центральной части городища. Почти напротив южных ворот находились северные ворота, от которых сохранился разрыв вала шириной 21 м. За северными воротами находилась отгороженная дополнительным валом (высота – 2 м, ширина – 1,5 м) территория. Дополнительный вал полукругом охватывает примыкающую к подножию горы равнинную площадку, где находится много западин – следов построек. Е. И. Деревянко, опираясь на свои раскопки 1983 г., предполагала: « Возможно, на этом месте были и навесы, и дома лёгкого типа, которые использовались только летом. Здесь могли жить земледельцы и скотоводы-пастухи, основная работа которых протекала за стенами городища»［Деревянко, 1991, 101］. На этой территории могли находиться загоны для скота, заготовленное на зиму сено, а также хозяйственные постройки. Огораживающий эту территорию вал имеет в северной части разрыв шириной 65 м.

Внутри юго-восточной части городища на расположенной здесь вершине находится ещё одно укреплённое место. Оно представляет собой квадратную площадку площадью 20 × 20 м, укреплённую валом высотой до 0,5 м и рвом глубиной до 2 м. На этой площадке находятся западины, видимо, остатки построек. В ходе раскопок 2009 – 2010 годов была выявлена одна из построек. Постройка представляла собой дом размерами 8 × 8м, стены которого были возведены из деревянных досок, обмазанных глиной. Внутри дома находилась отопительная система – кан, сделанный в Г-образной форме из обмазанного глиной дерева. Здесь также были обнаружены немногочисленные фрагменты керамики и две монеты· «чжэнхэ тунбао» (1111 – 1118) и «цзяю юаньбао» (1056 – 1063). Ниже пола этой постройки на глубине 40 см был обнаружена группа предметов: здесь на плоском камне лежали 6 крупных железных рыболовных крюка, железный костыль с отверстием (петлёй) в верхней части и небольшой фрагментстанковой керамики［Зайцев, 2012, 46］. (Илл. 40 – 29. Городище Шапка. Рыболовные крюки. Раскопки 2010 г.［Зайцев, 2012, 46］).

В 2011 году к северу от этой постройки были обследованы глубокие ямы (до 80 см). «В одной из них были обнаружены части чугунного лемеха, железный костыль, бронебойный наконечник стрелы, неопределимые обломки железных предметов, что позволяет рассматривать данное скопление артефактов как своеобразный схрон металлолома. К северо-западу от постройки с деревянно-саманным каном выявлена ещё одна наземная постройка с П-образным (?) двухканальным каном из каменных плит»［Зайцев, 2012, 46］. В ходе археологических

Глава 4　Городища левого берега Среднего Амура и бассейна Зеи

исследований 1972 г. на этой территории был найден также станковый горшковидный сосуд с тамгой [Болдин, 1999, 183]. (Илл. 4 – 30. Городище Шапка. Горшковидный сосуд. Раскопки 1972 г. [Болдин, 1999, 180])

Укреплённая площадка находилась рядом с южными воротами. Исследователи предложили два варианта назначения этой площадка. 1. Площадка с постройками могла использоваться для временного поселения здесь правительственных чиновников, которые приезжали из столицы [Зайцев, 2011, 283]. 2. Кан особой конструкции, следы высокотемпературного воздействия на стенки кана (спекание глины до появления стекловидной массы), найденные рядом сломанные чугунные, железные и бронзовые вещи, бронзовые капли и наличие шлака могут указывать на то, что здесь находилось производство по переплавке и обработке металлов [Нестеров, 2011, 220 – 221].

От южных ворот вверх по склону к северо-западной (высокой) вершине шла дорога. Путь к вершине преграждала система валов и рвов. В ходе исследований 2009 г. эта система укреплений – внутренних валов и рвов – была тщательно изучена. Установлено, что всего существует 7 валов. Высота валов – от 0,4 до 2 м, ширина – 1 – 1,3 м. Глубина рвов – от 0,4 до 2 м. Внутренние рвы соединяются с внешним основным рвом. В середине линии валов и рвов есть проходы, которые образуют не прямую дорогу, а извилистый путь, который препятствовал быстрому движению к вершине горы, где находилась основная жилая часть крепости [Зайцев, 2011, 283 – 284].

В основной жилой части крепости находились десятки жилых построек. В процессе работ 1981 и 1983 годов Е. И. Деревянко исследовала в этой части 4 жилища. В итоге были установлены конструктивные особенности жилищ и домашнего быта жителей городища. Так, например, жилище № 2 имело почти квадратную форму 8,5 x 8 м. Вход в жилище был с южной стороны, дверь дома вращалась на подпятном камне (найден на глубине 76 см). Стены дома были деревянными. Внутри дома находился П-образный кан, который был расположен вдоль западной, северное и восточной стен. Кан отапливался с двух сторон – с южных торцов западной и восточной секций. В южной части дома находился очаг [Деревянко, 1991, 99]. Другие жилища имели сходные конструктивные особенности. (Илл. 4 – 31. Городище Шапка. Жилище 2. Раскопки 1983 г. [Деревянко, 1991, 98]).

Городище Шапка, согласно данным археологических раскопок, в XI – XIII веках являлось укрепленным поселением чжурчжэней. Это поселение было одним из важных административных, военных, торгово-ремесленных центров, контролировавших окружающую территорию [Зайцев, 2012, 47]. До чжурчжэней гора была местом обитания более ранних групп населения Приамурья. В ходе раскопок 2019 – 2011 годов было обнаружено жилище, вероятно, относящееся к поздненеолитической осиноозерской культуре (IV тыс. л. н.), а также другие следы присутствия осиноозерской культуры – каменные ножи, нуклеусы, вкладыши, отщепы из халцедона. В период конца раннего железного века – в начале средневековья на горе появились носители михайловской археологической культуры, возможно, имевшей отношение к бэй шивэй. Позднее гора Шапка стала местом обитания населения, принадлежащего к найфельдской группе мохэ – хэйшуй мохэ. На склонах горы встречаются также редкие предметы, относящиеся к троицкой группе мохэ [Нестеров, 2011, 219 – 220].

Проведённые в 1983 г под руководством С. П. Нестерова раскопки находящегося в 2-х км от горы могильника дополняют сведения об истории этой территории. Всего было раскопано более 40 погребений, обнаружено большое количество погребального инвентаря – керамические сосуды, серебряные и бронзовые серьги с нефритовыми дисками, нефритовые и яшмовые кольца, наконечники копий, стрел, другие элементы вооружения, а также иные предметы. Материалы раскопок указывают на принадлежность могильника найфельдской археологической культуре с датировкой VII – IX века [Нестеров, 1998, 57].

Е. И. Деревянко, сравнивая городище Шапка с другими укрепленными поселениями Приамурья, справедливо отмечала: «Городище на горе Шапка – настоящая крепость. Если в V – VIII веках н. э. на Амуре строились простые, укрепленные валами городища, как правило, круглой, неправильной (особенно там, где надо было использовать с выгодой рельеф местности) или подпрямоугольной формы, то в начале II тысячелетия н. э. фортификационное дело амурских племен шагнуло далеко вперед» [Деревянко, 2008, 111].

4.14 Хинганское

Городище Хинганское расположено в Архаринском районе на расстоянии около 27 км к северу от левого берега р. Амур. Городище расположено на террасе мыса, выступающего в пойму р. Чесночиха в северном направлении. Высота террасы относительно современного уровня воды в Чесночихе – 30 м. Крутые склоны мыса и его поверхность задернованы, покрыты деревьями маньчжурского дуба. Вершина имеет незначительный уклон в юго-восточном направлении.

Городище было открыто в 2004 г. и введено в научный оборот Д. П. Волковым [Волков, 2006, 304 – 307]. Сведения о нём также содержатся в публикации Н. Н. Зайцева, А. Л. Шумковой [Зайцев, Шумкова, 2008].

Городище в плане имеет квадратную форму и расположено на площади 150 х 150 м, площадь укрепленной части достигает примерно 1 га. (Илл. 4 – 32. Городище Хинганское. План городища. Волков, 2005, 306.).

Фортификационные сооружения представлены двумя валами и двумя рвами. Основной вал защищает городище по периметру и имеет ширину у основания 4 м и высоту до 1 м относительно внутренней поверхности. С северной стороны в восточном и южном углах вал прерывается, образуя вход во внутреннюю часть.

Первый ров имеет ширину от 5 до 7 м и глубину до 1,5 м, в северной части он выходит в глубокую промоину, опускающуюся к ручью. В южном и западном углах рва расположены небольшие по высоте и длине дополнительные валы.

Второй вал шириной у основания от 8 до 10 м, повторяет форму основного и оконтуривает городище со всех сторон, за исключением северной. По высоте вал равномерен по всему периметру и лишь в юго-западной широкой его части плавно понижается до уровня поверхности мыса.

Внешний ров прослеживается с южной, юго-восточной, северо-восточной сторон, ширина его достигает 4 м, глубина 0,7 – 0,8 м.

Городище имеет три входа, которые находятся в северо-восточной части основного вала и в его восточном и южном углах. Ширина входов около 2 м. Входы обозначены разрывом вала до уровня внутренней поверхности. Южный вход дополнительно укреплен валами, расположенными во рве, высотой до 1,5 – 2 м относительно дна рва и шириной у основания 2 – 2,5 м.

Внутренняя поверхность городища ровная. На поверхности находится 46 западин округлой формы, диаметром от 6 до 12 м, глубиной до 0,7 м. Западины – следы жилищ – расположенных рядами на близком друг к другу расстоянии.

Археологические артефакты не были обнаружены, что затрудняет датировку памятника. Однако на основании сравнительного анализа западин городища Хинганское и изученных Е. А. Деревянко западин на поселении Осиновое Озеро в окрестностях с. Войково, Константиновский район, Амурская область [Деревянко, 1975, 40], установлено их сходство. На этом основании авторы публикаций предлагают датировать Хинганское городище периодом раннего средневековья и соотносить его с памятниками культуры мохэ.

4.15 Ключ Сохатиный

Городище Ключ Сохатиный расположено в Архаринском районе на

расстоянии около 25 км к северу от левого берега р. Амур. Оно находится на вершине мыса первой надпойменной террасы р. Амур, выступающего в долину реки Малая Грязная на расстояние до 300 м в северо-восточном направлении. Высота мыса относительно уровня поймы 60 – 70 м. С северо-восточной и восточной стороны у подножья мыса протекает река, с северной и северо-западной сторон его омывает ключ, именуемый местными жителями «Сохатиным». Склоны мыса крутые, задернованы, покрыты зарослями маньчжурского дуба и лещины. Центральная часть мыса ровная, имеет незначительный уклон к краям крутых склонов. Она задернована и покрыта растительностью – монгольским дубом и лещиной.

Городище было открыто в 2004 г. и введено в научный оборот Д. П. Волковым [Волков, 2006, 304 – 307]. Сведения о нём также содержатся в публикации Н. Н. Зайцева, А. Л. Шумковой [Зайцев, Шумкова, 2008].

Границы городища очерчены контурами мыса. Протяженность его с северо-востока на юго-запад достигает 500 м, с северо-запада на юго-восток 200 м. Городище имеет в плане подпрямоугольную форму. С северо-восточной, юго-восточной и южной части оно защищено рвом, ширина которого составляет в настоящее время 2 – 2,5 м, глубина – 0,5 м. С юго-восточной и южной сторон дополнительно возведен вал шириной у основания 3 – 4 м и высотой 1,5 м относительно дна рва. С юго-западной стороны городище защищено рвом таких же размеров, как и ров на северо-восточной и юго-восточной сторонах. Северо-западная часть памятника защищена склонами мыса, крутизна которых увеличена подработкой. (Илл. 4 – 33. Городище Ключ Сохатиный. План городища. Волков, 2005, 305.).

Городище имеет два входа с северо-восточной и юго-западной сторон. Ширина их от 4,5 до 5 м.

На территории городища отмечено более 100 западин округлой формы размером 12 × 12, 6 × 6, 15 × 15 м и глубиной от 0,5 до 1,5 м. Расположены они по обе стороны центральной части мыса. Свободная от западин площадка примыкает к входам.

В северо-западной части крупные западины, доходящие в плотную до крутого, искусственно эскарпированного склона мыса, расположены двумя рядами среди хаотично разбросанных маленьких. С юго-восточной стороны углубления в основном маленькие, расположены хаотично, доходят до рва проходящего по краю мыса.

Три западины выявлены за пределами фортификационных сооружений в юго-западной части памятника. Западины округлой формы, диаметром 8 х 8 м и глубиной до 0,7 – 0,9 м.

В настоящее время, оборонительные сооружения в юго-восточной часть памятника частично нарушены глубоким оврагом, спускающимся в пойму реки.

На основании сравнительного анализа западин городища Ключ Сохатиный и изученных Е. А. Деревянко западин на поселении Осиновое Озеро в окрестностях с. Войково, Константиновский район, Амурская область [Деревянко, 1975, 40], установлено их сходство. На этом основании авторы публикаций предлагают датировать городище Ключ Сохатиный периодом раннего средневековья и соотносить его с памятниками культуры мохэ. Эта трактовка поддержана в публикации М. А. Стоякина, который положил в основу аргументации фортификационные особенности городища Ключ Сохатиный [Стоякин, 2014, 192].

4.16 Утюг

В. Е. Медведев

На территории Среднего Приамурья к востоку от Малого Хингана открытых и в какой-то степени исследованных городищ насчитывается пока небольшое количество. Одно из них, получившее название Утюг, находится в правобережной части р. Биры, в 3 – 4 км к северо-западу от с. Желтый Яр. Городище хорошо известно жителям этого села. От них впервые в 1959 г. Е. И. Тимофеев узнал о памятнике и обследовал его. В

Глава 4　Городища левого берега Среднего Амура и бассейна Зеи

1974 г. городище было осмотрено, описано, собран подъемный материал В. Е. Медведевым [Медведев, 1986, с. 11; Тимофеев, 1959]. Памятник занимает возвышенную песчаную площадку наподобие островка, похожего по форме в плане на утюг, окруженного кочковатой поймой и старицей протоки Биры. Городище вытянуто с запада на восток не менее чем на 100 м.

Вдоль его границ, в особенности с восточной стороны, имеются земляные валы высотой до 1 м, а также рвы. Другие элементы фортификации (башни) на памятнике не отмечены. На его территории просматривается несколько углублений или западин неизвестного назначения. Были заложены три разведочных шурфа, в которых находок не оказалось. На поверхности заросшего крупными деревьями городища найдены замытые невыразительные черепки, позволяющие предварительно датировать его ранним средневековьем (чжурчжэньская культура). Общая площадь городища около 4 500 м^2. Степень сохранности памятника и состояние на момент его обследования (1974 г.) удовлетворительное.

Глава 5

Городища Нижнего Амура

В. Е. Медведев

5.1 Введение (общий обзор)

К Нижнему Приамурью или бассейну нижнего Амура относится территория от Уссури вниз по Амуру до его устья со всеми впадающими в него притоками. Низовья Уссури с его правыми притоками также принято связывать с Нижним Приамурьем. Все эти районы административно, за исключением небольших участков на юге и юго-западе региона, входят в пределы Хабаровского края (памятники, расположенные на уссурийском притоке р. Бикин на территории Приморского края, в данной работе не рассматриваются).

Городища древности и средневековья на территории Нижнего Приамурья количественно значительно уступают известным памятникам других типов, в особенности поселениям, да и по сравнению с могильниками их меньше, хотя число найденных городищ постепенно увеличивается. Причина меньшей численности городищ объясняется прежде всего тем, что поселения и могильники охватывают гораздо больший хронологический период их формирования, начиная с неолита, чем городища.

Хотя первые единичные упоминания о существовании городищ, поверхностное их обследование на реках Уссури и Бикине приходятся на

Глава 5 Городища Нижнего Амура

конец XIX в., археологические исследования их в регионе начались только в начале второй половины XX в., в особенности в 70 – 80 е гг. того века (городища Кондратьевское, Болоньское, Сакачи-Алянское, Кедровское, Джари) и продолжились позже.

Примечательно, что практически все известные сейчас древние и средневековые городища Нижнего Приамурья располагаются в пределах одной из наиболее обширных на юге российского Дальнего Востока Среднеамурской (Амуро-Сунгарийской) равнины (ее часть в Северо-Восточном Китае – Саньцзянская равнина). Эта равнина, вытянутая с юго-запада на северо-восток почти на 700 км, с плоской поверхностью, местами на ней возвышаются низкогорные островные кряжи. Она ограничена хребтом Сихотэ-Алиня на востоке, Хингано-Буреинскими горами на северо-западе и Восточно-Маньчжурскими на юге. На этой территории с муссонным климатом, теплым дождливым летом и холодной малоснежной зимой человек обитал уже в позднем плейстоцене. Здесь весьма рано сформировались неолитические культуры с древнейшей керамикой и стационарными жилищами-полуземлянками. Значительное количество открытых и исследованных археологических памятников неолита, раннего железного века, средневекового времени характеризуется интенсивным освоением людьми этого межгорного пространства с постепенным переходом их от потребляющих форм хозяйства к производящим – земледелию и скотоводству. Особое место в культурно-историческом развитии региона принадлежит финалу древности-раннему железу и средневековому периоду, когда происходило строительство и функционирование освещаемых ниже городищ, датируемых в диапазоне IV – III вв. до н. э. – середина XIII в. н. э.

Всего в настоящее время в нижнеамурском регионе учтено и в той или иной степени исследовано 23 городища. Они территориально распределяются условно на три группы. К первой группе относятся памятники, локализованные в нижнем течении р. Уссури и ее притоках Хор и Бикин. В группу входят одиннадцать городищ. Ко второй – городища на берегах и притоках рек Тунгуска, Кур и Урми (восемь памятников, из которых три с предположительным местом нахождения). В третью группу объединены фортификационные сооружения, расположенные на правом берегу Амура и его протоках (четыре городища).

5.2 Городище Хорское

Городище было открыто в 1984 г. В. Е. Медведевым и тогда же предварительно обследовано. С 1985 по 1990 г. под его же руководством в центральной части памятника проведены работы в пяти раскопах общей площадью 950,5 м2 (Илл. 5 – 1. Городище у пос. Хор. План местности.), в которых выявлено и исследовано восемь жилищ полностью (№ 1 – 6, 8, 9) и два частично (№ 7, 10). Территория городища длительное время распахивалась для выращивания овощей, поэтому, очевидно, имевшиеся на поверхности следы от жилищ в виде западин не сохранились. Контуры жилищ фиксировались после снятия пахотного слоя почвы.

Городище, расположено примерно в 10 км к З-Ю-З от пос. Хор муниципального района Лазо Хабаровского края в пойме левого берега р. Хор. Расстояние до реки около 1,5 – 2,0 км, несколько дальше Хор впадает в р. Уссури. Памятник занимает участок приподнятой над поймой террасы. После длительных ливней Хор разливается на несколько километров, вода подступает к возвышению-террасе, на которой возведено городище, однако оно не затапливается.

Создатели городища избрали весьма удобное место – воздвигли его на площадке террасы, выступающей в северо-восточном направлении в виде мыса. С севера и востока мыс оконтурен старицей, в которой постоянно сохраняется вода. Старица, возможно, когда-то была протокой или руслом Хора.

Городище подпрямоугольной в плане формы, земляные валы ориентированы почти по странам света (размеры 106 – 108 x 160 – 165 м). С южной и западной сторон параллельно основному внутреннему валу

Глава 5 Городища Нижнего Амура

воздвигнут второй вал. Между двумя линиями валов проходит ров. На северо-западном и юго-западном углах городища имеются наружные выступы, отходящие на 3,5 – 4,0 м от вала. Выступы диаметром 15 – 18 м служили, скорее всего, основаниями-платформами для сторожевых башен. Ширина основного вала до 10 – 13 м (по углам до 18 – 21 м). Второй вал шириной 6 – 12 м. Высота валов над уровнем террасы достигает 2 – 3 м (над уровнем поймы и старицы до 3,5 – 4,8 м).

Внутренний южный вал из-за современного разрушения несколько ниже остальных валов. Неподалёку от углов южных валов имеется разрыв – ворота шириной от 3 – 3,5 (первый вал) до 6 – 8 м. Ворота второго вала в недалёком прошлом были расширены земледельцами. Очертания валов не везде одинаковые: южный и западный направлены по прямой, восточный и особенно северный вытянуты по форме, напоминают дугу. Связано это с характером рельефа местности, который создатели городища удачно использовали для усиления линии фортификации.

Стратиграфия всех раскопов в основном следующая: сверху – почвенно-пахотный слои, ниже – серый супесчаный грунт, в пределах жилищных котлованов этот слой гумусированный, тёмный. Материком вне пределов жилищ, а также для группы небольших жилищных комплексов с неглубокими котлованами является пласт жёлтой глины. Котлованы глубоких жилищ прорезают этот пласт глины до мелкого речного галечника и песка, порой слегка врезаясь в него.

Все жилища полуземляночного типа с котлованами четырёхугольной (в основном прямоугольной) формы, с закруглёнными углами, размерами от 4,6 × 4,8 до 10 × 11 м и глубиной до 1,6 м от современной поверхности (Илл. 5 – 2. Планы раскопов IV и V с жилищами 6, 8, 9, 10. Городище у пос. Хор). Стороны жилищ ориентированы в основном по странам света. Стены и кровля в жилых сооружениях держались с помощью рядов столбов, ямки от которых зафиксированы вдоль стен и в углах котлованов, в них были также центральные опорные столбы. С восточной или юго-восточной стороны жилищ имелся вход, оформленный иногда в виде тамбура.

Полы в жилищах с галечной или песчаной поверхностью покрыты слоем глиняной обмазки. В центральной части жилищ располагались, как правило, мощные очаги преимущественно прямоугольной формы. В больших жилищах было до трёх очагов, порой частично перекрывавших друг друга.

В жилищах собраны многочисленные вещи из различного материала. Среди железных изделий особой разнотипностью выделяются плоские и гранёные наконечники стрел (Илл. 5 – 3. Находки из городища Хорского, 1 – 14), ножи (Илл. 5 – 3. Находки из городища Хорского, 16 – 19), рыболовные крючки (Илл. 5 – 3. Находки из городища Хорского, 21 – 24), кресала (Илл. 5 – 3. Находки из городища Хорского, 25 – 27). Найдены также иглы, шилья, свёрла, пилки, циркульные инструменты, скобковидные предметы (Илл. 5 – 3. Находки из городища Хорского, 820, 28 – 30, 32, 33) Из редких вещей зафиксированы наконечник копья, напильник, зубило, обломок кельта (Илл. 5 – 3. Находки из городища Хорского, 15, 31, 34, 35) и другие изделия. Из украшений и принадлежностей одежды обнаружены бронзовые бубенчики, подвески, серьги, бляшки, в том числе прямоугольная ажурная бляшка от пояса (Илл. 5 – 4. Украшения и принадлежности одежды из городища Хорского, 1 – 9), глиняные (Илл. 5 – 4. Украшения и принадлежности одежды из городища Хорского, 10), каменные и стеклянные бусины (Илл. 5 – 4, 11 – 15), нефритовые подвески (Илл. 5 – 4. Украшения и принадлежности одежды из городища Хорского, 16), железные кольца и пряжки (Илл. 5 – 4. Украшения и принадлежности одежды из городища Хорского, 17 – 19). Наиболее массовый материал на городище – керамика. Преобладает лепная посуда, прежде всего горшковидные сосуды для приготовления пищи на огне и крышки для них (Илл. 5 – 5. Керамика городища Хорского, 1 – 5). Станковая сероглиняная лощеная утварь преимущественно горшковидная и кувшиновидная. Есть разбитые емкости крупных размеров типа корчаги. Одна из них высотой более 55 см и диаметром тулова до 51

Глава 5 Городища Нижнего Амура

см. Подобные сосуды предназначались, скорее всего, для хранения съестных припасов и напитков. Орнамент на керамике выполнен в основном техникой тиснения геометрических композиций, прочерчивания и лощения волнистых линий и фигур (Илл. 5 – 5. Керамика городища Хорского, 6 – 15). Из обожжённой глины обитатели городища изготовляли также рыболовные грузила и тигли (Илл. 5 – 3. Находки из городища Хорского, 36, 37).

Полученный материал свидетельствует о принадлежности всех раскопанных хорских жилищ к началу второго хронологического этапа чжурчжэньской культуры Приамурья (вторая половина IX – первая четверть XII в.) [Медведев, 1986 с. 177 – 180]. При этом надо добавить, что в некоторых раскопах в основании культурного слоя были найдены обломки керамики польцевской культуры. Эти находки говорят о том, что место, где расположено городище, привлекало внимание людей раннего железного века, очевидно, в конце I тыс. до н. э.

В пределах исследованных жилищ обнаружено несколько погребений одинакового с ними возраста с почти полностью истлевшими костями.

Наряду со сходством жилища по ряду принципиальных различий примерно поровну подразделяются на две группы. К первой группе относятся жилища крупных размеров, они более глубокие и обеспечены очагами. Принципиальное их отличие от малых жилищ связано с имеющимися в них колодцами. При раскопках в пяти жилищах обнаружено девять колодцев. При этом в трёх из них (№ 2, 6, 9) — по два колодца, которые были сделаны в жилищах не одновременно: после разрушения одного из них рядом выкапывался другой. Колодцы сооружали следующим образом: на материковом, чаще всего галечном полу жилищ в основном слева от входа вблизи угла или южной стены выкапывалась яма, в которой свободно помещался человек с лопатой (углубление, размеры около 2 × 2,5 м). В центре ямы вертикально устанавливалась деревянная округлая труба, вероятно, из двух выдолбленных половин бревна диаметром в среднем 0,7 – 0,9 м, которая засыпалась вокруг грунтом, извлечённым из большой колодезной ямы. Некоторые колодцы удалось расчистить до грунтовых вод (на глубину более 3 м). В заполнении колодцев (чаще супесчано-галечный тёмный грунт с угольками), на их дне и в расположенном радом ямах (тёмный песок с галькой) найдены керамика, древесные угли, кости, челюсти, зубы животных, кусочки истлевшей древесины и коры (см. Илл. 5 – 2. Планы раскопов IV и V с жилищами 6, 8, 9, 10. Городище у пос. Хор; Илл. 5 – 6. Жилище 3. 1 общий план после раскопок; 2-план и разрез колодца в жилище. Городище у пос. Хор).

Во вторую группу входят жилища (№ 4, 5, 8, 10), площадь и глубина которых в 1,5 – 2 раза меньше жилищ первой группы. В них, за исключением одного, колодцы отсутствуют. Котлованы этих жилищ, как уже отмечалось, не врыты в галечник и не прорезают вышележащий плотный слой глины, что, скорее всего, предотвращало поступление грунтовых вод в неглубокие жилища (в отличие от глубоких, которые подтапливались). Однако в неглубоких жилищах в холодный период тепло сохранялось хуже, поэтому для утепления в некоторых из них сооружались так называемые земляные каны Г-образной формы.

Выявленные в жилищах оригинальные по своей конструкции колодцы- редчайшее явление на археологических объектах подобного типа. Жилища с колодцами не найдены в древних и средневековых памятниках, включая чжурчжэньские, среднего и нижнего Амура, а также Приморья. Неизвестны жилища с колодцами и на соседних с российским Дальним Востоком территориях.

Вряд ли можно предположить, что колодцы служили не по своему прямому назначению, т. е. для получения питьевой воды, а, например, для сбора или отвода влаги во время подтопления. Для этого не нужно копать в жилищах весьма глубокие ямы со строго вертикальным, специально укреплённым стволом. Есть основания считать, что колодцы строились на случай, если городище подвергнется нападению со стороны противника и будет длительное время находиться в окружении, а обитатели его не будут иметь доступа к воде находящейся рядом протоки. Очевидно, это случалось, о чем может свидетельствовать большое количество колодцев, а также внушительной высоты земляные валы и глубокие рвы. Всё делалось, конечно же, с учётом прошлого опыта создателей сравнительно небольшого, однако надёжного по своим фортификационным решениям памятника в пойме р. Хор. Подтверждением могут также служить погребения, вероятно, принадлежащие погибшим во время осады городища защитникам.

Относительно степени сохранности городища. Если не считать частично разрушенный вал и проводившуюся на нем вспашку местным населением, памятник находится в сравнительно удовлетворительном состоянии.

5.3 Городище Кондратьевское

Городище получило название от с. Кондратьевка, находящегося в муниципальном районе им. Лазо Хабаровского края. Впервые оно было предварительно обследовано В. Е. Медведевым летом 1977 г. В 1984 г. Амуро-Уссурийский отряд ИАЭТ СО РАН под его руководством провел на памятнике стационарные исследования: был снят план местности, заложен раскоп I и поисковая траншея.

Городище расположено в 0,5 км к северо-востоку от названного села (Илл. 5 – 7. Городище у с. Кондратьевка. План местности). Местность здесь пойменная, отдельные участки заняты пашнями. Примерно в 2-х км к западу-северо-западу от памятника протекает р. Хор. На ее левобережье, где размещается городище, имеется немало различных водоемов в виде полувысохших стариц, проток, ручьев, быстро становящихся полноводными во время дождей, а нередко превращающихся в сплошной необъятный водный бассейн. В такие периоды затяжных муссонных дождей на низкой пойме Хора видны лишь отдельные небольшие возвышения – рёлки. На одной из таких рёлок, возвышающейся на 1 – 2 м над поймой, было воздвигнуто описываемое городище. Любопытно, что городище возведено в 3 – 4 м от истока родника (ручья) с холодной прозрачной водой. Рёлка, занятая городищем, имеет сравнительно ровную поверхность. Она вытянута почти точно с севера на юг. В своей северной части рёлка уже, в южную сторону она расширяется. Валы были насыпаны вдоль длинных ее сторон, с западной и восточной. Городище в плане имеет пятиугольно-вытянутую форму, длиной 90 м и шириной до 44 м. Общая площадь его около 3 600 м^2. Длина южного вала достигает 41,5 м. Южная половина памятника в форме почти правильного прямоугольника. Противоположная – по форме ближе к трапеции. Длина северного вала городища 24 м, в нем виден разрыв-ворота шириной около 2 м. Вблизи ворот за валом прослеживается ровик (8,3 х 3,7 м), откуда брался грунт для вала. Высота вала над уровнем кромки рёлки до 1,5 – 2 м, ширина у основания от 6,6 (в северной половине городища) до 9,4 м – в южной.

Современные местные жители приспособили территорию городища для огорода. Во время работ археологов почти вся внутренняя часть его была засажена тыквой, что в немалой степени затрудняло исследование памятника; поисковую траншею заложили между рядами насаждений. Пойма, окружающая городище, покрыта буйным разнотравьем и редкими очагами естественных древесных насаждений-ивняка. Что касается возвышенной части ландшафта-рёлки и, прежде всего, валов городища, то они поросли, хотя и неплотной, но достаточно разнообразной древесной растительностью: дубом монгольским, березой черной, липой, ясенем. Южный вал разрушен на отрезке длиной около 15 м. Это сделали когда-то сельские жители с целью беспрепятственного въезда на территорию городища для занятий огородничеством. Частично потревожена также центральная часть восточного вала.

Раскоп I (Илл. 5 – 8. Городище Кондратьевское. План находок и пятен в раскопе I). Заложен на территории городища вдоль северного вала, его размеры 10 х 6 м. Стратиграфия раскопа: первый (сверху) – почвеннодерновый грунт с небольшой примесью мелких галек, пронизанный корнями растений. Наибольшая мощность слоя в юго-восточном углу раскопа (до 40 см). Менее тонкий пласт дерна в северо-западной его части (6 – 9) см, поверхность раскопа здесь вдоль северного вала не потревожена вспашкой. Отдельные участки в южной половине его, видимо, были нарушены.

Почти по всей площади раскопа ниже почвенно – дернового слоя – супесь мощностью от 10 – 12 до 65 см. Этот слой является не вторым (под дерном), а третьим лишь вдоль северной стенки раскопа. В этой его части сразу под дерном отмечен пласт суглинистого грунта с галькой, который следует связывать с оплывшим заполнением вала. Он нигде, кроме указанного места, на раскопе не обнаружен. Материковый массив представляет собой почти по всей площади раскопа щебенку или мелкий галечник с супесчаными включениями.

В почвенно-дерновом слое (до 20 см) выявлены немногочисленные находки. Это исключительно мелкие фрагменты лепной керамики красноватого цвета. Во втором слое (глубина 21 – 40 см) материал также представлен керамикой: черепок, орнаментированный вдавлениями подушечек пальцев, фрагмент прямого, несколько отогнутого наружу венчика с двумя горизонтальными рядами вдавлений на горловине (Илл. 5 – 9: 1, 3). Мелкие обломки сосудов зафиксированы в разных местах раскопа. В основном они без орнамента, некоторые украшены однообразно-вмятинами, полученными в результате нажима подушечек пальцев. (Илл. 5 – 9: 2) Отмечен фрагмент придонной части сосуда с закраиной (Илл. 5 – 9: 2. Вещи из раскопа I (1 – 3) и поисковой траншеи (4 9) городища Кондратьевского), а также куски обожженной глины.

На глубине 40 – 50 см отмечена серия фрагментов керамики, один из них орнаментирован штампованными прямоугольными вдавлениями, другой – ногтевыми оттисками и параллельными линиями-бороздками. Кроме черепков в северо-западном углу раскопа находилось значительное количество кусков обожженной глины (обмазки). В их изломах видны отпечатки сгоревших стеблей растений. В западной части раскопа зафиксирован развал верхней половины лепного сосуда (Илл. 5 - 10. Керамика из раскопа I. Городище Кондратьвское, 1). Цвет черепков черный со следами копоти и нагара. Сосуд, скорее всею, в виде ситулы, с плавно отогнутым и слегка утолщенным вдоль кромки венчиком. Верхняя часть сосуда украшена ногтевыми оттисками, нанесенными пятью параллельными поясками. Под ними - налепной уплощенный валик, рассеченный косыми глубокими насечками. В черепках просверлены отверстия - следы ремонта сосуда. Неподалеку от этого развала, залегала раздавленная нижняя часть еще одного лепного крупного сосуда (Илл. 5 - 10. Керамика из раскопа I. Городище Кондратьвское, 2). Поверхность его покрыта слабо-рельефными квадратными и прямоугольными вдавлениями (вафельный орнамент). Здесь же, у западной стенки раскопа, вскрыта нижняя часть сосуда с плоским с закраиной дном, декорированного вдавлениями пальцев (Илл. 5 - 10. Керамика из раскопа I. Городище Кондратьвское, 3).

Вблизи западной стенки раскопа на глубине 0,76 м выявлено овальное в плане прокаленное пятно размерами 1,3 х 0,9 м, в котором обнаружен костный тлен, несколько обожженных кусочков костей и мелкие черепки. В северо-западном углу раскопа зачищен комплекс находок, состоящий из скопления комков обожженной глины, фрагментов керамики, угольков и двух крупных сгоревших кусков древесины (головней). Здесь же, чуть глубже глиняной обмазки, залегало каменное ударное орудие, очевидно, клиновидный молот, изготовленный из массивной алевролитовой гальки. Обе торцевые поверхности его имеют многочисленные следы забитости, забита также одна из боковых поверхностей инструмента.

При зачистке материковой щебенки обнаружены двадцать восемь ям, располагавшиеся преимущественно в центральной и юго-восточной частях раскопа. В северо-западном углу их отмечено меньше, а в юго-западном они отсутствовали вообще. В размещении ям наблюдается вытянутость их как бы полосой с северо-запада на юго-восток. Подавляющее большинство ям округлой в плане формы диаметром от 11 до 48 см и глубиной 8 – 22 см. Есть также ямы овальной, подквадратной и неправильной формы. В заполнении двух ям найдены фрагменты зубов свиньи, еще в нескольких ямах – мелкие черепки. Две ямы располагавшиеся рядом с восточной стенкой раскопа, несколько в стороне от основной группы ям, значительно крупнее остальных. В обеих ямах зарегистрировано небольшое количество обломков керамики.

Поисковая траншея. Пробита в 29 м к югу от раскопа I посреди городища (длина 11 м, ширина 1 – 2 м). Стратиграфия её такова: Сверху – слой почвенно-пахотного грунта мощностью от 20 до 51 см. Под ним-пласт коричневой сравнительно рыхлой супеси (20 – 54 см). Глубже залегает массив материковой светлой супеси и песка. Общая толщина культурного слоя в траншее чуть более 1 м.

Основные находки – небольшие фрагменты керамики. Керамика как по технике изготовления, так и орнаментике однообразная: лепная, красновато-коричневого или серовато-желтого цвета. Орнамент на черепках штамповый ямочный или волнистои горизонтально прочерченный. Найдены также фрагменты рифленого венчика, видимо, от сосуда с округлым туловом (см. илл. 5 – 9. Вещи из раскопа I (1 – 3) и поисковой траншеи (4 – 9) городища Кондратьевского, 4 – 6). Обнаружен обломок кольца из белого нефрита (см. илл. 5 – 9. Вещи из раскопа I (1 – 3) и поисковой траншеи (4 – 9) городища Кондратьевского. 15, 8).

На глубине 70 см залегали мелкие кусочки полусгнивших зубов животного. В западной части траншеи отмечены следы костного тлена. Костный тлен и небольшие полусгнившие неопределенные косточки зарегистрированы несколько глубже в других точках этой части траншеи.

Интересен комплекс вещей, выявленный в центре траншеи на глубине 109 – 114 см. На участке диаметром около 40 см, в относительной близости друг от друга залегали: округлая халцедоновая бусина, железный нож (см. илл. 5 – 9. Вещи из раскопа I (1 – 3) и поисковой траншеи (4 – 9) городища Кондратьевского, 7, 9), а также каменный оббитый инструмент, видимо, отбойник. Здесь же найдено несколько мелких фрагментов неорнаментированной керамики. Учитывая компактное расположение вещей, нахождения на расстоянии 1 – 1,2 м от них костного тлена, кусочков костей, прокала, а также небольшого углубления на месте находок в материковой супеси, можно предположить, что в центральной части траншеи сохранились следы погребения.

Городище служило, скорее всего, в качестве укрепления или убежища в случае опасности людям, обитавшим в плодородной пойме реки. Довольно толстый слой культурных отложений свидетельствует о значительном времени функционирования памятника. Несмотря на то, что на ограниченной раскопанной территории памятника не было выявлено следов постоянных жилищ типа полуземлянок, все же можно уверенно говорить о существовании в пределах укрепления, очевидно, жилых наземных построек. Об этом свидетельствуют многочисленные ямы о столбов, зафиксированные в раскопе I. Некоторые ямы располагались в плане в виде квадрата или прямоугольника. Сооружения могли быть каркасно-столбовыми деревянными и обмазанными глиной. На то, что глина использовалась при строительстве, указывают многие ее обожженные куски (обмазка) с примесью растительности. Особенно большое количество обломков обмазки выявлено в северо-западном углу раскопа I. Здесь же залегали обожженная древесина, угли, керамика, каменные изделия, обнаружено много гари. Рядом с этим скоплением находок отмечены ямы от столбов, на месте которых, видимо, располагалось сгоревшее при пожаре деревянное сооружение. Относительно двух отмеченных ям больших размеров можно предположить, что они служили для производственных или хозяйственных целей.

Сложно судить об обстоятельствах появления в городище предполагаемых остатков погребения, вскрытых в поисковой траншее. Вещественный материал (прежде всего, керамика) из погребения и раскопа I относится к польцевской культуре. Это значит, что погребение было оставлено в период функционирования городища или вскоре после того, как оно было покинуто его обитателями.

Основные вещи, по которым определяется культурная принадлежность памятника – керамика. Венчики сосудов с горизонтальным рифлением, аналогичные кондратьевскому, хорошо известны по коллекциям из раскопок поселения Польце I и Польце Ⅱ [Окладников, Деревянко, 1970, с. 25; Деревянко, 1976, табл. 52]. Волнистый декор также характерен для керамики поселений Польце I, Амурский Санаторий, Рыбное Озеро, Желтый Яр [Окладников, Деревянко, 1970, с. 268, 271, 294]. Для этих же памятников типична керамика со штамповым ямочным узором. Зачастую сосуды названных памятников и других многочисленных поселений польцевской культуры, в частности, Кочковатского [Деревянко, 1976, табл. 57], а также городища Кедровского [Медведев, 2009, илл. 5 – 13. Фрагменты керамики (2 – 10) из раскопа I. Городище у с. Кедрово.], декорированы оттисками пальцев. Керамика с вафельным орнаментом отмечена на поселениях Кочковатка, Амурский санаторий, Польце Ⅱ, Кедровском городище и на некоторых других памятниках польцевской культуры. Принимая во внимание наличие на рассматриваемом городище керамики, характерной как для раннего (поселения Желтый Яр, Кочковатка, Амурский Санаторий), так и для относительно позднего (поселение Польце I) этапов польцевской культуры, можно предположить, что его построили сравнительно рано (не позже Ⅲ в. до н. э.) и оно было обитаемо (вероятнее всего, с перерывами) в течение продолжительного времени.

Исследования Кондратьевского городища, первого по времени раскопанного среди достаточно известных теперь памятников польцевской культуры подобного типа, продемонстрировали, что ее носители умели возводить фортификационные сооружения, удачно используя при этом природно-ландшафтные особенности (в данном случае – небольшое возвышение рядом с родником).

5.4 Городище Кедровское

Городище было найдено и предварительно обследовано в 1984 г. В. Е. Медведевым. В 1988 г. отрядом археологов из Института археологии и этнографии СО РАН под его руководством был снят план местности, заложен раскоп и забиты на памятнике шурфы. Позже работы на нем не проводились.

Городище расположено на правом берегу р. Уссури, в 300 м выше с. Кедрово Вяземского муниципального района Хабаровского края. Берег Уссури в районе городища сравнительно невысокий, над урезом реки составляет в среднем 4 – 5 м. Поверхность береговой террасы довольно ровная. Терраса распространяется от верхней окраины села на 400 – 450 м., где у её края от Уссури отходит длинный узкий залив Орлиха. На подступах к заливу терраса понижается и в непосредственной близости от нее превращается в затопляемую низину. В 40 – 70 м от береговой кромки терраса также резко переходит в низкую пойму. Над уровнем поймы Орлихи высота террасы составляет 1,5 – 1,7 м, местами – 2 м. Городище возведено на возвышенном участке террасы в 20 – 30 м от залива (Илл. 5 – 11. Городище у с. Кедрово. План местности).

Часть городища разрушена рекой. Можно предположить, что вдоль края террасы был вал длиной около 80 – 85 м, который тоже размыт. Подлинные размеры городища, а так же наличие берегового вала определить невозможно. Форма городища в плане подпрямоугольная. Валы в южной и частично восточной его частях насыпаны непосредственно вдоль кромки террасы. Здесь высота вала (вместе с террасой) над уровнем поймы Орлихи достигает 2,5 – 3 м. На берегу между рекой и кромкой террасы лежат обломки песчаника и довольно массивные глыбы или валуны базальта. Вероятно, часть камней происходит из размытого вала, поскольку они видны в его обрезе, преимущественно в основании, следовательно, вал каменно-земляной.

Наиболее длинная сторона городища – южный вал, протянувшийся с небольшим отклонением от оси восток-запад на 99 м. Ширина его у основания 10 – 13,5 м. Высота вала над поверхностью городища составляет 1,5 м. Рядом с валом на значительном его протяжении прослеживается ров шириной 6 – 7 м. От южного вала отходят в сторону реки восточный и западный валы.

Восточный вал длиной 48,5 м. и шириной 7,5 – 9,3 м. В 16,5 м от края террасы вал имеет разрыв – ворота, шириной около 4,5 м. Высота вала над внутренней поверхностью памятника составляет 1 – 1,2 м, над внешней – до 3 м. Западный вал направлен от края южного вала параллельно восточному и несколько изогнут. Общая длина вала около 86 м. Высота его везде примерно одинаковая (0,6 – 0,68 м над внутренней поверхностью городища), ширина от 6 до 7,5 м.

Еще один вал расположен в 27 м от северной оконечности западного вала, он вытянут параллельно ему на 19,5 м. Между западным валом городища и отстоящим от него «дополнительным» валом, также был насыпан вал по краю террасы, который едва заметен.

Относительно оригинальных «дополнительных» валов можно высказать несколько версий. Первая: валы могли служить в качестве первого защитного барьера городища с северо-западного направления. Правда, поблизости от них находится залив, который является хорошей естественной преградой на подступах к укреплению. Вторая: валами была ограждена площадка для хозяйственных нужд, например, для загона скота. Третья версия – наиболее вероятная: первоначально «дополнительные» валы совместно с северо-восточным отрезком западного вала составляли небольшое городище, которое затем было увеличено в несколько раз.

Общая длина городища вдоль кромки береговой террасы, с учетом второго западного наиболее раннего вала, составляет 130 м. Поверхность почвы в пределах городища ровная, имеются лишь 2 – 3 аморфных углубления неподалеку от южного вала. Углубления эти либо естественного происхождения или они сохранили едва заметный след, откуда брался грунт при возведении валов.

На городище были заложены шурфы (1 – 3) и раскоп I площадью 60 м². Раскопки показали, что памятник однослойный без поздних нарушений и переотложений. Мощность культурного слоя не превышала 57 см (Илл. 5 – 12. План находок в раскопе I. Городище у с. Кедрово). Выявленные артефакты залегали в 10 – 40 см от современной поверхности: около 70 разрозненных фрагментов лепной керамики, одна кремневая проколка (Илл. 5 – 13. Кремневая проколка (1) и фрагменты керамики (2 – 10) из раскопа I. Городище у с. Кедрово, 1) и несколько отщепов. Зафиксированы также отдельные мелкие угольки. Керамика красно-коричневого цвета, черепок довольно рыхлый запесоченный. Часть керамики орнаментирована: налепные уплощенные горизонтальные валики со следами вмятин от пальцев на них и рядом с ними, вафельный декор (Илл. 5 – 13. Кремневая проколка (1) и фрагменты керамики (2 – 10) из раскопа I. Городище у с. Кедрово, 2 – 10).

В городище, в раскопе и шурфах, не обнаружены следы каких-либо строений или искусственных углублений в виде ям от столбов или других конструкций. Впрочем, это не может служить гарантированным свидетельством того, что люди в городище не проживали: раскопанная площадь составляет незначительную его часть, что дает основание предполагать о возможном нахождении в пределах памятника остатков сооружений, в т. ч. жилых. Не исключено также, что создатели городища могли в нем обитать временно в наземных жилищах типа чума (шатра) или шалаша.

Обращает на себя внимание полное отсутствие среди находок металлических предметов или хотя бы их обломков. Изделий из камня найдено ничтожное количество, но они все-таки есть. Отсутствие вещей из металла не представляет затруднений для определения культурной принадлежности городища, поскольку основным, точнее единственным диагностирующим материалом является керамика с вафельным декором, пальцевыми вдавлениями и налепными валиками. Подобная керамика, в особенности «вафельная», известна по материалам раскопок многих памятников польцевской культуры, например, Амурский Санаторий [Окладников, 1963, с. 274 – 276] и др. Памятники принадлежат к довольно ранним фазам рассматриваемой культуры [Деревянко, 1976, с. 161], но все же не к самой ранней. Так, согласно дополнительным исследованиям, эти памятники относятся ко второй фазе культуры польце, для которой предложена дата IV – III вв. до н. э. [Хон Хён У, 2008, с. 158]. Примечательно, что в качестве минерального отощителя в глинистом тесте керамики из Желтого Яра и Амурского Санатория присутствует заметная доля песка [Там же, табл. 2], что также сближает керамику этих памятников с керамикой из Кедровского городища.

Изделия из железа на поселениях Желтый Яр и Амурский Санаторий, где раскопанная площадь заметно больше, чем на городище у с. Кедрово, обнаружены единично. Практически весь найденный на указанных поселениях инвентарь изготовлен из камня. Исследования польцевских поселений показали, что их обитатели при покидании жилищ забирали с собой все или почти все металлические вещи. Несмотря на трактовку данного периода раннего железного века как развитого, металл еще был не всегда доступен. Иначе бы польцевцы не изготавливали многие орудия труда и предметы вооружения из камня. Исключение составляет лишь поселение Польце-1, уничтоженное, видимо, внезапным огнем, при котором люди не смогли забрать с собой многие самые необходимые вещи, включая железные. И даже в жилищах этого далеко не раннего польцевского памятника зафиксировано немало различных каменных орудий [Деревянко, 1976, с. 314, табл. 36, 2 – 15, 20, 22, 23; 41, 5 – 18, 22 – 44].

Современное состояние городища Кедровского можно определить как удовлетворительное. Степень сохранности, с учетом местами разрушенного р. Уссури его участка, который может постепенно увеличиваться, с оговоркой близка к удовлетворительной оценке.

5.5 Городище Шереметьевское-1

В 2010 г. Амуро-Уссурийский археологический отряд ИАЭТ СО РАН (кроме руководителя В. Е. Медведева, в него входили О. С. Медведева, В. А. Краминцев и др.) предварительно исследовал городище, расположенное на правом берегу Уссури приблизительно в 3 км ниже с. Шереметьево. Был снят его полный план, заложен шурф. Памятник этот впервые упомянут в печати в конце XIX в., когда Н. Альфтан обследовал теперь хорошо известные Шереметьевские петроглифы, сделал некоторые их зарисовки, а также снял схематический план почти всего городища, находящегося на береговой скале с древними рисунками [Альфтан, 1895], названной в ходе работ А. П. Окладникова в середине прошлого века вторым Шереметьевским петроглифическим пунктом [Окладников, 1971, с. 5 - 6, рис. 2]. За прошедшие более чем сто лет после первой фиксации городища исследования на нем не велись, незаконные копатели-любители из-за труднодоступности памятника непосредственно на государственной границе там своих следов не оставили. Поэтому он сохранился в хорошем непотревоженном состоянии.

Городище П-образной формы, длинными сторонами (валами) вытянуто с юго-востока на северо-запад (в этой части оно несколько расширено) и вала здесь у края скалы нет (Илл. 5 - 14. План городища Шереметьево-1 на р. Уссури). У городища имеется внешний и внутренний вал. Длина внешнего юго-западного вала составляет 57 м, длина параллельного ему северо-восточного - 64 м, ширина соединяющего их юго-восточного вала 50 м. Внутренний вал или внутреннее городище во многом повторяет в уменьшенном виде форму внешнего сооружения. Наибольшая длина внутреннего городища (северо-восточный вал) 50 м, длина параллельного юго-западного вала 37 м, а ширина фортификационной конструкции (юго-восточный вал) 38 м. Северо-западные оконечности валов у кромки скалы на поверхности почти не просматриваются,

Глава 5 Городища Нижнего Амура

возможно, в этом месте они не сохранились или первоначально не были насыпаны.

Следовательно, общие размеры внешних валов: длина 64 м, ширина 56 м (юго-восточный вал) и 70 м (северо-западная сторона городища, не имеющая вала). Размеры внутреннего городища 50 × 38 м (юго-восточный вал) – 43 м (северо-западная сторона сооружения). Общая площадь городища, включая внутреннее, составляет около 3 800 м². Ширина валов в основном в пределах 4 – 6 м, высота – до 1,3 м. С юго-восточной стороны городища во внутреннем и внешнем валах имеются входы (ворота) шириной 2 – 2,5 м.

В городище выявлено 16 неглубоких оплывших, но вполне различимых, скорее всего, жилищных западин квадратной и прямоугольной с закругленными углами формы размерами от 4 × 6 м и 5 × 5 м до 8 × 7 м. Девять из них располагаются двумя ровными рядами вдоль юго-восточного внешнего вала, остальные – вдоль трех валов внутреннего укрепления. На внутренних площадках перед воротами западины отсутствуют.

В заложенном на территории городища перед воротами внешнего вала шурфе (1 × 1 м) на глубине до 0,75 м найдено около 30 в основном мелких фрагментов преимущественно станковой керамики. Она гладкостенная, цвет от желтого до темно-коричневого, есть сероглиняная лощеная. Толщина стенок большей частью 0,4 – 0,6 см, отмечены тонкостенные образцы (не более 0,2 см). Венчики либо с утолщением вдоль внешнего края, либо резко отогнутые наружу. В целом, керамический материал соответствует приамурско-приморским глиняным изделиям времени позднего Бохая – ранних чжурчжэней. Ее можно отнести к X в. Обнаружены также кусочки обгоревшей глины-обмазки и несколько неолитических отщепов из алевролита и халцедона.

О системе фортификации городища и вероятности создания внешних и внутренних валов в одно и то же или разное время можно будет судить после более широкого его исследования. В настоящее время предположительно предлагаются два варианта решения этого вопроса: 1) на территории «основного» или большого городища существовало «малое» или внутреннее городище, 2) сначала функционировало «малое» городище, однако, со временем (в формате одной культуры и коллектива) оно было расширено. В пользу второй версии в какой-то степени могут служить находящиеся между юго-западными валами вытянутые валообразные возвышения, возможные следы реконструкции городища (эти возвышения также обозначены на плане Н. Альфтана).

Отмеченные на территории памятника следы плотно расположенных жилищ-полуземлянок, а также возможное увеличение его площади свидетельствуют о проживании в городище людей длительное время.

5.6 Городище Васильевка-3

Открыто в 2000 г, частично исследовано археологами под руководством В. А. Краминцева в 2001 г. Находится в 4 – 5 км к юго-востоку от с. Васильевки Бикинского муниципального района Хабаровского края на невысоком мысу-возвышении типа рёлки, которую с трёх сторон окружают старичные протоки р. Бикин (Илл. 5 – 15. План городища Васильевка-3.). Заметную часть мыса занимают ямы-западины, составляющие поселение польцевской культуры. Городище примыкает к западной окраине поселения вблизи берега протоки, занимая возвышение в виде небольшого бугра. Городище подпрямоугольной в плане формы с закругленными углами размерами 37 × 32 м (1200м^2). Внутренняя защищенная площадь его очень мала и составляет около 250 м^2 Валы грунтовые суглинистые высотой до 0,6 – 0,8 м и шириной 2,6 – 6 м. В северной и южной частях городища в валах имеются разрывы-входы шириной до 2 м. С южной и юго-восточной сторон городище располагает дополнительным валом шириной до 2,5 м в виде полукольца и рвом между ними глубиной до 1 м. Ров частично вырыт также с наружной, обращенной к поселению стороны дополнительного вала.

В заложенном раскопе и поисковой траншее зафиксирована керамика польцевской культуры с орнаментом в виде различных оттисков штампа, вдавлений пальцев и ногтей, насечек, налепных валиков с защипами. На городище не отмечены следы жилых сооружений. Оно представляло собой, по всей видимости, убежище или сторожевой объект, которое использовали обитатели находящегося здесь же поселения. Исследование показало идентичность материалов поселения и городища. При радиоуглеродном датировании раскопов городища и поселения разница в возрасте их по какой-то причине оказалась весьма значительной (соответственно IV в. до н. э. и III – IV вв. н. э.), на что пока нет объяснений [Краминцев, 2002а, с. 89]. Степень сохранности городища удовлетворительная.

5.7 Городище Васильевское

Первое упоминание о городище в печати принадлежит И. П. Надарову (1887 г.). В 1959 г. городище обследовали археологи экспедиции под руководством А. П. Окладникова, были осуществлены разведочные раскопки. В 2000 г. хабаровские археологи провели работы в трех небольших раскопах.

Расположено городище на правом берегу р. Бикин ориентировочно в 3,5 км к юго-востоку от с. Васильевка на 40 – 50 метровой сопке. Размеры подквадратно-округлого городища вместе с валами 185 × 185 м. (более 34000 м^2), внутренняя площадь около 10400 м^2. Основной каменно-глиняный вал шириной до 15 м и высотой 3 – 3,5 м. Северо-восточная и северо-западная стороны фортификационного сооружения, обращенные к ложбине, защищены двумя дополнительными параллельными валами (Илл. 5 – 16. План городища Васильевского). В двух местах в валах (стенах?) имеются разрывы-ворота. В наиболее высокой части городища воздвигнуты два небольших вала, примыкающих в виде полудуг к основному валу.

В ходе раскопок обнаружена керамика польцевской культуры, в т. ч. крупные обломки округлого сосуда с круто отогнутым венчиком, сосуда типа ситулы и крышки в форме чаши-пиалы. Выявлена станковая лощеная керамика с геометрическим тиснением культуры амурских чжурчжэней. Вскрыто жилище-полуземлянка этой же культуры. Радиоуглеродный анализ угля из его очага показал дату 775 ± 45 л. н. (СОАН – 4357). Для городища получены еще две даты: 1120 ± 85 л. н. (СОАН – 4358) и 1920 ± 40 л. н. (СОАН – 4359). Предполагается, что первоначально на сопке были созданы валы носителями польцевской культуры. Позже, в заключительной фазе чжурчжэньского государства Цзинь-воздвигнуто основное городище [Краминцев, 2002б]. При этом нельзя исключить вероятность создания Васильевского городища во время существования чжурчжэньского государства Дун Ся (1215 – 1233 гг.). Предложенные суждения о культурно-хронологической привязке городища в своей основе согласуются с названными абсолютными датами.

Сколько-нибудь серьезных разрушений на памятнике не отмечено, степень сохранности удовлетворительная.

Характеристикой городищ правобережья р. Уссури с ее притоками, включая р. Бикин, ограничивается описание памятников южной и юго-западной частей Нижнего Приамурья. Далее предлагается рассмотрение городищ, расположенных по берегам Амура и его притокам ниже устья Уссури.

5.8 Городище Кошелевы Ямы

Городище впервые обследовано В. Е. Медведевым в 1974 г., тогда же им был снят план местности и собран подъемный материал. Памятник находится ориентировочно в 9 км (по прямой) к северо-востоку от ст. Волочаевка-1 в Смидовическом муниципальном районе Еврейской автономной области и к западу от железной дороги ст. Волочаевка-2 – г. Комсомольск-на-Амуре. Городище занимает небольшое возвышение в

Глава 5 Городища Нижнего Амура

виде рёлки посреди низменной местности, превращающейся после дождей в заболоченное состояние. Своей северной и северо-западной частями городище вплотную примыкает к обрывистому краю рёлки, обращенному к находящемуся в 6 – 12 м от него водоему в форме изогнутого рукава, который местные жители называют Кошелевыми Ямами, от них памятник получил свое название. Ямы эти, представляют собой, скорее всего, старицы прежних протоков правобережья р. Тунгуски. В нескольких сотнях метров к З-Ю-З от памятника находится оз. Хаты-Талга (Илл. 5 – 17. План городища Кошелевы Ямы) .

Форма городища в плане соответствует размерам и очертаниям возвышения, на котором оно возведено. Это вытянутый на 90 м с юго-запада на северо-восток полуовал или полудуга, направленная своей длинной выпуклой стороной (валом) преимущественно на юго-восток и частично юг. От обоих концов этого вала под прямым углом отходят в сторону обрыва короткие поперечные валы (длиной 14 м) . В северо-восточной оконечности городище снабжено валом, образованным частично вдоль обрывистого края возвышения. При этом, таким образом, что зауженный северо-восточный отрезок фортификационного сооружения приобрел форму наподобие буквы П. В этой самой узкой северо-восточной части городища в валу имеется вход (ворота) шириной около 3 м. Еще один вход (ворота) такого же размера хорошо фиксируются в юго-восточной части укрепления в центре длинного вала. В стороне, обращенной к Кошелевым Ямам, вал отсутствует. Здесь границей-преградой городищу служил крутой естественный обрыв. Общие размеры городища 90 × 33 м.

Валы созданы из супесчаного и суглинистого грунта. Они сильно оплыли, задернованы, местами на них растут небольшие деревья. Ширина валов в основном около 4 м, высота над поверхностью рёлки местами достигает 1,5 м, а над уровнем заболоченной низины более 3 м.

На крайнем западном участке городища, поблизости от вала, отмечены два неглубоких расплывчатых углубления, похожие по своей форме на жилищные западины Первое углубление прямоугольное с закругленными углами размерами 5,5×3,7 м, второе овальное (3,6×1,8 м). Оба они длинными сторонами ориентированы с юга на север. Поверхность остальной части городища довольно ровная без следов каких-либо строений. Поблизости от углублений в нарушенном дерновом слое обнаружены железные пластинки детали от конской сбруи и фрагменты, имеющие сходство с донными частями котлов с тремя петлями и двумя дужками из указанного материала, найденных в грунтовых и курганных могильниках чжурчжэньского средневековья на реках Бире и Ине (Надеждинский и Ольский некрополи). Последнее позволяет предварительно датировать городище Ⅹ – Ⅺ вв. Какие-либо хозяйственные работы, вспашка на территории городища не установлены, сохранность его удовлетворительная.

Городища чжурчжэньской эпохи в пределах Еврейской автономной области известны пока буквально единичные и исследования, кроме предварительных, на них еще не проводились. Представленное в данном случае сравнительно небольшое городище, каковым являются практически все зафиксированные в настоящее время памятники подобного типа ранних догосударственных чжурчжэней и их соплеменников, служит одним из подтверждений особого пристрастия их к низменным ландшафтам с наличием большого количества водоемов, главным образом, рек. Об этом, кстати, свидетельствуют письменные источники, называющие амурское население раннего и развитого средневековья речными людьми (поречанами) [Медведев, 2012].

5.9 Городище Песчаное-1 (Инское)

Первоначально городище обследовано В. Е. Медведевым в 1970-е гг. В 1997 разведывательные работы на нем проводил В. А. Краминцев.

Памятник расположен в 3,5 км к северу от с. Песчаное Смидовичского муниципального района Еврейской автономной области в правобережной приустьевой части р. Ин, впадающей в р. Урми, которая ниже по течению сливается с р. Кур и они образуют р. Тунгуску, входящую в гидросистему нижнего Амура.

Городище построено на возвышенности и с трех сторон окружено рвами и земляными валами, а с северной стороны защищено протокой р. Ин. На территории памятника зафиксировано около 40, очевидно, жилищных западин округлой формы. Поблизости от городища выявлены три группы земляных курганов, общая численность их составляет 33 насыпи.

Городище относится к чжурчжэньской культуре начала II тыс. н. э. Более подробные сведения можно будет получить при стационарных на нем работах.

5.10 Городище Сакачи-Алян

Раскопки на городище проводились в 1972 г археологами г. Владивостока под руководством Э. В. Шавкунова. Городище расположено на правом берегу протоки Малышевской на вершине скалистого мыса, в 250 м к ЮЗ от утеса Гася и в 1,1 км к западу от с. Сакачи-Алян Хабаровского муниципального района Хабаровского края. Обрывистый береговой мыс узким перешейком соединяется с высокой террасой. Перешеек перегорожен тройными оборонительными валами высотой до 2 м и рвами. Вал насыпан и по обрывистому краю мыса (высота 0,5 м). Размеры городища 30 × 13 м. На его территории отмечено четыре западины от жилищ, еще одна располагалась за пределами городища. Раскопаны жилища 1 (внутри городища) и 2 (за его пределами). Жилище 1 предположительно прямоугольной формы, вход в него был с юго-восточной стороны, пол его покрыт плотным слоем беловатой глины, соприкасающейся с материком. В обоих жилищах имелись П-образные каны (Илл. 5 – 18. План жилища 1. Городище Сакачи-Алян.).

Основной массовый материал, полученный при раскопках, преимущественно фрагментированная керамика, которая подразделена О. В. Дьяковой и Э. В. Шавкуновым [1975] на четыре группы. Культурная принадлежность указана для первых трех основных групп керамики. Керамика 1-й и 2-й групп отнесена к раннему железному веку к польцевской культуре (относительно 1-й группы добавлено, что ее керамика есть и в памятниках урильской культуры). Среди керамики 2-й группы особое внимание привлекают фрагменты с горизонтально налепными валиками и отходящими от них вниз отростками "усиками". Керамика 3-й группы, представленная вазовидными и горшковидными сосудами, отнесена к так называемой «типично мохэской».

Из других раннесредневековых находок выделяется группа керамических рыболовных грузил двух типов в форме уплощенных кирпичиков с канавками и выемками на поверхности для крепления к снастям, а также в форме цилиндра с отверстием вдоль их длинной оси. Найдены также железный нож, относящийся к типу аналогичных орудий с отогнутым вниз черешком (Илл. 5 – 19. Находки из городища Сакачи-Алян), бронзовый бубенчик и некоторые другие вещи. Городище отнесено авторами раскопок к мохэской культуре. В публикации, посвященной этому памятнику, приводится датировка его в рамках V – VIII вв.

Вероятнее всего, городище относится к VII – VIII вв. Об этом, в частности, свидетельствуют керамические прямоугольные и цилиндрические грузила, не характерные для мохэской культуры, но хорошо известные в материалах чжурчжэньской эпохи, в том числе по раскопкам Корсаковского могильника [Медведев, 1982, табл. LI ; LXII]. Представленная в публикации керамика с налепными валиками-«усиками», отнесена авторами к польцевской культуре, но она может быть интерпретирована и как раннечжурчжэньская. Подобная керамика найдена в том же Корсаковском могильнике, а также в некрополе Каменушка [Там же, табл. III]. При раскопках сакачиалянских жилищ были обнаружены каны, которые также не считаются характерным атрибутом мохэских жилищ [Деревянко, 1984], однако при этом являются обязательным элементом чжурчжэньских жилищ.

Таким образом, будет более правильно относить Сакачи-Алянское городище к раннему (первому) этапу формирования чжурчжэньской культуры.

О современном состоянии городища, которое исследовано пока лишь частично, можно говорить с осторожным оптимизмом, поскольку на нем не исключены несанкционированные раскопки.

5.11 Городище Джаринское

Городище открыто в 1946 г. хабаровским историком Н. И. Рябовым. Он ошибочно назвал его городком Е. П. Хабарова, якобы построенным отрядом русских казаков во главе с ним в середине XVII в. В 1968 г. А. П. Окладниковым и В. Е. Медведевым на памятнике был собран подъемный материал (керамика, бронзовая ажурная поясная бляшка прямоугольной формы с зубчиками внизу), снят предварительный план местности. Городище было определено как чжурчжэньское [Медведев, 1977, с. 16]. С 1977 по 1985 г (с перерывами) на памятнике производились раскопки Амуро-Уссурийским отрядом археологов из Новосибирска под руководством В. Е. Медведева. В различных местах городища в восьми раскопах и двух шурфах осуществлены работы на площади около 1 000 м^2.

Городище, получившее название от с. Джари, вплотную примыкающего к с. Троицкому, административному центру Нанайского муниципального района Хабаровского края, расположено на западной окраине села на каменистом мысу правого берега Амура, ограниченном с восточной и западной сторон (соответственно снизу и сверху по течению реки) оврагами. Городище занимает северный склон мыса, подступая к самой его кромке, обрывающейся почти отвесно к Амуру (Илл. 5 – 20. План городища Джари).

Вал, протянувшийся вдоль обрыва, – наиболее длинный из всех четырех валов, образующих в плане подпрямоугольной формы городище. Длина северного вала около 200 м. Вал сильно оплыл и местами едва просматривается, а порой совсем теряется. Западный край этого вала подступает к довольно глубокому оврагу, опускающемуся к реке.

Западный вал городища присоединяется к северному почти под прямым углом. В 18 м от угла в нем виден разрыв – ворота. Ворота были прикрыты дополнительным валом-траверсом, отходящим от основного вала в виде буквы Г. Ширина этих ворот более 2 м. Длина западного вала 110 м. С наружной стороны его хорошо виден ров. Южный вал вытянут почти на 170 м. Примерно в центре его сохранился разрыв (след ворот) шириной 3 – 5 м. Южные ворота также были защищены траверсом. На поверхности почвы с наружной стороны вала (к западу от ворот) от него сохранился кольцевой валик, окруженный рвом. Восточный вал протянулся на 116 м почти точно по линии север юг.

Общая площадь городища около 18 000 м^2. Ширина валов различна. Так, ширина восточного и западного вала 3,5 – 4,5 м (у основания), северного – около 3 – 4 м, а у наиболее мощного, южного, она достигает в отдельных местах 6 – 7 м. Высота их около 1 м, однако на некоторых отрезках южного вала она больше – 1,5 – 2 м. Башни, в том числе угловые на валах отсутствуют.

Рвы, опоясывающие городище с юга и запада, шириной 2,5 м, глубиной приблизительно 0,5, реже почти 1 м. Некогда на территории городища находились огороды, а также постройки, ямы от которых кое-где сохранились до наших дней. Ямы – следы сравнительно недавних построек видны в восточной половине памятника; оплывшее и заросшее древесной растительностью углубление имеется также в западной его части.

В раскопе 1, заложенном за пределами восточного вала, на расстоянии 7,5 м от него, вдоль стенки овражка вскрыт мощный (до 160 см толщиной) культурный слой, содержащий, по всей видимости, в основном кухонные отбросы и отходы производства обитателей городища (битая керамика, кости животных, куски металлического шлака), найдены также железные нож и кресало.

Раскоп 2 разбит на месте западины, расположенной в городище в непосредственной близости от западных ворот. Эта западина представляет собой след, оставшийся от строения полуземляночного типа подпрямоугольной формы площадью около 12 м^2. Основание этого комплекса, служившего, судя по всему, убежищем для стражей ворот, было углублено в каменистый песчаниковый грунт на 50 – 60 см Вещественный материал, залегавший большей частью в заполнении котлована, представлен в основном фрагментами станковых сероглиняных сосудов различных размеров. Найдены также другие керамические изделия – шарик, обломанные тигель и пряслице; два дверных пробоя, наконечник стрелы из железа, обломок предмета в виде хомутика от ремня из фарфора и каменное грузило.

Раскоп 3 за южным валом рядом с воротами позволил определить, что здесь имелось углубленное в грунт и окруженное кольцевым валом сооружение прямоугольной формы, предназначавшееся, по всей видимости, для наружной охраны ворот и города в целом. Об этом свидетельствует отсутствие следов хозяйственно-бытовой деятельности людей в данном помещении. В нем зачищен очаг, углубленный в материковое суглинистое дно котлована. Стенки очага выложены камнями, в его мощном заполнении, состоящем из прокаленного грунта и углей, встречены фрагменты керамики и мелкие обожженные косточки. Очаг располагался неподалеку от одной из стенок строения, где при строительстве был оставлен специальный материковый уступ в виде нар.

Два рассмотренных выше комплекса удалось исследовать благодаря тому, что на поверхности почвы были видны их внешние опознавательные признаки в виде западин, а во втором случае кроме западины – валик. Что касается жилых построек памятника, то их следы почти не сохранились из-за долговременной вспашки многих участков внутри городища. Отсутствие же, за редким исключением, западин от жилищ дает основание считать, что жилища большей частью были наземного типа.

В раскопе 4, заложенном в восточной половине городища, неподалеку от его центра (см. Илл. 5 – 20. План городища Джари), следов каких-либо строений не было выявлено. Найдена фрагментированная сероглиняная керамика, изготовленная на гончарном круге, а также весьма редкая в археологии Приамурья глиняная обломанная тушечница, каменное пряслице, характерное для чжурчжэньских памятников Приморья первой половины XIII в. (Илл. 5 – 30. Вещи из раскопов 8 в городище Джаринском, 3) и обломок бронзового предмета в виде стержня с отростком.

Три раскопа (5 – 7) в 1984 г. были разбиты вдоль восточного вала городища – два из них внутри и один вне его пределов, точнее на месте примыкающего к валу оборонительного рва. Раскоп 5 расположен с западной стороны раскопа 1 и частично соединяется с восточным валом, проходя почти параллельно ему. Раскоп вытянут на 33 м. с Ю-Ю-В на С-С-З. Ширина раскопа от 7 – 8 (в северной) до 9 и 13 м (в южной и центральной) части, площадь его 284 м^2. Поверхность раскопа сравнительно ровная, если не считать естественного уклона в восточном направлении – к оврагу. Поэтому до раскопок можно было лишь предполагать, что вдоль вала был вырыт ров, откуда брался грунт для возводимого вала. В ходе работ это предположение подтвердилось.

В своей основе стратиграфия раскопа 5 следующая. Сверху по всей его площади залегал мешаный почвенный грунт, ниже – преимущественно светло-коричневый суглинок или (реже) серый грунт с примесью угольков. Глубже местами отмечен погребальный дерн, а также пепельно-серый рыхлый грунт с прослойками ила, служивший на отдельных участках заполнением рва, который частью был заполнен мешаным желто-серым грунтом. Материковая основа – светло-желтая (порой светло-коричневая) глина, ров местами углублен в каменистый песчаниковый массив.

Вскрытый ров был вытянут почти точно по линии юг – север параллельно валу. Наименьшая ширина рва в юго-восточной части раскопа, здесь она не более 1 м, а глубина до 70 см от поверхности материка. Вблизи юго-восточной стенки раскопа помимо рва видны иные углубления, которые ориентированы в восточном и северо-восточном направлении. Углубления имеют неправильную форму и их, очевидно, следует считать промоинами. Не исключено, однако, что углубления служили в качестве канавы или ровика, по которому стекала вода из рва во время дождей. В 3 – 4 м от стенки раскопа, по мере удаления от оврага, ров расширяется. Ширина его между внешними кромками (бортиками) достигает 3 м. Подобная ширина выдержана практически на всем протяжении рва. Глубина рва 1,5 м от поверхности материка и 2,2 м от современной поверхности.

Стенки рва в верхней части не особенно крутые, ниже они приобретают значительную крутизну, во многих местах вертикальные. Особенно это касается тех мест, где ров прорезает слой песчаника. Большая часть стенок рва имеет как бы две ступеньки – верхнюю по бортику и нижнюю – в 50 – 70 см от уровня дна рва. Ширина рва внизу т. е. на уровне дна, составляет в среднем около 1 м. Ширина эта почти везде строго выдержана, за исключением упомянутого участка неподалеку от юго-восточной стенки. Дно рва в основном ровное, иногда корытовидное. В раскопе 5 удалось установить, что вырытый ров, откуда средневековые обитатели городища брали грунт для вала, служил дополнительным рубежом обороны. Об этом свидетельствует тот факт, что ров копался не хаотично, а по определенной системе, с выдержанной шириной, довольно большой глубиной, а также крутизной его стенок.

Вещественный средневековый материал в раскопе на глубине до 50 – 60 см от современной поверхности (слои мешаного почвенного грунта, светло-коричневого суглинка и местами серого грунта с угольками) отмечен примерно равномерно по всей его площади. Это главным образом станковая фрагментированная керамика серого, темно-серого или дымчатого цвета. Среди преимущественно мелкого и среднего размера черепков найдены сравнительно крупные обломки горшковидных и корчаговидных сосудов с невысоким крутоотогнутым венчиком и округлым туловом. Отмечено большое количество кусков металлических шлаков, довольно много глиняных бочонковидных грузил для рыболовных сетей. Среди находок из жилища – наконечники стрел, ножи. Интересен бронзовый амулет-календарь с небесной символикой 12-летнего животного цикла (Илл. 5 – 30. Вещи из раскопов в городище Джаринском, 5). Круглый амулет-календарь (5,1 × 5,3 см) с двумя ушками (одно из них обломано), в центре – отверстие. Литое изделие в результате, видимо, длительного использования дошло до нас в сильно затертом состоянии. На лицевой стороне из 12 изображенных животных хорошо просматривается мышь, змея, бык. Остальные животные имеют расплывчатые формы, что связано не только с длительностью использования календаря, но, очевидно, с качеством отливки предмета. На глубине около 60 см по всей площади раскопа за пределами рва проступил материковый массив и находки залегали только в слое заполнения рва. Насыщенность рва находками, в основном керамикой, на различных глубинах неодинаковая, основное их количество связано с его стенками (склонами) и дном. Однако встречалась керамика и в верхней части заполнения его. Среди найденных обломков керамики выделяются образцы, представляющие собой донные части сосудов с рельефными изображениями на них знаков типа тамг. Особенно интересно стилизованное изображение человека, видимо, воина, держащего в руке, возможно, палицу или дубину (Илл. 5 – 26. Обломок дна сосуда с налепным антропоморфным изображением. Городище Джаринское, раскоп 5).

Есть изображение креста, а также знак в форме двух параллельных валиков с отходящим в сторону от одного из них отростком. В целом керамика подобна той, что найдена в верхних горизонтах. Помимо штампованного геометрического узора на ряде черепков виден пролощенный орнамент – волнистые или вертикальные полосы, встречены также фрагменты крупных сосудов с горизонтальными налепными ручками, типичных для чжурчжэньской культуры. Непосредственно на дне рва располагался развал верхней части крупного станкового сосуда типа корчаги (диаметр тулова 45 см, диаметр устья около 20 см). Во рву обнаружены также обломки железных предметов, втом числе кресала, оригинальная бронзовая восьмисекционная бляшка – украшение одежды (Илл. 5 – 30. Вещи из раскопов в городище Джаринском, 4).

Раскоп 6 был заложен с целью выявления жилых комплексов на территории городища. Он располагался в восточной его части, в 4,5 м к западу от восточного вала. В раскопе на глубине 15 – 60 см (мешаный почвенный грунт и светло-коричневый суглинок) залегали многочисленные фрагменты серых станковых сосудов, куски металлического шлака (некоторые из них содержат нерасплавленные включения бурого железняка). Найдены два железных ножа, кресало, наконечник стрелы, обломок бронзовой, возможно, сунской монеты и каменное грузило. Следов жилых сооружений в раскопе не оказалось.

В раскопе 7 площадью 96 м^2, расположенном поблизости от

восточного вала городища, к северу от раскопа 6, выявлены остатки двух погребений и разрушенного котлована – основания жилища-полуземлянки.

Погребения отмечены на расстоянии 4,2 м друг от друга, их могильные ямы прямоугольной формы со слегка закругленными углами, длинными сторонами ориентированы почти точно по линии север-юг. Первое погребение размерами 270×210 см и глубиной 50 см от поверхности глинистого материка (глубина от современной поверхности 85 см). В суглинистом с примесью мелких древесных углей и желтого речного песка заполнении могилы зафиксированы фрагменты серой станковой керамики, аналогичной найденной во всех других раскопах городища. На дне могильной ямы лежала трубчатая полуистлевшая кость, чуть выше, несколько в стороне – истлевшие аморфные косточки и несколько полуразрушенных зубов человека. Второе погребение – в могильной яме (3,0 × 2,2 м) глубиной 32 см в материке и 62 см от современной поверхности. На глинистом ее дне, перекрытом специальным тонким слоем желтого речного песка, отмечен обломок обожженной кости. В суглинистом заполнении могилы – серая станковая керамика чжурчжэньской культуры.

Погребения связаны с чжурчжэньской культурой. Необычными представляются большие размеры могильных ям, а также малая их глубина. Погребения, скорее всего, оставлены были в спешке. Произведены они, судя по всему, одновременно при каких-то чрезвычайных обстоятельствах. Не исключено, что в могилах погребены обороняющиеся обитатели городища. Возможно, городище было окружено противником и его обитателям ничего не оставалось делать в случае смерти защитников крепости, как хоронить погибших, возможно, в коллективных могилах (если судить по их размерам) на территории городища. В обоих погребениях могло быть по несколько покойных, ориентированных по линии восток-запад в соответствии с пгребальной обрядностью чжурчжэней.

Глава 5   Городища Нижнего Амура

Остатки жилища в виде округлого или четырехугольного с сильно закругленными углами котлована, углубленного в глину на 15 см. Котлован заметно нарушен одной из описанных могил, а также другими средневековыми ямами. Размеры жилища 7,3×6,6 м, стенки его сильно размыты, но местами они крутые и хорошо просматриваются. В границах жилища, в основании культурного слоя найдены обломки лепных глиняных сосудов с вафельным орнаментом, отпечатками подушечек пальцев и ногтевых оттисков. Керамика эта относится к польцевской культуре раннего железного века второй половины I тыс. до н. э. Следовательно, жилище существовало задолго до появления городища Джари и оставленных в нем погребений.

В раскопе наряду с упомянутой керамикой из погребений и жилища в разных местах обнаружены десятки черепков станковых сосудов чжурчжэньской культуры. Из металлических предметов найдены: железные бородок (пробойник) длиной 14,3 см, три целых и два обломанных наконечника стрел, три ножа (два из них обломаны), кресало, бронзовый обломанный браслет, а также стеклянная бусина.

Раскоп 8, работы в котором проводились в 1985 г., - один из наиболее крупных на городище (217 м^2), разбит на месте большой округлой западины поблизости от северо-восточного угла памятника (см. Илл. 5 - 20. План городища Джари). Западина оказалась округлым котлованом - основанием жилища полуподземного типа, впущенного в глинистый грунт, а местами (на уровне пола постройки) углублено в каменистую породу. Порода эта представляет собой довольно крупные обломки песчаника с добавлениями вязкой оранжевой с красноватыми иногда прожилками глины. Высота пологих ступенчатых стенок котлована достигает 1 м и более. Наружные размеры жилища по линии север-юг 12,25 м, по линии восток-запад - 12,0 м, размеры пола соответственно 7,6 и 6,9 м: наблюдается

· 271 ·

некоторое понижение пола в юго-восточном направлении. С восточной стороны котлована прослежен участок материкового глинистого бортика стенки, прорезанного на глубину до 40 см до каменистой основы, служившей подобием порога. Прорезанный грунт в виде коридора шириной 1,5 – 2,0 м представляет собой вход в жилище. С северной стороны от входа отмечено углубление Г-образной в плане формы шириной около 2,5 м. Углубление это, представляющее собой, видимо, основание какой-то пристройки к жилищу, распространяется вплоть до восточной стенки раскопа.

В южной половине жилища непосредственно на полу размещался очаг. Важной конструктивной особенностью являются уступы – «нары», возвышающиеся над полом вдоль стен на 0,25 – 0,5 м. Ширина их в среднем 1,2 – 1,5 м. Уступы вместе с имеющимися с ними каменными кладками составляют отопительную систему – кан (Илл. 5 – 21. Городище Джаринское. План каменных остатков кана и находок в жилище раскопа 8). Вся поверхность пола каменистая, центральная его часть слегка возвышается. Плотно залегающие как плоские, так и ребристые камни обитателями жилища были забутованы, выравнены жидкой глиной и покрыты берестой.

Форма котлована жилища – полуземлянки на уровне пола близка к квадратно-округлой. В котловане была сооружена деревянная каркасно-столбовая конструкция. Деревянные детали стен не сохранились, как не сохранились и державшие кровлю столбы. От последних в пределах жилища никаких следов не осталось. Обычно в полуземлянках имеется большое количество ям от столбов. В данном же случае их почти полное отсутствие можно объяснить тем, что основание жилища было впущено в каменистую породу и долбить ямы в ней не представлялось целесообразным. Столбы, на которых держалась кровля, ставились, очевидно, в расщелинах между каменными плитами или на ровных площадках и закреплялись вязкой глиной. Отмеченные в раскопе 8 ямы глубиной 10 – 26 см располагались в виде полудуги рядом с северным и северо-восточным контуром котлована. Ямы эти, очевидно, связанные с жилищем, были вырыты в глинистом грунте.

С юго-восточной стороны жилища, поблизости от входа, где найдено много металлического шлака, обнаружены остатки рудоплавильной печи простейшей конструкции. Основа печи – прокаленная яма – под округлой в плане формы, заполненная кусками шлаков и обожженной глиняной обмазки. К поду примыкали две другие небольшие ямы, составляющие, очевидно, с ним единый комплекс, заполнены они были углистой массой.

Основной вещественный материал в жилище и раскопе 8 – станковая сероглиняная керамика. Она ничем не отличается от керамики из других раскопов городища. Обломками представлены корчаговидные, горшковидные, вазовидные сосуды, а также типа котлов и кувшинов. Есть части сосудов-пароварок с круглыми отверстиями в донцах. Развалы сосудов найдены на полу жилища (Илл. 5 – 22. Раздавленный сосуд на полу жилища в раскопе 8. Городище Джаринское; Илл. 5 – 23. Керамика, каменное рыболовное грузило на полу жилища в раскопе 8. Городище Джаринское), а также на уступах – «нарах». Много черепков, орнаментированных оттисками роликового штампа, нанесенными в различных частях тулова сосуда. Оттиски прямоугольные, треугольные, квадратные, трапециевидные, ромбовидные. Из оттисков создавались композиции: ёлочка, лесенка, «паркет» и др. Кроме штампового на керамике наносился пролощенный, рельефный (налепной) и прочерченный узор (Илл. 5 – 24. Керамика из жилища в раскопе 8. Городище Джаринское; Илл. 5 – 25. Керамика из раскопа 8. Городище Джаринско). На обломанных донышках некоторых сосудов имеются налепные сюжетные изображения, в частности, животного (собаки ?) в том же стиле, что и антропоморфная фигурка на черепке из раскопа 5 (см. Илл. 5 – 26. Обломок дна сосуда с налепным антропоморфным изображением. Городище Джаринское, раскоп 5). На многих фрагментов венчиков сосудов имеются тамговидные знаки в виде трех и более коротких прочерченных полосок, образующих иногда фигуру наподобие трезубца (Илл. 5 – 27. Вещи из раскопа 8 в городище Джаринском, 1 – 7).

Другие изделия, изготовленные из обожженной глины из раскопа 8 представлены пряслицем, шариками, обломками тиглей (Илл. 5 – 27. Вещи из раскопа 8 в городище Джаринском, 8, 13 – 15; 5 – 30, 1, 2). Найдено много предметов, сделанных из железа: бронебойные, чаще долотовидные наконечники стрел (Илл. 5 – 28. Железные вещи из раскопов 2 (1, 3) и 8 (2, 4 – 14) в городище Джаринском, 2, 4 – 12), скобковидные кресала (Илл. 5 – 28. Железные вещи из раскопов 2 (1, 3) и 8 (2, 4 – 14) в городище Джаринском, 13, 14), рыболовные крючки (Илл. 5 – 29. Железные изделия из раскопов в городище Джаринском, 3), ножи с ровной вогнутой и выпуклой спинкой клинка. В жилище обнаружены панцирные пластины, гвозди, пробой с кольцом, на его полу – массивный кельт (Илл. 5 – 29. Железные изделия из раскопов в городище Джаринском, 1, 2, 4).

У входа в жилище («на пороге») залегала бронзовая литая антропоморфная фигурка духа-покровителя (высота 11,5 см). Голова фигурки удлиненных очертаний, глаза, нос и рот едва выделяются. Над головой – выступ с отверстием. У фигурки левая рука длинная, имеет отверстие внизу, правая – короткая (возможно, обломана). Ноги очень короткие в виде небольших стерженьков, при этом левая нога короче правой. Антропоморфное изображение духа-покровителя по многим деталям имеет весьма заметное сходство с деревянными идолами-сэвэнами коренных амурских народов этнографической современности [Медведев, 1987].

Среди украшений, найденных в жилище, – стеклянные голубого

цвета бусы округлой формы, обломанная подвеска из нефрита (Илл. 5 – 27. Вещи из раскопа 8 в городище Джаринском, 9 – 12). Выявлены обломанные бруски-точила с отверстиями для подвешивания, галечные грузила для рыболовных сетей (Илл. 5 – 27, 16 – 19). На полу полуземлянки, служившей местом проживания, вероятнее всего, одной большой семьи или нескольких малых, зачищены полуистлевшие фаунистические остатки, большей частью лошадиные челюсти и зубы (Илл. 5 – 31. Остатки челюсти лошади на полу жилища в раскопе 8. Городище Джаринское. Прорисовка с фотографии Ю. В. Табаревой).

Полностью вскрытое в раскопе 8 жилище дает в определенной степени ответ на вопрос о типе жилых построек, имевшихся на Джаринском городище. Наряду со строительством наземных жилищ каркасно-столбового типа, от которых из-за современных земляных работ мало что сохранилось, его создатели сооружали дома-полуземлянки, основательно углубленные в грунт. Жилые комплексы подобного типа существовали у амурского населения по меньшей мере с раннего и даже начального неолита (более 10 – 12 тыс. лет назад). Следовательно, традиция сооружения средневековыми обитателями Приамурья теплых полуземлянок имеет глубокие культурно-исторические корни. Важно также, что такие элементы жилища как уступы – «нары» вдоль его стен в одинаковой степени присущи и древним, и средневековым амурским полуземлянкам. Существенными являются полученные при раскопках данные (остатки плавильной печи, обломки тиглей, металлические шлаки), связанные с выплавкой на территории городища металла. Эти находки – одно из свидетельств того, что джаринское население было самодостаточным коллективом, производящим все необходимое, в том числе железные орудия труда, предметы вооружения, бытовой и строительный инструментарий.

В целом памятник Джари – это хорошо укрепленный городок с

валами и рвами, имевший специальных стражей, охранявших двое ворот и, возможно, значительную часть городища. Добытый при раскопках довольно большой археологический материал, а также стратиграфические наблюдения позволяют считать, что городище функционировало ориентировочно с середины XII в., когда существовало чжурчжэньское государство Цзинь (Золотое). Во второй четверти XIII в. городище могло принадлежать чжурчжэньскому государству Дун Ся (Восточное Ся). В 30-е годы названного века монголы полностью завладели землями чжурчжэней в Китае и современном российском Приморье, они проникли на нижний Амур, дошли до Сахалина. Не исключено, что городище Джари подверглось нападению именно со стороны монголов. Его обитатели оборонялись (примечательно, что боевые наконечники стрел найдены практически на всех участках памятника, эти вещи – наиболее распространенные среди металлических на нем находок) погибали и их хоронили, как показали раскопки, непосредственно в городище.

Трудно сказать, что произошло с оставшимися в живых жителями средневекового города. Возможно, часть их пленили или переселили в другое место монголы, но в любом случае судьба Джаринской крепости и ее людей оказалась трагичной.

Современное состояние городища можно определить как удовлетворительное. Однако нельзя исключить возможности проведения на нем местными жителями каких-либо земляных работ.

5.12 Городище Болоньское

Расположено в 1 км к юго-востоку от с. Болонь (ныне Ачан) Амурского муниципального района Хабаровского края. Памятник занимает часть узкого длинного полуострова, омываемого протоками

Накки и Сий (эта протока соединяет Амур с оз. Болонь, расстояние до него от городища 2 км).

Городище создано посредством возведения поперек наиболее узкой части полуострова (высота его 5 – 6 м над уровнем воды) земляного (супесь, суглинок) вала высотой до 2,5 м и длиной около 55 м и параллельно с ним рва. Форма мысового типа городища свободная, площадь его в пределах 5 000 м². Дополнительных сооружений (ворот, башен) на нем не выявлено. Нет также на его территории следов жилищ, отмечены лишь отдельные фрагменты керамики.

Городище было обследовано, раскопки на нем не производились. Оно открыто экспедицией под руководством А. П. Окладникова в 1965 г. [Деревянко, 1970, с. 128]. В 1968 и 1970 гг. поблизости от городища В. Е. Медведевым производились раскопки могильника, исследовано 19 погребений культуры чжурчжэней. Обнаруженные в одном из погребений северосунские монеты – две с легендой Сян Пин юань бао и одна с легендой Юань Фэнь тун бао подтвердили датировку памятника XI в. [Окладников, Медведев, 1970; Медведев, 1977, с. 16 – 17, 27 – 31; Медведев, 2011]. Собранная на территории городища керамика аналогична керамике из раскопанного могильника, что позволяет датировать его XI началом XII в.

Есть основания считать, что могильник и городище составляют единый археологический комплекс, сформировавшийся в раннем догосударственном чжурчжэньском обществе на одной из наиболее его северных окраин. Городище находится в удовлетворительном состоянии.

5.13 Городища на реках Уссури, Бикин, Кур, Урми, Амур

Ниже приводятся сведения о нижнеамурских городищах,

целенаправленные раскопки на которых не проводились. На некоторых из них проведен поверхностный осмотр, сделаны предварительные описания, несколько других открытых городищ археологами пока не обследованы, а лишь упомянуты в публикациях. Сведения о группе из двенадцати памятников, представленные здесь, в печати крайне лаконичные, поэтому приходится ограничиваться констатацией имеющихся сообщений. Первые пять городищ из названной группы располагаются на р. Уссури и его притоке р. Бикине, еще четыре – в системе рек Кур и Урми и на левобережье Амура. Последние три городища в печати лишь упоминаются, поэтому в данном случае приводятся только их названия.

Городище Шереметьевское-2. открыто В. Е. Медведевым в 1975 г. Расположено на утесе правого берега р. Уссури на нижней окраине с. Шереметьево Вяземского муниципального района Хабаровского края. Археологические работы на памятнике не велись, культурно-хронологическая атрибуция его не выявлялась [Объекты···, 2013, с. 230].

Городище Бикинское-1. Первое упоминание о нем в печати приводит И. П. Надаров (1887 г.). Раскопки не производились. Памятник находится на левом берегу р. Бикин, в 6 км к ЮВ от с. Васильевка и в 11 км к западу от г. Бикин Бикинского муниципального района Хабаровского края. Датируется средневековым временем (X – XIII вв). [Объекты···, 2013, с. 230]. Опубликованных сведений о работах на городище нет.

Городище Бикинское-2 (Тихое). Расположено на левом берегу р. Бикин, в 4,5 км к западу от города одноименного названия Хабаровского края. Площадь городища 760 м^2. Относится к раннему железному веку. Опубликованных материалов об исследовании памятника не имеется.

Городище Бикинское-3 (Загребенское). Открыто В. А. Краминцевым в 2004 г. Результаты исследований на памятнике не опубликованы. Размещается у левого берега р. Бикин – на о. Загребин в 4 км к западу от г. Бикин. Размеры городища 282 x 255 м. Датируется XII – XIII вв. – временем существования чжурчжэньских государств Цзинь и Дун Ся. Сведения о степени сохранности памятника отсутствуют.

Городище Бикинское-4 (Тунгусское). Открыто В. А. Краминцевым в 2004 г. Предварительно исследовано, результаты не опубликованы. Памятник расположен в 6 км к ЗЮЗ от г. Бикин на левом берегу реки этого же названия, левом берегу протоки Тунгусская. Городище функционировало в раннем железном веке и в раннечжурчжэньское средневековое время. [Объекты···, с. 230]. Информация в печати о современном состоянии памятника отсутствует.

Городище Савицкий Ключ расположено у ключа Савицкого на правом берегу Кур, в 9 км к ЮВ от пос. Победа Хабаровского муниципального района Хабаровского края, датировано XI – XII вв. Городище Бираканское – на р. Биракан, правостороннем притоке р. Кур. Отнесено к мохэской культуре второй половины I тыс. н. э. Городище Наумовское находится на правом берегу Урми у с. Наумовка Хабаровского муниципального района Хабаровского края. Определено как памятник мохэской культуры [Васильев, 2005, с. 594]. Городище Кадачан. Раскопки проводились отрядом археологов из Новосибирска (Институт истории, филологии и философии СО АН СССР) во главе с С. В. Глинским в 1970-е гг. Работы были направлены на поиск культурных остатков позднего средневековья и времени первых русских на Амуре. Результаты исследований не опубликованы. Городище расположено на береговом мысу одной из проток левобережья Амура, в 4 – 5 км к СВ от с. Ачан (Болонь) Амурского муниципального района Хабаровского края. Памятник двухслойный разновременный. Нижний слой относится к раннему железному веку (конец I тыс. до н. э. – начало I тыс. н. э.), тогда же, очевидно, были насыпаны первые валы на городище. Верхний – принадлежит культуре ранних чжурчжэней догосударственного периода (X – начало XIII в.). Чжурчжэни, по всей вероятности, городище достроили, укрепили, сделав его более надежным.

Городища Каменный Ключ, Урканское, Угольная Сопка упоминаются в одной из публикаций без указания их местоположения, без привязки к населенным пунктам и географическим объектам. Указывается лишь, что два последних памятника (Урканское и Угольная Сопка) принадлежат раннему железному веку [Васильев, 2005, с. 594]. Можно предположить, что эти три городища располагаются в долинах рек Кур и Урми или в их окрестностях.

5.14 Заключение

Самые ранние нижнеамурские городища принадлежат польцевской культуре раннего железного века. Локализуются они в юго-восточной части ее ареала, преимущественно на р. Уссури и прилегающей к ней правобережной территории. Одним из первых открытых и впервые стационарно исследованных городищ названной культуры является городище Кондратьевское, расположенное на левобережье р. Хор. К наиболее ранним городищам польцевской культуры, на которых проводились раскопки, относятся памятники этого типа Кедровское и Васильевка-3 на реках Уссури и Бикине соответственно. Их возраст определяется концом IV – III в. до н. э. Городища более раннего времени в Нижнем Приамурье пока не известны.

Если говорить о предпосылках или причинах появления городищ в польцевской культуре, прежде всего следует указать на такой фактор, как ускорившийся социально-экономический её рост, чему способствовало развитие и совершенствование таких производящих отраслей хозяйства как земледелие и скотоводство, расширение сфер влияния за счет соседних территорий, главным образом, в юго-восточном направлении. С накоплением материальных богатств у определенных общественных групп возникает имущественная и социальная дифференциация. Отсюда – возникновение укрепленных поселений с системой фортификации небольших размеров. Обширными они не могли быть, потому что отражали лишь нарождающиеся ростки государственности [Медведев, 1989] скорее в форме простого вождества, а не сформировавшегося государства с соответствующей структурой и возможностями вовлечь в строительство таких трудозатратных объектов как городища с внушительной системой валов, рвов, башен и других элементов укреплений сотни и тысячи людей. Это нам демонстрируют в Приморье и на соседних с ним территориях более поздние средневековые городища Бохая и особенно чжурчжэньских государств Цзинь и Дун Ся.

Можно также считать, что возведение городищ носителями польцевской культуры было продиктовано стремлением защититься от не всегда, наверное, мирных обитателей вновь обретенных земель. Вполне естественно, судя по всем признакам, постепенное, поэтапное освоение прилегающих к нижнему Амуру с юго-востока территорий, подчинение их населения заставляло «землепроходцев» раннего железного века строить укрепления. Важным в этой связи представляется то, что на юго-востоке левобережной части Среднего Приамурья (Еврейская автономная область) городища данной культуры не известны

Картирование польцевских городищ позволяет локализовать их прежде всего в пределах долины нижней и средней части Уссури и окрестностей, к которым относятся преимущественно нижние течения её притоков – Хора, Бикина и других рек. Данный тип памятников в Приуссурье (в широком географическом понимании этого региона) пока изучен еще слабо и раскопочные работы сделаны на небольших площадях отдельных памятников.

Есть основания констатировать: пока еще отсутствуют надежные свидетельства существования на городищах Приуссурья стационарных жилищ полуземляночного типа, столь характерных для польцевских памятников Среднего Приамурья. Полученные данные о нахождении на Кондратьевском городище сгоревших остатков деревянного, возможно, жилого коркасно-столбового сооружения остаются до сих пор единственными сведениями о жилищах польцевских городищ освещаемого региона. Это подтверждают и результаты раскопок городища Васильевка-3, где нет данных о жилых постройках польцевцев. Известно, что у носителей польцевской культуры, постепенно продвинувшихся далеко на юг, юго-восток Приморья, жилища заметно отличаются от амурских своей миниатюрностью, меньшей углубленностью в грунт, а также появлением в них канов. К примеру, на поселении Булочка и ряде других памятников юга и юго-востока Приморья носители польцевской и кроуновской культур представлены в формате синкретической польцевской историко-культурной общности, во всех вскрытых жилищах на Булочке обнаружены различного устройства каны [Деревянко, Медведев, 2008, с. 25 – 33].

Многие известные в Приуссурье и особенно Приморье поселения и городища польцевской культуры и польцевской историко-культурной общности занимают преимущественно возвышенные места, своего рода естественные укрепления, что свидетельствует о напряженных отношениях их обитателей с соседями. Видимо, подобная реакция пришельцев-носителей польцевской культуры к недружелюбно настроенному местному населению сложилась еще в начале движения первых на юг (Ⅳ – Ⅲ вв. до н. э.). Вполне вероятно, что многие городища в Приуссурье, особенно ранние, предназначались в основном не для проживания, а выполняли охраннооборонительные функции. Поскольку миграция польцевцев с Амура осуществлялась не одномоментно, выявленные в Приуссурье городища имеют различный возраст.

Существует точка зрения, что миграция носителей польцевской культуры была спровоцирована событиями политического содержания, активностью степных кочевников к юго-западу от польцевского ареала. Для подобного предположения нужно располагать фактами появления пришельцев во второй половине I тыс. до н. э. в Приамурье. Но таких материалов практически нет. Следует также иметь в виду, что многие польцевские поселения в Среднем Приамурье к востоку от Малого Хингана и в других районах региона сохранились и существовали в конце I тыс. до н. э. – первых веках I тыс. н. э. Побудительной причиной покидания носителями польцевской культуры своих исконных мест могли стать экологические обстоятельства. Одним из основных факторов, приведших их к переселению со временем далеко на юго-восток и юг – в Приморье, а далее, возможно – в Корею и Японию, является, по всей видимости, демографическая ситуация. В IV – III вв. до н. э. плотность населения в отдельных частях Приамурья стала довольно высокой [Деревянко, 1976, с. 156], что привело некоторые его группы к поиску новых более благоприятных условий.

Городищ мохэской культуры, сменившей в Приамурье польцевскую культуру, в рассматриваемой нижней части региона твердо определяемых пока не выявлено. Упомянутые в печати Бираканское и Наумовское городища как мохэские, не раскапывались. Данную атрибуцию следует считать предварительной, поскольку требуются фактические материалы для ее подтверждения.

Значительная научная информация была получена при исследовании чжурчжэньских фортификационных сооружений – городищ, которые во многих случаях были возведены на местах временного или долгосрочного（со строительством небольших городков-укреплений）обитания носителей польцевской культуры. Ранее на материалах раскопок могильников чжурчжэньской культуры было установлено, что в её создании принимал участие позднепольцевский амурский аборигенный компонент, материализованный в археологии в различных вещевых комплексах из керамики, железа, бронзы ［Медведев, 1986, с. 171 – 174］. Полученные в ходе исследований городищ дополнительные свидетельства подтверждают данное положение.

Самым ранним чжурчжэньским городищем в Нижнем Приамурье следует считать Сакачи-Алянский фортификационный объект, в котором к тому же в жилище зарегистрирован наиболее ранний амурский средневековый кан（Ⅶ – Ⅷ вв.）. Это время характеризуется еще заметной близостью культур-мохэ и чжурчжэней, хотя и тогда уже наблюдается зарождение элементов, отличающих их друг от друга. С Ⅹ в., скорее с его первой половиной, можно хронологически связывать городище Шереметьевское. Остальные представленные выше средневековые нижнеамурские памятники датируются в диапазоне Ⅹ – 2-я четверть（середина）ⅩⅢ в.

В чжурчжэньский период, особенно в Ⅹ – ⅩⅢ вв. было построено огромное количество городищ, являющихся составной частью строительного искусства, что позволило отдельным исследователям назвать государство Цзинь «страной городов». Чжурчжэни строили равнинные и горные городища разнообразной планировки（в виде прямоугольника, многоугольника, а также овальной и «вообще свободной формы»）и разных размеров ［Воробьев, 1968, с. 70］.

На Амуре, Уссури, Бикине и других реках, как и в более южных соседних районах строили городища прямоугольные, трапециевидные

(Джаринское, Хорское, Шереметьевское и др.). Возводились овальные или овалообразные (Утюг, Кошелевы Ямы), округлые (Васильевское) в плане городища, а также свободной планировки, мысовидные фортификационные строения (Болоньское). Помимо валов (иногда в два ряда), достигающих в высоту 3 - 3,5 м при ширине у основания более 10 - 12 м, наиболее уязвимые участки городищ имели дополнительный защитный рубеж - рвы, рвами в виде траверсов предохранялись ворота, у которых порой имелась специальная охрана с полуземляночными укрытиями. На Хорском городище, помимо двойных валов и рвов, на углах возведены башни, а внутри многих раскопанных жилищ были вырыты колодцы для обеспечения его обитателей водой, надо полагать, при внешней агрессии противника и осаде городища.

К числу наиболее крупных относятся городища Джаринское, Васильевское и Бикинское-3 (Загребенское), существовавшие в поздний период государства Цзинь, а затем при государстве Дун Ся. Их условно можно назвать горными с хорошей системой фортификации. Они были надежно защищены от вражеских нападений, но, если судить по картине раскопок городища Джари, избежать этого не удалось.

Сравнительно небольшое количество чжурчжэньских городищ в Приамурье периода государственности (XII - первая треть XIII в.) по сравнению с ранним, догосударственным временем (с памятниками других типов этой эпохи данного региона наблюдается аналогичная картина) объясняется, согласно письменным источникам, следующим обстоятельством. С образованием тунгусоязычными чжурчжэнями своего государства, на завоеванную территорию Северного Китая было переселено большое количество северных амурских чжурчжэней [Медведев, 1986, с. 180]. Надо полагать, что в Приамурье число их городищ было бы гораздо больше, не окажись его население вовлеченным в начале XII в. в походы и переселения на юг. Лишь в первой трети XIII в. с созданием государства Восточное Ся и в связи с опасностью со стороны монголов какая-то часть, очевидно, коренных северных чжурчжэней возвратилась в Приамурье и на определенное время укрылись в городищах.

Таким образом, в настоящее время в Нижнеамурском (Амуро-Уссурийском) регионе известно большое количество городищ раннего железного века и средневековья, многие из них исследовались в ходе раскопок значительными площадями. Выявлены характерные признаки расположения городищ на возвышениях в поймах рек и на береговых террасах региона от оз. Болонь на СВ до рек Кур и Урми на СЗ и р. Бикин на юге. Определены фортификационные особенности памятников, собраны коллекции ценного вещественного материала. Проведены другие работы. Все вышеизложенное опровергает появившиеся в печати суждения: "··· как известно, в Приамурье в раннем железном веке не обнаружено городищ"［Стоякин, 2014, с. 196］, а из средневековых городищ "известно только одно городище Сикачи-Алян на нижнем Амуре" и т. п.［Там же, с. 199］.

Список иллюстраций

Илл. 1 – 1   Керамика польцевской культуры.

Илл. 1 – 2   Керамика михайловской культуры.

Илл. 1 – 3   Троицкий могильник. Погребальный инвентарь.

Илл. 3 – 1   Бибиковское городище. План. Г. С. Новиков-Даурский.

Илл. 3 – 2   Городище Бибиково-1. Керамические сосуды. Болдин, 1999, 178.

Илл. 3 – 3   Кучугуры. Общий план.

Илл. 3 – 4   Кучугуры. План восточных ворот.

Илл. 3 – 5   План киданьского городища Улан-хэрэм в Монголии.

Илл. 4 – 1   Воронжа. План городища.

Илл. 4 – 2   Светиловское. План 1928 г.

Илл. 4 – 3   Костьерское. План.

Илл. 4 – 4   Среднебелое-1. План.

Илл. 4 – 5   Орловка. План. История Амурской области, 2008, 131.

Илл. 4 – 6   Городище Большая Сазанка. План городища.

Илл. 4 – 7   Городище Великокнязевка. План.

Илл. 4 – 8   Городище Семиозёрка. План. Инструментальная съемка С. А. Сакмарова, А. Л. Шумковой. 2005 г.

Илл. 4 – 9   Городище Семиозерка. Фрагменты керамики.

Илл. 4 – 10   Городище Семиозерка. Фрагмент фарфора.

Илл. 4 – 11   Городище Семиозёрка. Образец фарфора Цычжоуяо из Северо- Восточного Китая.

Илл. 4 – 12　Городище Практичи-1. План.

Илл. 4 – 13　Городище Прядчино. План.

Илл. 4 – 14　Городище Прядчино. Могильник. Тройное захоронение.

Илл. 4 – 15　Городище Утёсное. Топографический план.

Илл. 4 – 16　Городище Гродековское. План. Автор Д. П. Болотин.

Илл. 4 – 17　Городище Новопетровка. Общий план городища.

Илл. 4 – 18　Городище Новопетровка. Топографический план северной части городища.

Илл. 4 – 19　Городище Новопетровка. План внутреннего города.

Илл. 4 – 20　Михайловское городище на реке Завитой. План.

Илл. 4 – 21　Михайловское городище. План жилища 1.

Илл. 4 – 22　Михайловское городище. План жилища 2.

Илл. 4 – 23　Михайловское городище. План жилища 5.

Илл. 4 – 24　Михайловское городище. Устройство и внешний вид жилищ. Реконструкция.

Илл. 4 – 25　Амаранка-1. План.

Илл. 4 – 26　Амаранка-1. Керамический сосуд.

Илл. 4 – 27　Амаранка-2. План.

Илл. 4 – 28　Городище Шапка. Общий план. Раскопы 1981 и 1983.

Илл. 4 – 29　Городище Шапка. Рыболовные крюки. Раскопки 2010 г.

Илл. 4 – 30　Городище Шапка. Горшковидный сосуд. Раскопки 1972 г.

Илл. 4 – 31　Городище Шапка. Жилище 2. Раскопки 1983 г.

Илл. 4 – 32　Городище Хинганское. План городища.

Илл. 4 – 33　Городище Ключ Сохатиный. План городища.

Илл. 5 – 1　Городище у пос. Хор. План местности.

Илл. 5 – 2　Планы раскопов Ⅳ и Ⅴ с жилищами 6, 8, 9, 10. Городище у пос. Хор.

Илл. 5 – 3　Находки из городища Хорского.
Железные наконечники стрел – 1 – 12, наконечник копья – 15, ножи – 16 – 19, игла – 20, рыболовные крючки – 21 – 24,

Список иллюстраций

кресала – 25 – 27, шило – 28, сверло – 29, пилка – 30, напильник – 31, циркульный инструмент – 32, скобковидный предмет – 33, зубило – 34, обломок кельта – 35, глиняное грузило – 36, обломок тигля – 37.

Илл. 5 – 4 Украшения и принадлежности одежды из городища Хорского.

Бубенчики – 1, 2, подвески – 3 – 6, 16, серьги – 7, 8, бляшка – 9, бусы – 10 – 15, кольцо – 17, пряжки – 18, 19 (1 – 9 – бронза, 10 – глина, 11, 14 – 16 – камень, 12, 13 – стекло, 17 – 19 – железо).

Илл. 5 – 5 Лепная (1 – 8) и станковая (9 – 15) керамика городища Хорского.

Илл. 5 – 6 Жилище 3. 1 – общий план после раскопок; 2 – план и разрез колодца в жилище. Городище у пос. Хор.

Илл. 5 – 7 Городище у с. Кондратьевка. План местности.

Илл. 5 – 8 Городище Кондратьевское. План находок и пятен в раскопе I.

Илл. 5 – 9 Вещи из раскопа I (1 – 3) и поисковой траншеи (4 – 9) городища Кондратьевского.

1 – 6 – керамика; 7 – железный нож; 8 – фрагмент нефритового кольца; 9 – халцедоновая бусина.

Илл. 5 – 10 Керамика из раскопа I. Городище Кондратьвское.

Илл. 5 – 11 Городище у с. Кедрово. План местности.

Илл. 5 – 12 План находок в раскопе I. Городище у с. Кедрово.

Илл. 5 – 13 Кремневая проколка (1) и фрагменты керамики (2 – 10) из раскопа I. Городище у с. Кедрово.

Илл. 5 – 14 План городища Шереметьево-1 на р. Уссури.

Илл. 5 – 15 План городища Васильевка-3.

Илл. 5 – 16 План городища Васильевского.

Илл. 5 – 17 План городища Кошелевы Ямы.

Илл. 5 – 18　План жилища 1. Городище Сакачи-Алян.
1-*гумус*; 2-*серо-желтый песок*; 3-*каменная кладка*; 4-*граница перекопа и углублений*; 5-*ямки от столбов*; 6-*граница углублений*; 7-*разрез кана*; 8-*выбросы из перекопа*; 9-*слой беловатой глины*; 10-*материк*（*По*：*Шавкунов，Дьякова，1975*）．

Илл. 5 – 19　Находки из городища Сакачи-Алян.
I-А-Б-прямоугольные глиняные грузила; II*-А-Б-цилиндрические глиняные грузила*; III-*обломок глиняного грузила*; IV-*фрагмент пряслица*; V-*нож*（*по*：*Шавкунов，Дьякова 1975*）．

Илл. 5 – 20　План городища Джари.
I，II-*шурфы*（1978 г.）; *Р.1-раскоп I*（1978 г）; *Р.2，Р3，Р.4-раскопы 2，3，4*（1981 г.）; *Р.5，Р.6，Р.7-раскопы*（1984 г.）*Р.8-раскоп*（1985 г.）．1-*постройки*; 2-*вал*; 3-*овраг*; 4 – *обрыв*; 5-*яма，западина*; 6-*огород*.

Илл. 5 – 21　Городище Джаринское. План каменных остатков кана и находок в жилище раскопа 8.

Илл. 5 – 22　Раздавленный сосуд на полу жилища в раскопе 8. Городище Джаринское.

Илл. 5 – 23　Керамика, каменное рыболовное грузило на полу жилища в раскопе 8. Городище Джаринское.

Илл. 5 – 24　Керамика из жилища в раскопе 8. Городище Джаринское.

Илл. 5 – 25　Керамика из раскопа 8. Городище Джаринское.

Илл. 5 – 26　Обломок дна сосуда с налепным антропоморфным изображением. Городище Джаринское, раскоп 5.

Илл. 5 – 27　Вещи из раскопа 8 в городище Джаринском.
1 – 7 *фрагменты венчиков сосудов с тамговидными знаками*; 8-*часть пряслица*; 9-*обломок подвески*; 10 – 12-*бусины*; 13 – 15-*глиняные шарики*; 16，17-*точила*; 18，19-*грузила для сетей*.

Список иллюстраций

Илл. 5 – 28 Железные вещи из раскопов 2 (1, 3) и 8 (2, 4 – 14) в городище Джаринском. 1-*дужка от котелка*; 2 – 12-*наконечники стрел*; 13, 14-*кресала*.

Илл. 5 – 29 Железные изделия из раскопов в городище Джаринском. 1-*гвозди*; 2-*кельт*; 3-*рыболовные крючки*; 4-*пробой с кольцом*; 5-*пряжка*.

Илл. 5 – 30 Вещи из раскопов в городище Джаринском 4 (3); 5 (4, 5) и 8 (1, 2, 6). 1-*тигель*; 2, 3-*пряслица*; 4-*восьмисекционное украшение одежды*; 5-*амулет-календарь*; 6-*антропоморфная скульптурка*. 1, 2-*терракота*; 3-*камень*; 4 – 6-*бронза*. Фото В. Е. Медведева.

Илл. 5 – 31 Остатки челюсти лошади на полу жилища в раскопе 8. Городище Джаринское. Прорисовка с фотографии Ю. В. Табаревой.

Литература

Библиографический список

Акты о плавании письменного головы Василья Пояркова из Якутского острога в Охотское море, 1646 после 12 июня // Дополнения к актам историческим. Том 3. СПб., 1848.

Албазинской острог: История, археология, антропология народов Приамурья. Отв. ред. А. П. Забияко, А. Н. Черкасов. Новосибирск, Изд-во ИАЭТ СО РАН, 2019. 348 с.

Алексеев В. П. Историческая антропология и этногенез. М., 1989. 444 с.

Алексеев В. П. Материалы по краниологии мохэ // Палеоантропология Сибири. М., 1980. С. 106 – 129.

Алкин С. В., Чикишева Т. А., Губина М. А., Куликов И. В. Археология, антропология и палеогенетика Троицкого могильника (культура мохэ: первые результаты комплексного анализа // Проблемы биологической и культурной адаптации человеческих популяций. Т. 1. Археология. Адаптационные стратегии древнего населения Северной Евразии: сырье и приемы обработки. СПб., 2008. С. 202 – 207.

Альфтан Н. Заметки о рисунках на скалах по рекам Уссури и Бикину // Тр. Приамурского отдела РГО. Хабаровск, 1895. Т. 2.

Аниховский С. Э., Болотин Д. П., Забияко А. П., Пан Т. А. «Маньчжурский клин»: история, народы, религии / Под общ. ред. А. П. Забияко. Благовещенск, 2005. 313 с.

Болдин В. И. Отчёт об археологической разведке на территории

Амурской области в 1972 году // Архив ИИАЭ. Ф. 13. Оп. 1. Д. 47. 65л.

Болдин В. И. Результаты разведки ранних средневековых памятников Амурской области // Традиционная культура Востока Азии. Благовещенск: Изд-во АмГУ, 1999. Вып. 2. С. 177 – 184.

Болотин Д. П. Мохэские традиции в Западном Приамурье // Традиционная культура востока Азии. Сборник статей. Вып. 6 / Под ред. А. П. Забияко. Благовещенск, 2010. С. 156 – 164.

Болотин Д. П. Народы и культуры Приамурья в позднем средневековье // история Амурской области с древнейших времён до начала XX в. Благовещенск, 2008. С. 113 – 127.

Болотин Д. П. Тунгусские и монгольские элементы во владимировской археологической культуре // Археология Северной Пасифики. Владивосток, 1996. С. 85 – 92.

Болотин Д. П. Этнокультурная ситуация на Верхнем Амуре в эпоху позднего средневековья (XIII – XVII века): автореф. дис. на соиск. уч. ст. канд. ист. наук. Новосибирск, 1995. 17 с.

Болотин Д. П., Деревянко Е. И. Чжурчжэньская эпоха (развитое средневековье) // История Амурской области с древнейших времён до начала XX в. Благовещенск, Издательство РИО, 2008. 424 с.

Болотин Д. П., Литовченко Г. П., Зайцев Н. Н. Новое средневековое городище на территории Амурской области // Обозрение результатов полевых и лабораторных исследований археологов этнографов и антропологов Сибири и Дальнего Востока в 1993. Новосибирск: Изд-во Института археологии и этнографии СО РАН, 1995. С. 242 – 244.

Болотин Д. П., Нестеров С. П., Сапунов Б. С., Зайцев Н. Н., Сапунов И. Б. Результаты исследований городища и могильника у с. Прядчино Амурской области // Проблемы археологии, этнографии, антропологии Сибири и сопредельных территорий. Новосибирск: Изд-во ИАЭТ СО РАН, 1998. Т. IV. С. 201 – 206.

Болотин Б. С., Шеломихин О. А. Средневековое городище у села Гродеково Амурской области // Россия и Китай: история и перспективы сотрудничества Материалы 2-й международной научно-практической конференции (Благовещенск-Хэйхэ, 17 – 18 мая 2012 г.). Благовещенск: Издательство БГПУ, 2012. С. 13 – 17.

Болотин Д. П. и др. К вопросу об этнической истории Приамурья эпохи средневековья (по археологическим данным) // Записки Амурского областного краеведческого музея и общества краеведов. Благовещенск, 1992. Вып. 7.

Васильев Ю. М. Покровская культура Приамурья (IX – XIII вв. н. э.) // Российский Дальний Восток в древности и средневековье: открытия, проблемы, гипотезы. Владивосток: Дальнаука, 2005. С. 592 – 614.

Волков Д. П. Новые городища в Амурской области // Проблемы археологии, этнографии, антропологии Сибири и сопредельных территорий (Материалы Годовой сессии Института археологии и этнографии СО РАН 2006 г.). Т. XII, часть I. Новосибирск: Изд-во Ин-та археологии и этнографии СО РАН, 2006. С. 304 – 307.

Волков Д. П. Среднебелое, городище-1-новый памятник михайловской археологической культуры в Приамурье // Проблемы археологии, этнографии, антропологии Сибири и сопредельных территорий. Т. 22. Новосибирск, 2016. С. 253 – 256.

Волков Д. П., Кудрич О. С., Савченко Т. П. Михайловские городища на реке Горбыль в Амурской области // Проблемы археологии, этнографии, антропологии Сибири и сопредельных территорий. Т. 13. Новосибирск, 2007. С. 207 – 211.

Воробьев М. В. Городища чжурчжэней как фортификационные сооружения // Докл. Отделений и комиссий ГО СССР. Вып. 5. Этнография. Л., 1968. С. 60 – 73.

Го Кэсин. Хэйлунцзян сянтулу (Выдержки краеведческих публикаций провинции Хэйлунцзян). Харбин, 1987. 269 с.

Гонсович Е. В. Сибирский архив: Журнал истории, археологии, географии и этнографии Сибири, Средней Азии и Дальнего Востока. 1913. № 12. С. 505 – 522.

Города средневековых империй Дальнего Востока. Отв. ред. Н. Н. Крадин. М.: Издательство восточной литературы, 2018. 367 с.

Дашибалов Э. Б. Древние и ранние монголоязычные народы и их связи с населением Маньчжурии и Корейского полуострова: автореф. дисс. уч. степ. канд. ист. наук: спец. 07. 00. 03. Улан-Удэ, 2011. 23 с.

Дашибалов Э. Б. Контакты и взаимоотношения древних монголоязычных народов с предками тунгусо-маньчжурских и корейских народов // Вестник Бурятского университета. 2015. № 8. С. 137 – 144.

Деревянко А. П. В стране трех солнц. Рассказы археолога о древностях Приамурья. Хабаровск, 1970. 143 с.

Деревянко А. П. Ожившие древности: Рассказы археолога. -М.: Молодая гвардия, 1986. С. 4 – 7.

Деревянко А. П. Приамурье (I тысячелетие до нашей эры). Новосибирск: Наука, 1976. 384 с.

Деревянко А. П. Ранний железный век Приамурья. Новосибирск, 1973.

Деревянко А. П., Медведев В. Е. К проблеме преобразования культур позднейшей фазы древности на юге Приморья (по материалам исследований поселения Булочка // Археология, этнография и антропология Евразии. 2008. № 3 (35). С. 14 – 35.

Деревянко А. П., Сапунов В. С. История археологических исследований в бассейне Среднего Амура // Записки Амурского областного музея краеведения. Т. 6, выпуск 2. Благовещенск, 1970. С. 10 – 27.

Деревянко Е. И. Городище на р. Завитой // Материалы по археологии Сибири и Дальнего Востока. Ч. 1. Новосибирск: Сибирское отделение Академии наук, 1972. С. 207 – 317.

Деревянко Е. И. Городище на горе «Шапка» // Эпоха камня и палеометалла азиатской части СССР: Сб. научных трудов. Новосибирск: Наука, Сибирск. отде, 1988. С. 110 – 126.

Деревянко Е. И. Древние жилища Приамурья. Новосибирск: Наука, 1991. 156 с.

Деревянко Е. И. К истории жилища с каном // Археология юга Сибири и Дальнего Востока. Новосибирск: Наука, 1984. С. 152 – 161.

Деревянко Е. И. Мохэские памятники Среднего Амура. Новосибирск: Наука, 1975. 249 с.

Деревянко Е. И. Племена Приамурья. I тысячелетие нашей эры. (Очерки этнической истории и культуры). Новосибирск: Наука, Сибирск. отд-е, 1981. 336 с.

Деревянко Е. И. Троицкий могильник. Новосибирск, 1977. 224 с.

Деревянко Е. И. Чжурчжэньская крепость на горе Шапка // История Амурской области с древнейших времен до начала XX века. Под ред. А. П. Деревянко, А. П. Забияко. Благовещенск, 2008. С. 106 – 111.

Долгих Б. О. Этнический состав и расселение народов Амура в XVII в. по русским источникам // Сб. статей по истории Дальнего Востока. М., 1958. С. 125 – 142.

Долгих Б. О. Родовой и племенной состав народов Сибири в XVII веке. М., 1960. 621 с.

Дьякова О. В., Зайцев Н. Н., Шевченко В. В. Даурские городки Приамурья (по письменным и археологическим источникам) // Россия и Китай: история и перспективы сотрудничества. Материалы IX международной научно-практической конференции. Благовещенск, Издательство БГПУ, 2019. С. 87 – 98.

Дьякова О. Н., Шевченко В. В. Тунгусо-маньчжуры и дауры Приамурья: этнокультурное пограничье (по материалам фортификации) // Диалог городской и степной культур на Евразийском пространстве. Историческая география Золотой Орды. Материалы Седьмой

Международной конференции, посвящённой памяти Г. А. Фёдорова-Давыдова. Под редакцией С. Г. Бочарова и А. Г. Ситдикова. Казань, Ялта, Кишинёв: Издательство Stratum plus, 2016. С. 28 – 30.

Дьякова О. В., Шавкунов Э. В. Новый памятник железного века на Нижнем Амуре – городище Сикачи-Алян // СА. 1975, № 3. С. 158 – 171.

Зайцев Н. Н. Средневековое городище у с. Новопетровки Константиновского района // Тез. докл. науч. -практ. конф., посвященной 100-летию Амурского областного краеведческого музея. Благовещенск, 1991. С. 50 – 54.

Зайцев Н. Н., Волков Д. П., Щербинский Е. В. Городище на горе Шапка: Особенности фортификации // Актуальные проблемы археологии Сибири и Дальнего Востока. Уссурийск: Изд-во УГПИ, 2011. С. 281 – 287.

Зайцев Н. Н., Волков Д. П., Щербинский Е. В. Городище на горе Шапка-средневековый форпост на Амуре // Родина. 2012. № 5. С. 44 – 47.

Зайцев Н. Н., Шумкова А. Л., Волков Д. П. Городища Амурской области // Традиционная культура востока Азии. Выпуск 5. Под ред. Д. П. Болотика, А. П. Забияко. Благовещенск: Издательство АмГУ, 2008. С. 199 – 223.

Забияко А. П., Аниховский С. Э., Воронкова Е. А., Забияко А. А., Кобызов Р. А. Эвенки Приамурья: оленная тропа истории и культуры / Под ред. А. П. Забияко. Благовещенск, 2012. 383 с.

Забияко А. П., Кобызов Р. А. Петроглифы Архары: история изучения и проблема интерпретации // Миграционные процессы на Дальнем Востоке (с древнейших времен до начала XX века). Благовещенск, 2004. С. 130 – 136.

Ивлиев А. Л. Позднесредневековые памятники в окрестностях с. Семиозёрка Амурской области // Традиционная культура востока Азии: археология и культурная антропология. Под ред. А. П.

Забияко. Благовещенск, 1995. С. 55 – 60.

Изветная челобитная С. В. Полякова 1653 г. и ее значение для археологов Приамурья // Русские первопроходцы на Дальнем Востоке в XVII – XIX вв. (Историко-археологические исследования). Том 2. Владивосток: Российская Академия Наук, 1995. С. 7 – 54.

История Амурской области с древнейших времён до начала XX века // Под. ред. А. П. Деревянко, А. П. Забияко. Благовещенск, 2008. 424 с.

Краминцев В. А. Поселение и городище Васильевка-3 – новые памятники польцевского времени в Бикинском районе Хабаровского края // Россия и Китай на дальневосточных рубежах. 3. Благовещенск: Изд-во АмГу, 2002а. С. 82 – 89.

Краминцев В. А. Васильевское городище // Археология и культурная антропология Дальнего Востока и Центральной Азии. Владивосток: ДВО РАН, 2002б. С. 130 – 139.

Кычанов Е. И. Монголы в VI – первой половине XII в. // Дальний Восток и соседние территории в средние века. Новосибирск, 1980. С. 136 – 148.

Ларичев В. Е. Народы Дальнего Востока в древности и средние века и их роль в культурной и политической истории Восточной Азии // Дальний Восток и соседние территории в средние века: история и культура востока Азии. Новосибирск, 1980. С. 7 – 38.

Материалы по истории древних кочевых народов группы дунху / Введение, пер. и ком. В. С. Таскина. М., 1984. 488 с.

Медведев В. Е. Корсаковский могильник: хронология и материалы. Новосибирск, 1991. 173 с.

Медведев В. Е. Культура амурских чжурчжэней. Конец X – XI век. Новосибирск: Наука, 1977. 224 с.

Медведев В. Е. Курганы Приамурья. Новосибирск, 1998. 144 с.

Медведев В. Е. Средневековые памятники острова Уссурийского- Новосибирск: Наука, 1982. 217 с.

Медведев В. Е. Приамурье в конце I – начале II тысячелетия (Чжурчжэньская эпоха). Новосибирск: Наука, 1986. 208 с.

Медведев В. Е. Исследования на Амуре и Хоре // Археологические открытия 1985 года. М.: Наука, 1987. С. 264 – 265.

Медведев В. Е. Новый тип памятников раннего железного века и проблема зарождения государственности на юге советского Дальнего Востока. // Проблемы археологии скифо-сибирского мира (социальная структура и общественные отношения). Тез. Всесоюзн. археолог. конф. Ч. I. Кемерово, 1989. С. 123 – 125.

Медведев В. Е. Городище у с. Кедрово и некоторые аспекты, связанные с польцевской культурой в Приуссурье // От Монголии до Приморья и Сахалина. Владивосток: Изд-во Дальневост. ун-та, 2009. С. 219 – 234

Медведев В. Е. Болонь: с древности до средневековья // Этническая история и культура тюркских народов Евразии. Омск: Издатель-Полиграфист, 2011. С. 363 – 368

Медведев В. Е. Городища на реках Тунгуска и Уссури // Проблемы археологии, этнографии, антропологии Сибири и сопредельных территорий: Мат-лы итоговой сесс. ИАЭТ СО РАН 2011 г. Новосибирск, 2012. Т. XVIII. С. 216 – 220.

Мелихов Г. В. Маньчжуры на Северо-Востоке (XVII в.). М., 1974.

Народы Сибири. Этнографические очерки / Под ред. М. Г. Левина, Л. М. Потапова. М.; Л., 1956. 1113 с.

Нестеров С. П. Народы Приамурья в эпоху раннего средневековья. Новосибирск: Издательство ИАЭТ СО РАН, 1998. 184 с.

Нестеров С. П. Северные шивэй в Приамурье // Традиционная культура востока Азии. Археология и культурная антропология / Под ред. А. П. Забияко. Благовещенск, 1995. С. 105 – 122.

Нестеров С. П., Зайцев Н. Н., Волков Д. П., Миронов М. А. Археологические исследования городища на горе Шапке в Амурской области в 2009 – 2011 годах // Проблемы археологии, этнографии, антропологии Сибири и сопредельных территорий. Новосибирск: Изд-во ИАЭТ СО РАН, 2011. Т. XVII. С. 217 – 221.

Нестеров С. П., Мыльников В. П., Волков Д. П., Наумченко Б. В. Реконструкция-имитация раннесредневекового жилища в Западном Приамурье // Археология, этнография и антропология Евразии. 2014. № 4 (60). С. 64 – 76.

Новиков-Даурский Г. С. Археологические разведки в окрестностях сёл Игнатьевки, Марково и Екатериновки Амуро-Зейского района Ам. окр. и гор. Благовещенска // Записки Амурского окружного музея и краеведческого общества. Благовещенск, 1930. С. 26 – 33.

Новиков-Даурский Г. С. Приамурье в древности // Записки Амурского областного музея краеведения и общества краеведения. Т. 2. Благовещенск, 1953. 76 с.

Новиков-Даурский Г. С. Историко-археологические очерки. Статьи. Воспоминания. Благовещенск: Амурское книжное издательство, 1961. 188 с.

Новиков-Даурский Г. С. Материалы к археологической карте Амурской области // Записки Амурского областного музея краеведения и общества краеведения. Том 3. Благовещенск, 1955. С. 10 – 44.

Объекты культурного наследия (памятники истории и культуры) Хабаровского края. Хабаровск, 2013. 248 с.

Окладников А. П. Археологические раскопки в районе Хабаровска // Вопросы географии Дальнего Востока. Вып. 6. Хабаровск, 1963. С. 255 – 282.

Окладников А. П. Петроглифы нижнего Амура. Л.: Наука, 1971. 336 с.

Окладников А. П., Медведев В. Е. Древний могильник на озере Болонь – памятник чжурчжэньской культуры на Нижнем Амуре // Изв. Сиб. отд-ния АН СССР, 1970, № 11. Серия обществ. наук, вып. 3. С. 112 – 115.

Окладников А. П., Деревянко А. П. Поселение раннего железного века у с. Кукелево. Материалы полевых исследований Дальневосточ. экспедиции. Новосибирск, 1970. Вып. 1. 304 с.

Окладников А. П., Деревянко А. П. Далекое прошлое Приморья и Приамурья. Владивосток, 1973. 438 с.

Орлов. Амурские орочоны // Вестник Императорского русского географического общества. СПб., 1857. Книга IV, Часть 21. № 6.

Отписка Василия Юрьева Якутским воеводам Василию Пушкину и Кириллу Супоневу, о посылке из Тунгирского зимовья на Шилку реку служивых людей для разведувания о Тунгусах и Даурах, 1649 марта 12 // Дополнения к актам историческим. Том 3. СПб., 1848.

Отписка служилого человека Терентия Ермолина, об оставлении им в Тунгирском зимовье пороха и свинца, посланных к приказному человеку Ерофею Хабарову, и о плавании по реке Амур, 1652 в августе // Дополнения к актам историческим. Том 3. СПб., 1848.

Отписка Якутского воеводы Дмитрия Францбекова, о походе Ерофея Хабарова на реку Амур, 1650 мая 26 // Дополнения к актам историческим. Том 3. СПб., 1848.

Отписка Якутскому воеводе Димитрию Францбекову служиваго человека Ерофея Хабарова, о военных действиях его на реке Амуре и о проч. // Дополнения к актам историческим. Том III. СПб., 1848.

Пискарёва Я. Е. Мохэская культура юга Дальнего Востока: социально-экономические аспекты // Труды ИИАЭ ДВО РАН. Том 25, 2019, № 4. С. 136 – 150.

Сакмаров С. А., Зайцев Н. Н., Шумкова А. Л. Некоторые результаты обследования городища у Новопетровки // Россия и АТР. 2005. № 4. С. 33 – 43.

Сапунов Б. С., Зайцев Н. Н. Семиозёрское городище // Исторический опыт открытия, заселения и освоения Приамурья и Приморья в XVII—XX вв. Владивосток, 1993. С. 143 – 146.

Сапунов Б. С., Зайцев Н. Н. Средневековое городище у оз. Утёсного // Проблемы краеведения Дальнего Востока и сопредельных территорий. Благовещенск, 1990. С. 45 – 48.

Стоякин М. А. Раннесредневековые городища в Амурском регионе // Традиционная культура Востока Азии. Сборник статей / Под ред. Д. П. Волкова, А. П. Забияко, Е. А. Завадской, С. П. Нестерова. Вып. 7. Благовещенск: Изд-во Амурского гос. ун-та, 2014. 292 с.

Сунь Цзиньцзи. Древние народы Приморья и Приамурья в китайских письменных источниках // Древняя и средневековая история Восточной Азии. К 1300-летию образования государства Бохай. Владивосток, 2001. С. 52 – 65.

Сюй Мэншэнь. Саньчао бэймэн хуйбянь (Собрание документов о дипломатических отношениях с имперей Цзинь при трёх императорах династии Сун). Шанхай, 1987. Фотолитографическое издание, Т. 3. 1795 с.

Тимофеев Е. И. Отчет об археологической разведке от Биробиджана по р. Бире до ее впадения в р. Амур. 1959 г. // Архив ИА РАН. Р. 1. № 1983; 1983 а; б.

Туров М. Г. Проблемы исторической прародины северных тунгусов и этногенеза эвенков // Известия Иркутского государственного университета. Серия «Геоархеология. Этнология. Антропология». 2013. № 1 (2). С. 244 – 258.

Туров М. Г. Эвенки. Основные проблемы этногенеза и этнической истории. Иркутск, 2008. 228 с.

Хао Цинюнь. Китайские учёные о происхождении дауров // Традиционная культура востока Азии. Под ред. Д. П. Болотина, А. П. Забияко. Благовещенск, Изд-во АмГУ, 1999. С. 207 – 210.

Хон Хён У. Керамика польцевской культуры на востоке Азии (V в. до н. э. – Ⅳ в. н. э. ）： автореф. дисс. уч. степ. канд. ист. наук： спец. 07. 00. 06. Новосибирск, 2008. 30 с.

Хон Хён У. Керамические традиции населения раннего железного века Востока Азии（Ⅴ век до н. э. – Ⅳ век н. э. ）// Вестник Новосибирского гос. ун-та. Сер.： История, филология. 2007. Т. 6, вып. 3： Археология и этнография. С. 148 – 160.

Цыбенов Б. Д. История и культура дауров Китая. Историко-этнографические очерки： монография. Улан-Удэ, 2012. 252 с.

Чебоксаров Н. Н. Этническая антропология Китая（расовая морфология современного населения）. М. , 1982. С. 129 – 133.

Шеломихин О. А. Этнокультурная динамика Западного Приамурья в раннем железном веке и раннем средневековье（по материалам памятников Букинский Ключ-1 и Безумка）// Традиционная культура востока Азии. Сборник статей. Вып. 6 / Под ред. А. П. Забияко. Благовещенск, 2010. С. 138 – 153.

Шренк Л. Н. Об инородцах Амурского края. Том первый. СПб, 1883.

Humphrey C. , Onon U. Shamans and Elders： Experience, Knowledge and Power among the Daur Mongols. Oxford, 1996. 396 pp.

Shirokodoroff S. M. Anthropology of Northern China. Shanghai, 1923. 128 pp.